山西省宣传文化系统『四个一批』人才培养资助项目

守望图书系列

说·情怀

从策划和组稿讲起

李慧平 —— 著

山西出版传媒集团　山西经济出版社

总　序

一

　　2019年7月，我很荣幸地入选山西省宣传文化系统"四个一批"人才工程。更荣幸的是，可以申报资助项目。于是，我以经年发表的三部分文章（编辑论文、编辑手记、书评）为基础申报出版《守望图书》，结果省委宣传部资助经费下来，项目名称改为《守望图书系列》，我喜出望外，不但可以出版书，而且可以出版一个系列。经询问，才知道根据项目申报内容，宣传部认为出版一个系列更好，我为部里这样务实的作风而感动。

　　到今天，在编辑岗位上伏案工作30年，不曾有一日懈怠、一时苟且，编辑图书600多部，获奖100多项，复审、终审书稿亦有600多部，手中眼中经过这1000多部书，看每部书，都是万般亲切，自有心血在其中。

　　还记得，梦寐以求，踏着父亲的足迹走上工作岗位，说不尽的珍惜，说不出的欢喜。如饥似渴地学习编辑前辈著作，每每有所收获，对前辈的为人为文充满了感激与崇拜。不断地追寻，为了这样一个光荣的称号——编辑；不停地

努力，为了这样一份光荣的事业——出版。

《守望图书系列》某种意义上是一种交代，对自己心爱的工作的交代，对前辈和后辈的传承交代。在历史的长河中，我们都是接力者，从前辈手中接过接力棒，竭尽所能地跑好自己这一棒，让中华优秀文化在编辑手中选择、优化、传承、传播……从而助力出版业的高质量发展。

《守望图书系列》分三部：《编辑论述》《编辑情怀》《编辑评书》。《编辑论述》是围绕编辑工作的思考，包括对编辑人才成长的探索，对生态人类视域下编辑成长环境的分析，对编辑培养使用模式的探讨等。《编辑情怀》是编辑手记，包括编辑过的印象深的一部分书，是自己经手的一个个实操案例。《编辑评书》是推介图书的文章，那些图书都让人有所感、有所思，让作为编辑的我心有所动，不发不快，希望能为后学者提供一点参考与借鉴。

成书之际，闺蜜知音、本书策划陈彦玲女士建议改书名为《致·成长——给孜孜矻矻的编辑》《说·情怀——

从策划和组稿讲起》《品·书香——在佳作与评论之间》，我自是改过不吝，从善如流。

三部书是我编辑工作的句号，同时也是新的开始。在出版领域孜孜矻矻而从不厌倦，每一部书都会激起一番斗志和喜悦的涟漪。有人说，编辑工作是为他人做嫁衣裳，但我始终认为，在成就好书、好作者的同时，编辑也在成就和完善着自己。努力不止，唯愿无愧于编辑这一称号、无愧于出版这一事业。

李慧平

2021.6.22

前 言

一

在编辑生涯的长河里，时不时跃动出美丽的浪花，夺人心魄。背后是一本本精美的图书，是一位位严谨的学人，是一个个动人的故事。编书之余，会写下来。回首时，也积累了几十篇，分成两部分：编辑手记、编辑心声。呈现于此，是为了记录，也为了思考。

郝振省会长说，**"编辑手记是一种法定之外的倡导与自觉。……一位有追求、有情怀、有理想又肯于记录、写作和思考的编辑，把自己对于一本重要图书加工的所思所想、所作所为、所改所调，用自己的笔叙述出来，成为自己攀登事业高峰的一个台阶，具有文化积累的性质。"** 这些话，直击我心底深处最柔软的地方。但我在动笔之初，并没想这么多。只是出于一种感动和感慨，想要告诉大家，那些好书的"由来与发展，场景与条件，是如何由最初的一个闪念、一个触动、一个灵感引发，经过一定的调查研究乃至充分论证，多种因素的加盟最终确定选题"，又是如何经过"与作者的交流和沟通、博弈与守成，共同完成这一创作的全部过程"。

更多的是，我想借此说明，一个编辑在一部好书中的作用，一个编辑在文化传承中的作用。想告诉读者，编辑在书后的付出和心血应当得到尊重；想告诉同行，编辑要努力捍卫编辑这一光荣称号。

编书经年，对这份职业的尊重是一以贯之的。从小时候就怀揣做编辑的理想，到理想实现的诚惶诚恐，再到小心翼翼的坚守、孜孜矻矻的追求，一步步走来，变化的是劳动成果的积累，不变的是对这份职业的喜欢。

中国编辑学会郝振省会长说，编辑手记采纳成册、结集出版、问之于世，具有文化传播、文明传承的品格。果能如此，也不枉我一番追寻了。

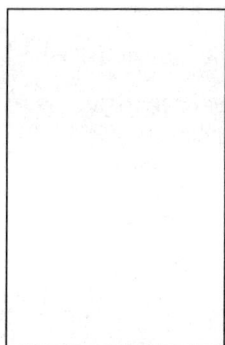

说·情怀

目 录

一

编辑手记

编辑心声

编辑手记

一

《魂系山西》 | 016

《书香飘过20年》 | 022

《林毅夫自选集》 | 027

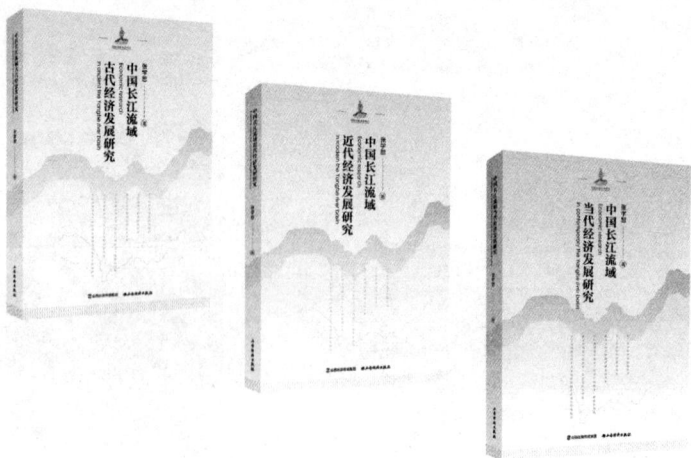

《中国长江流域经济发展研究》| 034

《沁源 1942》 | 042　　　《千手观音——张继钢舞台剧作选》 | 055

《苏联人镜头中的新中国》 ｜ 064

《你在秋天》 | 071

《当代华人经济学家文库》| 075

《杜润生文集》 | 079

《农民进城就业与市民化的制度创新》 | 083

《大寨沧桑》 | 086　　　　　《中国现代产业经济史》 | 089

《中国农村财政理论与实践》 | 092

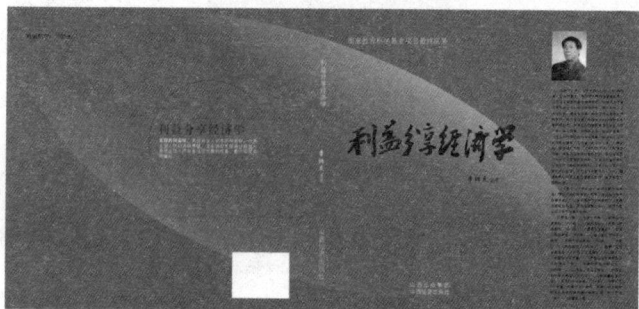

《利益分享经济学》｜ 096

《核辐射防护知识问答》 | 101

《魂系山西》再版记

　　早在 1995 年 6 月，《魂系山西》简装本就问世了。一直以来，十几年的时间，这本很朴素的书顽强地活在人们心中。不时有人提起，不时有人介绍。我第一次读它，是在一个晚上，本来斜倚床头翻来消遣，读着读着，就坐到书桌前，认认真真读起来，一口气读完，月上中天，我睡意全无，激动异常。全书充斥着一种激情，这是一种文化积累、思想积累、情感积累凝聚与升华出的四溢的激情，充盈在书的字里行间。这是一种深沉的爱，是一种欲罢不能的爱。正是这种爱，鼓荡了读者的心。

　　这本书感染了每一位读到它的人，于是，社内决定再版。新版书要图文并茂，做成精品；要无愧于这份沉甸甸的情感。而其时，主编李镇西先生也在酝酿着改写框架。他始终在研究山西历史文化，试图从五千年历史文明中，探寻山西人的精神和山西人的品格，由此找回"表里山河"的山西人山的刚毅和气节、水的胸怀和智慧，重塑山西人豪迈雄浑、大气磅礴、锐意进取、开放包容的精神。

　　针对原版本，我提出了修订意见：

一、书名不够吸引人。本书是一本普及类读物，书名要尽量通俗，朗朗上口，否则会影响读者的选择。

二、书的分篇不够严谨，有的重要内容没有收入。如在人物上，有帝王和大将而无"相"，在山西历史上曾出过许多贤相，在山西的闻喜就有裴氏宰相村；有才子而无"佳人"，山西历史上曾出过杨贵妃和貂蝉，还有女英雄尹灵芝和刘胡兰。另外，红色旅游项目也没有涉及，不知作者如何考虑这部分内容。在黄河文明中，把普救寺归入其中，似乎不如把此内容放入古建中。

对于我的意见，主编李镇西先生进行了认真考虑。关于书名，他激动地说，感情因素是他编写这部书的直接动因，同样是感情因素，促成了这本书的再版。"为什么我的眼里常含泪水，因为我对这片土地爱得深沉"，诗人艾青说出了我们的共同感受。走出山西的游子，魂牵梦绕的是这块土地。"魂系山西"包含两层含义：既反映山西人以及与山西有着千丝万缕关系的海内外游子与这块神奇的黄土地有一种魂牵梦绕的情结；又反映山西是华夏文明的发祥地，华夏文明的"直根"深扎于山西。于是，根据他的意见，书名没有改动，其他意见都被采纳了。

李镇西先生是一位激情洋溢的人，逻辑缜密，与他一起做事总让人信心十足。初版是他组织了几位年轻作者写就的，结构框架是李先生搭建的，再版时仍然讨论了框架，先做了顶层设计，然后找作者集体写作。

作者团队，是一群身居显位的才俊精英，也是一群对这片土地爱得深沉的有识之士。他们以渊博的学识，以理性的思维，一次次地碰撞、讨论、完善着这部书。不厌其烦，精益求精。同时，他们又以感性的文笔，行云流水般叙述着山西这块土地上千年的烟云风雨。他们满怀希望，希望这片土地上的每一个人都能重塑民族自信心，锐意创新，奋起拼搏，无愧于这片土地历史的厚重与明天的璀璨。

春节刚过，作者和编辑团队聚集在山西大学一个会议室，作者方将春节期间写的稿子拿出来讨论，基本是重写了内容。修改从文字风格、图片插入、内容结构等方面逐项讨论，作者谈自己的写作想法，编辑谈出版的因素，渐渐地，趋于完美。

这本书在旧版书的基础上，充实以大山、女性、文臣和科技四大块新内容之后，一幅跨越 5000 年甚至 180 万年时空的有生命的鲜活的山西画卷便展现在了人们眼前。这是一部有血有肉的原生山西文化史，也是一部用真感情铸就的礼赞我们共同家园的著作，更是一部豪情满怀、指点江山、激扬文字的宏大史诗。每一位读到它的人都会从中汲取到历史文化营养，学习到科学方法，领略到精神给养。

全书共分四大板块 16 篇，从河的文明挖掘山的精神，由帝王风云映射女性光辉，从武将功勋拓展文臣才干，以文学艺术钩沉科技力量。第一板块，分 3 篇分析了山西的地理形势，凸显了山西的"河山魂""天下势"，揭示了这种地理环境在中国历史发展中的作用及对"山西人"性格形成的影响：

山的刚毅和气节，水的胸怀和智慧；第二板块，用4篇的容量再现了在"太行父亲的厚爱"及"黄河母亲的哺育"下成长起来的、左右了华夏文明发展轨迹的山西人：叱咤风云的帝王之尊、勇于改革的贤士名相、忠义骁勇的良臣武将、刚柔相济的巾帼女杰；第三板块，以5篇的篇幅反映了这一方人与此山、此水、此势心物感应下对真善美的追求和心灵的歌唱：儒释道异彩纷呈，剧作家争奇斗艳，吟诗者你方唱罢我登台，著文者语不惊人死不休；第四板块，花4篇的内容展示了勤劳智慧、锐意创新、勇于开拓的山西人在科技、经济、建筑、民俗文化方面的建树：罕见的中国古代科技史长廊，称雄商界500年的晋商，美妙绝伦的古代建筑，原汁原味的民俗文化。从不同侧面和角度，以新颖的形式、通俗的文笔，深入浅出地介绍了山西，比较全面地反映了在中国五千年的历史长河中，山西的地位和山西人在政治、经济、科技、文艺等各个领域所做出的贡献。

本书并未按纯学术的规范来写作，而试图以一种独特的视角、新颖的理念来取舍材料、廓清思路，展示一幅跨越5000年时空的有生命的鲜活的历史画卷；力图使本书成为一本雅俗共赏的有血有肉的山西文化史、山西省的历史文化名片、山西人认识自己的文化普及读本、省外人了解山西的窗口。

文字稿是作者写好一部分，编辑就看一部分，及时提出修改意见。有时是下班时间拿来一部分，我就会在晚上看，一方面是出版时间的要求，另一方面也是对于内容的急切赏读心情使然。我和郝建军老师是文字编辑，我俩各自读、交叉看，然后交流，常常在校样上改得很乱，标得很多，也说不清出了多少份校样。

文字稿定，要插入图片。初期，对图片问题，做了一张表——《魂系山西图片脚本》，分 5 列：序号、书中位置、图片名称、作者提供来源、图书选取来源，并附图片小样。分头寻找，逐一落实，等图片搜集全后，集中插入书中。

在梅园山庄，作者和编辑边看文字稿边插入图片。休息时，漫步在柳荫下，我和李先生交流着对插图的意见。一致认为，尽管是图文并茂版，但图片不求多，只求精，图片终归是为内容服务的，如果图片太多，会冲淡主题，反而有画蛇添足之嫌。于是，在这种指导思想下，对于每一张图片的选择更慎重。

这本书正如当初设想的，从内到外，匠心独运，且不论内容剪裁，文字推敲，在装帧设计和制作方面也是十分精细、独特。一方面，材质选料精良，内文采用 E 超感纸，既避免了图片反光，又增加了图片的立体感，本书配的书签上行楷书写"魂系山西——太行山高，黄河水长，白云生处是我家；尧天舜日，晋魂唐魄，风景山西这边独好"，为这部大书画龙点睛，使这本书真正实现了内容与形式完美统一的精品艺术品位。

千呼万唤中，《魂系山西》出版了。李先生说，这部书，一言以蔽之，魂系山的精神，梦绕水的品格，聚无形于有形，凝抽象为具体。

对山西充满情感是这部书的主基调。再版书的《序言》中放了一幅照片——《白云生处是我家》，这是1400年前，唐朝名相狄仁杰在翻越太行山时回头眺望并州故乡留下的千古名句，他从更深层次诠释了家园的含义，让人回味无穷。

本书出版的目的还在于激励当代山西人，继承和发扬三晋优秀文化传统，吸取其灿烂思想精髓，建设现代化的精神家园，像自己的先辈那样，在新的历史起点上，铸造山西文化新辉煌。

书出版后，有一位读者跟我说，他读过这本书，还要买三本，送给在外地工作的孩子，让他们了解家乡、记住家乡、热爱家乡。一席话感动了我，从而也激励我要出版更多的好书。这就是好书的力量，它会如涓涓细流，荡涤人们的心田，滋养人们的精神。

《书香飘过20年》编辑札记

捧起沉甸甸的一套三本《书香飘过20年》，看着这套典雅、庄重、大气、考究的书，眼前浮现双眼布满血丝的社长、奔波联系的李肖敏副总编、累倒在审稿会上的孙琇老师、没日没夜加班加点的编辑校对们，想起编辑出版这套书的全过程，心头涌现万千感慨，不由要一抒而后快。

《书香飘过20年》是山西经济出版社20年社庆活动的二期工程，是一套社庆纪念书。这套书以社庆庆典的主题——"书香飘过20年"作总书名，在其下又分《视界》《心迹》《回响》三册，分别对山西经济出版社建社20年发展历程中的相关照片、回忆文章、书评作了收集整理。三册内容相连又各有侧重，既为一体又可独立成书。这套书在社委会的重视下，在社长的总体安排下，在李总的具体指挥下，在孙琇总策划的身先士卒下，大会小会不知开了多少次，终于历经十个月的艰难孕育而面世了。

每册书的折封上排列着三本书的封面，并以六句话概括了各自的内容。《视界》是"再现二十年华彩光影，憧憬经济社美好明天"，《心迹》是"坦陈二十年心路历程，携手共建和谐家园"，《回响》是"勾勒二十年图书轨迹，伴随中国经济律动"。红橙绿三色衬底的六行字，是在我苦思冥想拟出后，经过饭桌上推敲不断，经过李总和社长六易其稿才确定的。翻开《视界》古雅的封面，是山西经济出版社的全家福。一色的社服中，只有我和李健穿了便装，尽管经过后期处理，将我的牛仔裤涂成深色，但身处第一排的我还是与众不同，那是社庆的前一天，我和李健去北京接经济学家刘国光一行，风尘仆仆刚下火车，赶去会场，来不及换社服，便跻身其中拍的全家福。

然后是总序，两千多字的短文，在社长写好后，一次次地看，一次次地改，大到内容的争议，小到标点的使用，再到最后社长的签名，都是反复又反复。

三本书风格一致，因为我是《回响》的责任编辑，对《回响》从大的框架到每一处设计、每一点创新都有更多的感触。

《回响》的篇章页，第一页不放篇章名，设计成什么样呢？一直议而无法决，到定稿时我才想到放一些封面吧，既宣传了书，又封面纷陈，体现了所出图书的丰富。与孙老师一说，一拍即合，他又进一步建议虚化，形成了目前的样子。后面的篇章页分别以黄粉蓝橙绿红纯色铺底，一组浪花，托起篇章名，大方又别致，加之印制精当，效果奇好。关于这组浪花，在《视界》中也出现过，是在"追求卓越人才兴社编"中为高级专业人才的照片作底，其含义有两层：一是这些高级人才是山西经济出版社的中流砥柱，二是长江后浪推前浪，人才辈出。真是处处匠心独运。

　　《回响》收集了 80 篇书评文章，想来工作量不会太大，谁知，东一篇西一篇地收集来文章后，怎么分类，成了最大的问题。我按照社内出书模块，分了经济、晋商、教材、旅游、其他五部分以后，在碰头会上，编委并无异议，这让我暗自窃喜，很快文章分类，确定目录，补充书名、作者、责任编辑、字数、开本、出版时间等资料，排版，经过三校后出了清样。在会上，再次提请大家看时，意见纷呈。内容分类有所变动，形式增加封面和相关的图片资料。好，所提意见不无道理，我到处收集补充每篇书评所涉及图书的封面、相关图片，有的书责任编辑都找不到了，去山西省图书馆查，借出后拍封面，尽管这样，还是有一本书所在的馆正在装修，管理员说是打包后放在库房，找不出来，不得不想权宜办法。再补文尾资料，原发表报刊、时间，作者的单位及职称职务，查资料，问作者，问责编，几经周折，自认为丑媳妇可以见公婆了，拿了清样再请编委看时，居然所费功夫几乎全被他们推翻。大的分类重来，分为政治研究、经济研究、经济历史、晋商研究、旅游与文化五部分，除保留封面外，其余相关资料，包括发表文章的报纸影印件、内文版式、获奖证书等，全部删除，那可是我一件件找来的啊，列出一份份的清单，一条条地好不容易办妥，删除，那么多的功夫全白下了。文尾作者只保留单位，职称职务一概去掉。我简直要崩溃了。在会上据理力争，但最后，还是少数服从多数。平心而论，我也承认每一次的变动都是有道理的，新的分类图书结构更清晰，几部分内容分量更匀称，但我心疼那份心血啊！没办法，再改。排版公司的人说，李老师，已经8校了。我说，没办法，18校也得校。

工作量一加再加，在其他工作任务压身的情况下，对《回响》一点怠慢不得，原计划一个月定稿，结果一个月后还没有改完，雷厉风行的李总就毫不客气地开口了："工作进展比我想象中的慢多了。"而且，她以身作则，工作中只要有什么困难，她便冲在前面，我说资料找不全，她便连打几十通电话帮我要资料，搞得我毫无理由不努力，只好加班加点地干，根本没有周日的概念。甚至每到周末还暗自高兴，太好了，周日可以全心全意地看《回响》了。

后来，考虑到平衡三本书的篇幅，将"获奖书目"也作为《回响》的附录交到我手中，山西经济出版社建社20年获500多个奖项，涉及40类。每一年每一类的各种奖，要按奖项大小类别分开，然后再重排，真是大费周折。首先是按奖项大小排队，其次是每一种奖项的分类，如优秀晋版图书，又分为优秀图书特等奖、一等奖、二等奖、三等奖，优秀畅销图书一等奖、二等奖、三等奖，优秀教材奖，畅销学生课外读物奖，校对奖，装帧设计特等奖、一等奖、二等奖、三等奖，内文设计奖，等等，不一而足。更麻烦的是，奖项的具体名称到底是什么，同一奖项的名称都不一样，于是，我只好从头查找，这才发现，原来奖项的名称在20年中也是几经变迁。如1990—1993年是在第X届优秀"晋版图书"评奖中荣获优秀图书编辑X等奖，1994—1996年是第X届晋版图书评奖中荣获优秀图书编辑 X 等奖，而 1997 年是山西省第 X 届优秀图书评奖中荣获优秀图书 X 等奖，等等。了解到这个情况后，咨询孙琇老师，他建议选用这些年山西通行的称谓来作奖项名，然后建议我在查找到的资料基础上，写一篇论文。正如鲁迅说的："凡事总须研究，方可明白"，仅一个奖项问题就如此令人纠结，较起真来问题层出不穷，可想而知，编书之路走得多么艰辛。就这样，好不容易定稿。

回想整个《书香飘过 20 年》的编辑出版过程，也苦，也累，也烦，但更多的还是收获，还是成长，也正应了社长在序言中所说："提升，是利用组织出版这套书的过程，提升我们这支队伍的整体水平……是对本社出版力的一次历练。"对此，我体会尤深。

当然，也还是有些许遗憾。《回响》的目录，在今天看来，一条条黑色衬底的书名，不如以模块的颜色体现来得好。但当时是在书稿接近尾声时，在排版公司，面对古板传统的目录，孙琇老师灵感突发改的，较之以前独具醒目、条理之美。现在看来，假以时日，可以有更好的形式。

再读这套书，觉得为纪念社庆 20 年出版这套书的初衷得到了完美体现：纪念——对社庆活动是一个很好的纪念，导扬——宣传了山西经济出版社的风采，提升——提升了我们这支队伍的整体水平，积累——为山西经济出版社保存了珍贵的史料，凝聚——增强了团队的凝聚力和向心力。那么，为了这个结果多少的付出都是值得的。

《林毅夫自选集》出版始末

《当代华人经济学家文库》的《樊纲自选集》《黄有光自选集》《林毅夫自选集》历经两年半时间终于陆续出版了，其中《林毅夫自选集》的出版尤其让作为责任编辑的我感慨万分。

继2008年3月出版《黄有光自选集》后，四位主编胡必亮、赵建廷、樊纲、黄有光便确定了出版《林毅夫自选集》。文库之所以不是一次推出，受制于丛书最初设计的编委会机制。编委会采取先入为主的方式。如第一本书是《樊纲自选集》，那么樊纲自动进入编委会，参与决定后面入选的作者。依此类推，编委会人员逐步增多。如此机制是为了保证所有入选作者皆为真学者，但客观上也导致丛书出版战线拉得较长。后面一书需要征求编委会越来越多人的意见。

其时林毅夫先生已为世行首席经济学家兼任负责发展经济学的高级副行长，工作之忙可想而知。后来，主编胡必亮先生终于说服了林先生，同意抽时间来做这件事情。消息传来，大家高兴极了。一是说明了林先生对《当代华人经济学家文库》的肯定，二是有林先生的加入，这套文库会更进一步名副其实。

　　其后，我同林先生的助手——北大经济学院张鹏飞先生沟通，确定开展工作的方案。第一步，张先生等人从林先生浩如烟海的文章中初步挑选入选文章。第二步，由林先生从初选的文章中选定 10 篇（文库选择标准是精选真正能反映经济学家学术建树的在某一领域最有影响力的文章，最多 10 篇）。第三步，对选定文章作翻译修改定稿。第四步，为每一篇文章撰写自述（自述部分，也即这套文库的一大亮点，不单纯是文章的收集修订，更重要的是要附一篇自述，即对于所选文章在当前的现实意义及理论价值作一个客观的评价，并追溯其来龙去脉，包括文章的写作背景和基本思路、在文献中的贡献等内容）。

　　方案确定，各司其职。同时，主编和责任编辑都认真读了林先生的《制度、技术与中国农业发展》《再论制度、技术与中国农业发展》《中国经济专题》《经济发展与转型》《论经济学方法》和胡书东所写的《当代中国经济学家学术评传：林毅夫》等著作，以对林先生的学术文章有一个全面的了解和把握。

　　每一步工作都很费时间，涉及的人工作繁忙，又是这样一件颇有难度的工作，几经督促，我于 2009 年 1 月 18 日收到张鹏飞先生的信："附件是林老师最终选定 10 篇文章的目录。由于我们需要对文稿进行校译，故需将文稿的 word 文档发给我供校译使用。校译后我会把最终定稿发给您。"于是，我多方查找，网上截图、图书馆复印、书店买书……由于大部分是英文稿，很不易找，但最终皇天不负有心人，文章找齐了。录入、排版、校对，于3月18日将word文档发给张先生，同时，将打印稿寄给胡必亮、樊纲二位主编。大家分头看。之后，我不时地询问进展情况。到6月23日收到张先生信："可以定稿的有8篇文章，其余两篇文章需要我和林老师的另一位博士生（易声宇）核对英文原文再定稿。"阅信后，我和社长很兴奋，工作即将进入第四阶段，接近尾声。这样看来，这本书可以在秋季书市上亮相了。但一直到8月初，最后两篇文章还未定稿。我如坐针毡，两日连发二封邮件给张先生，张先生回复第三封邮件说："10篇定稿已发给林老师了，等他修改确定。"既然如此，应该就快了，我们长舒一口气。谁料，又是一个月，还没动静。我又急了，再写邮件，张先生说，他催过了，林老师很忙，他也不好老催。无奈，请主编胡教授联系，随后胡主编与林先生进行了沟通。之后，林先生复信给张先生："鹏飞：非常感谢！我会抓紧时间修改。每篇文章的自述部分，胡必亮教授建议按写作动机、思路、在文献中的贡献等来整理，这个意见很好，他会和你联系进一步修改的问题。祝好！毅夫 2009 年 12 月 8 日 5:40"。

之后，为加快进度，胡主编专程赴世界银行找林先生，并拿到了林先生的照片、学术简介以及 "林毅夫自选集"手迹等资料。

2010 年 2 月 14 日，收到林先生复信："我又对自述作了些修改，并调整了第一和第二章的顺序。请用此稿。毅夫"

《当代华人经济学家文库》主编胡必亮与林毅夫
在其世行办公室

林毅夫在翻阅《林毅夫自选集》

可见，林先生对这件事的重视与用心。

我们对书稿进行了审阅，于 2010 年 3 月 10 日由主编复信给林先生："我们感到还是有一个问题，那就是对您的理论和思想挖掘得深度有点不够。——我们更多的是希望对您的理论和思想进行评述，而目前所做的工作更多的是强调背景的交待，从而帮助读者更好地理解您为什么要提出这样的理论、它的意义在哪里等。很显然，这是两种不同的思路。"其后，林先生与张先生等人又对自述部分作了修改，终于定稿。因为最终稿与原 word 文档出入很大，于是，重新排版，进入三审三校的出版流程。

因为是不同的人翻译的，所以定稿中仍存在许多问题。如《一个制度变迁的经济学理论：诱致性和强制性变迁》一文中引用的资料参考文献中没有，而参考文献中有的文中并未涉及；在与英文原稿核对过程中发现表述有出入的、不清楚的，公式有不规范的等，逐一与张先生核实解决。有的不是他翻译的，他再找译者解决，甚至有的还需要再问林先生。总之，邮件你来我往，交流不断。但还是说来容易做来难，每一个问题的解决都是耗时又耗力。其间，社长时不时地问进展如何，话虽不多，但对我是鞭策。奈何，涉及人多，沟通相对不易，推进亦难。但再难，我们总在想方设法推进工作。

对于定价，也多方征求意见。林先生说，为了让学生能买得起、看得到，希望定价低点。社长拍板，采取薄利多销策略。最后，精装书也只定价为 28 元。

在装帧设计上也是煞费苦心。之前的两本书均为平装，准备从《林毅夫自选集》开始做精装，于是，封面重新设计包装，几套方案都不令人满意，最后终于确定了用作者肖像大照片，一是冲击力强，二是可以产生广告效应。基调用暖色系。扉页采用跨页的灰黑色组合，总序用黑底白字冲击视觉，其后，灰黑色基调的页码穿插使用，最后过渡到正文的白色。整体感觉庄重、大气，效果不错。

终于付印下厂了。中午一点，刚上了二班的工人打来电话，"封面追不上色，大家都等着，需要你们赶快来定一下。"我立刻叫上美编陈永平老师，将午睡中的蔡文田主任叫醒，他二话没说开车送我们去工厂。然后我们等在机器旁，将印出的样张一张张地在灯下检查、对比，还不时地拿到车间外自然光下比较讨论，直到印出满意的颜色，我们才拖着疲惫的身子撤回社里。

整本书历时两年半，于2010年9月出版了。回想起出版始末，感触颇深。要想出版这样优质作者的精品书，一是要锲而不舍，紧抓不放；二是要全力以赴，服务作者；三是要过程控制，注重细节。总之，就是要用十年磨一剑的精神来对待每一个环节，用一年磨一剑的效率来对待每一本书，唯有如此，才能做出精品书。

情系长江，二十年磨一剑

——《中国长江流域经济发展研究》丛书编辑手记

一

2015 年伊始，随着中国发展新蓝图绘就，三大战略构建了区域发展新格局，作为一名经济工作者，我详细了解了三大战略（京津冀协同发展、长江经济带发展、"一带一路"建设）。以区域发展为支点，连点成线，连线成面，融入世界大潮，形成沿海、沿江、沿边全方位对外开放新局面——这一战略思想，深深体现在三大战略上。它们互相衔接、互为支撑，对中国乃至世界的影响逐步显现。

而其中京津冀大地，是我国区域发展不平衡的一个典型缩影，是我国区域协调发展中难啃的骨头。"一带一路"建设方兴未艾，只有长江经济带发展，成效突出。

长江沿线 11 省市中 10 个地区 GDP 增速"跑赢"全国平均水平。它的成功，值得关注。它的成功需要我们及时解码。它的成功可以为另外两个战略的发展提供经验和借鉴。于是我查找相关研究人员，很幸运地，查到了长江立传第一人——张学恕先生，很幸运地，如愿以偿找到了张先生。

其时，张先生还在默默地、静悄悄地研究着长江经济，继 1990 年出版《中国长江下游经济发展史》后，他并没有被一系列的成功眩花了眼，尽管图书被翻译到十几个国家，尽管为此而成为"长江立传第一人"，但他依然躲进上海市图书馆查资料，一查就是二十多年，他不仅研究长江下游经济，而且将视野拓展到了整个长江经济带。

他几十年如一日，唯长江经济研究为目标。穷经皓首，研究不辍；孜孜矻矻，情注长江。不求著作等身，借宣传出风头；只是坐得冷板凳，悉心追求。积二十五年功力，一字一句，一笔一画，用工工整整的钢笔字书写了三尺高的手稿。这是久违的学人风范，这是难得的赤子情怀，这是长江流域经济发展之幸，更是中国经济发展之幸。

二

我拜访他时，他很平静地给我看他的手稿，一笔一画，干干净净，一如其人。其时，《古代卷》完成。我看了目录，确定这正是我梦寐以求的好书稿。我们很兴奋地反复研究书名，研究封面宣传语，我记下来，不停地改，写好又划掉，直到看不清，再换一张纸。在我，见到心仪的著作，兴奋至极；在他，有人珍惜劳动成果，也很兴奋。我大包大揽地答应给他出版，并打了收条，抱回了成稿部分。

之后，不时地跟张教授交流进度，书信来往，张教授喜欢一笔一画地写信给我，我便同样做出回应。有一次，他说，

张学恕先生的信件

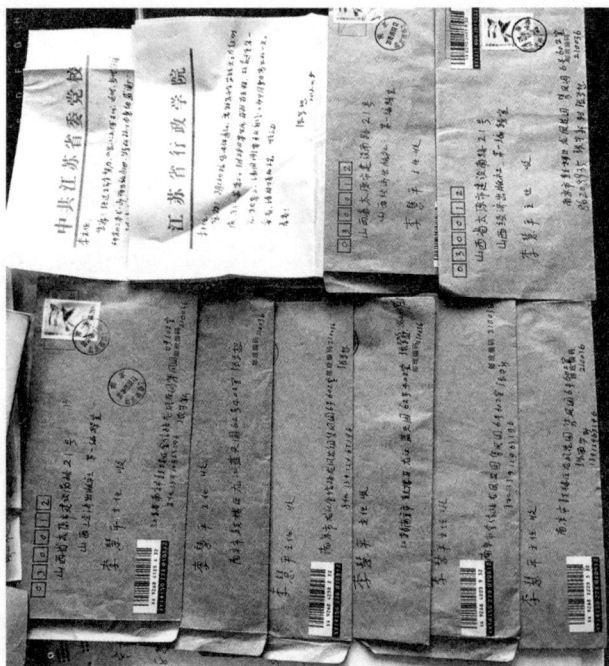

我的信写得很好，一看就知道文学功底很深厚，所以他很放心地将书稿交给我。我更觉得不可辜负这份信任，出版好这部书义不容辞，压力很大。在不断的交流中，转眼一年过去了，《当代卷》也写好了，张先生开始着手《近代卷》的写作。

同时，我在多方争取出版。两百万字，三卷书，成本就很大，出版并不易。随着时间的推移，我如坐针毡，如果不能出版，怎么办？梦里梦外都在纠结这件事。后来，一次联系时，张教授说，他们当地一家出版社的领导找了他，愿意出版这部书，如果我有困难，可以转给别的出版社。但我怎么舍得放手呢？对于编辑来说，好的书稿是可遇而不可求的。我梦寐以求着让这部我爱不释手、投入了时间与精力的书稿在自己手里变成书。正在这时，可以申报国家出版基金，我对这部书胸有成竹。社长说，你对评上有多大的把握？"100%，肯定能评上，从选题的重要性、从作者的分量、从图书的质量，不管哪方面，都无可争议。"但我心里知道，报送的书太多了，完全有落选的可能性，但我又坚定地相信，这部书是金子，而是金子终究会发光。

经过煎熬的等待过程，就是意料之中的成功。评上了！有钱了！可以出版了！我兴奋到手舞足蹈、夜不成寐。

三

接下来，设计封面。其时，已经同张教授商定，做三本书，分别是：《中国长江流域古代经济发展研究》《中国长江流域近代经济发展研究》《中国长江流域当代经济发展研究》。我撰写了封面内容和要求，分发给美编设计了几个方案，多方征求意见，都不尽如人意。我又到山西大学找了美术老师申飞，深度交流了对书的理解和认识，并达成共识。最终的设计方案大家都一致称好。三本书，三种不同的底色，《中国长江流域古代经济发展研究》是深厚而干净的大地黄，《中国长江流域近代经济发展研究》是深邃而时尚的海洋蓝，《中国长江流域当代经济发展研究》是活力奔放、充满希望的红色调，在不同色调的背景下，上部是中英文的书名，中部贯穿全书的是源远流长的长江及其繁衍无尽的支流，以支流的形式，引出了宣传语：长江是中华民族的母亲河，长江是中华民族的生命河，把长江经济带建成黄金经济带，长江流域是中国古代农业文明的又一重要发源地，长江流域是中国近代工业文明的发祥地，长江流域是当代中国全面推进现代化建设的根据地。前折封放了作者照片和简介，后折封排了三卷书的书名。

　　真正进入编辑环节，已经是 2017 年了。这套书，除我外，每卷书另安排一位责任编辑，我一面审读书稿，一面全盘盯着。因为是录入，尽管进行了折校，问题仍然层出不穷，让三位责任编辑叫苦不迭。我想，不付出，怎么会有收获呢？凡事不都是如此吗？只能默默工作。最有意思的是，有一个名词——塌（去土）毛登毛，我怎么都查不到这是个什么东西，睡里梦里都在琢磨。问过作者，也记不清了。有一次，忽然想会不会四个字是两个字，作者手写体比较松散，让我们误以为是四个字？一查《辞海》，果然如此，就是氍毹，为天竺国在西汉时传入中国的毛毯。问题得到解决，类似的情况就好处理了。仅核实几百条公元纪年和历史纪年，就将字典都翻坏了。这项工作枯燥难耐。有一天晚上，就梦到了作者说，他手里有一份这部书的公元纪年和历史纪年对照表，我就给乐醒了，醒来是梦，好一阵遗憾。定了定神细琢磨，他的对照表难道就没错吗？我还是老老实实地核实吧。后来，我自己做了一份公元纪年和历史纪年对照表。从此，方便很多。就这样，能解决的问题就解决，不能解决的集中起来找作者。

四

接着，约见作者解决疑难问题。张先生一个人居住，请了一位阿姨做午饭。我去之后，住在他家旁边的宾馆，一早就去他家，我们常常讨论到很晚，所以晚饭就由我来做了。张先生特别高兴，连连夸我能干，饭做得好。需要查资料时，张教授从书架上随手一抽就是要找的书，那种熟悉程度令我惊讶。有时候，他会从别的地方拎出来一包书，告诉我参考的书就在其中。每当工作告一段落时，张教授都要用一种白色的工程线将书稿捆起来，即便一小时后我们便又回到书桌前，他仍然是这样。我奇怪地问他，书房没有别人，为什么还要捆，书稿会飞走吗？他笑着开玩笑说，就是会飞走。有一次，前面刚写完的稿子，后面怎么都找不到了，他郁闷坏了，

本书作者（左）与张学恕先生（右）
在其书房

后来发现是飘到角落去了。从此之后，他便养成了将书稿及时捆起来的习惯。稿子是怕飞，捆上；书怕别人拿走，捆上。书房里到处都捆着白色的工程线，成为一道稀有的美丽景观。

处理好问题，该付印图书了。封面用纸、内文用纸，再三斟酌比较选择，交付印刷。不久后，终于迎来了漂亮的三卷本。看着厚厚的一摞书，那种快乐无以言表。写书二十多年，出版三年多，好不容易啊！但是精品就是这样难产。

书寄给张先生了，他很高兴。后来，时不时地，我会在中午同张先生通电话，说说我们的书，说说长江流域经济发展形势，说说张先生的身体状况。对于身体的问题，他总是很乐观地说，年龄大了，有些病痛，这是规律，很正常。对于长江流域经济发展，他总是如数家珍，滔滔不绝，不断撰写文章发表。他生来就是为了长江的，不仅是"长江立传第一人"，也是长江研究不可或缺的重要学者。

三个女人一台戏

——《沁源1942》编辑手记

编者按:

　　三个出生在山西的女人，做着和宣讲与山西有关的事。她们和
她们做的事:有梦想、有坚守、有情怀、有爱……

一

　　2020年9月是中国人民抗日战争暨世界反法西斯战争胜
利75周年。作为出版社的编辑，关注类似重大事件，做好主
题出版物，是我们义不容辞的责任和使命。

　　2020年3月16日接策划人陈彦玲的电话，告知作家蒋殊
完成了中国作家协会定点深入生活项目——《沁源1942》。
沁源围困战是世界反法西斯东方战场的优秀战例，反映沁源
围困战的《沁源1942》可以说是生逢其时。

　　《沁源1942》从1942年秋说起，日军妄图在太岳根据地
的核心区域——沁源县建立华北"山岳剿共实验区"，并展
开烧杀抢掠。面对屠杀，沁源人没有屈服，誓不维持，军民
配合，用最短的时间完成了罕见的大转移，将一座无粮、无
柴、无水的空城留给日军。之后，游击、地雷、树树哨齐上阵，

老人、妇女、儿童齐出动，奋起反击，与侵占家园的敌人展开两年半的殊死博斗，将日军赶出沁源城。这就是发生在山西著名的"沁源围困战"中的故事。1944年1月17日，延安《解放日报》发表社论指出："模范的沁源，坚强不屈的沁源，是太岳抗日根据地的一面旗帜，是敌后抗战中的模范典型之一。"毛泽东更是大赞："沁源人，英雄的人民，英雄的城！"英雄需要记载，精神需要传承。这本书所写的每一个人，都代表了沁源的形象；他们每个人身上，都有一种太岳精神。叠加在一起，就是伟大的山西精神、中国精神，浩然之气长存。

近30年的编辑和出版经验告诉我，这是本好书！

基于对作家蒋殊作品的多元了解，更基于选题内容，汇报社长并得到支持后，我第一时间签下了合同。据蒋殊后来说，前后十几分钟时间内就签了合同，看似"火速合同"，其实不然，这个决定并不像看起来那么简单。背后，是对出版的责任与担当、对蒋殊的了解与信任、对陈彦玲提出选题方向与自己对书稿的第一判定与认可的综合决断。

签下合同，便"火速"组建了项目组。我任项目总监，陈彦玲任特约出版策划，吴迪任责任编辑。

二

蒋殊，是中国作家协会会员，中国冶金作协副主席，太原市作家协会副主席，现为大型影像文化期刊《映像》杂志执行主编。迄今在《人民日报》《光明日报》《人民文学》《文

2020 年 9 月 12 日，徐文胜摄于沁源，左起：作家蒋殊、项目总监李慧平、策划人陈彦玲

艺报》等国内报刊发表了大量优秀作品。

其纪实文学作品《重回 1937》入选 2019 年全国农家书屋。这本书以八路军总部山西武乡幸存的抗战老兵为对象，蒋殊怀着敬畏与感动记录下老兵们的心灵回望，对党的忠诚和热爱使他们跻身共和国最闪光的历史。纪实散文集《再回1949——那时的少年，那时的梦》是 24 位在 1949 年的风云中成长起来的青少年的回忆和记录。"那时的少年"，如今是工人、农民、教师、医生、知识分子、画家、曲艺家、歌唱家、作家等，他们与共和国同成长、共命运。24 份个体回忆录，共同勾画出了共和国成立之初的全景速写图，那画面的氛围，整体上朝气蓬勃、积极向上，温暖而有力量，有责任与担当，这不可磨灭的力量背后是每一位少年对祖国深沉的爱，他们从中汲取养分，并为"那时的梦"奉献一生。

《重回 1937》《再回 1949》这两部图书都是优秀纪实文学作品，出版后得到了各界的肯定。有此基础，写《沁源1942》对于蒋殊来说当驾轻就熟。再加上蒋殊的勤奋认真、信守承诺，交稿过程很顺利。但同时，她又是一个精益求精的人。交稿后，又发微信给我："沁源又发现一些新线索，我还要加一些文字，也要修改一些文字。"从此，直到《沁源1942》召开新书首发式的半年时间里，她改动不断，不出版，就一直改。

"我还有不少改动的。那天说加一篇，后来发现有两篇当中都有涉及，重写还得改这两篇，所以把几篇都修改了一下，包括序和后记。"蒋殊的"改",我深知是对自己有更高要求,所以我"任由"她改(当然也给出了时间节点)。但责编吴迪"叫苦不迭",跟我急了,三校后定稿了,作者又改,不是一点半点,是全面开花地改。

我从进度着想,同蒋殊商量要定稿了,她信誓旦旦说不改了,转身又同我小心翼翼地商量,还是改了吧,改了更好。关键是,我也觉得改了好,只好一改再改。

就这样,作者改了一遍又一遍,模拟书就出了十几本。

最终成就了呈献给广大读者的《沁源1942》,为纪念中国人民抗日战争暨世界反法西斯战争胜利75周年献上山西出版人的一份厚礼。

三

与此同时,陈彦玲也在考虑整体策划,开本、用料、封面,筹划开首发式、研讨会等工作。

陈彦玲是出版策划人、长江文艺出版社首席编辑。中国寓言文学研究会会员、山西省作家协会会员。策划编辑的图书,曾荣获三届中宣部"五个一"工程奖,荣获中华优秀出版物奖、国家出版基金、国务院翻译资助、"中国好书"等国家级、省级奖项荣誉100余次。策划出版的优秀图书版权曾多次输出英国、法国、韩国、越南和中国港澳台地区。个人曾荣获"山西出版传媒集团年度人物""长江出版传媒集团年度人物"。2020年,荣获"长江劳模"终身荣誉称号。

陈彦玲还有一个身份，是我的发小儿兼闺蜜，更是出版路上的亲密同行。我们俩，即便是闲聊，也会3分钟不到就直奔出版。选题、书稿、作家、市场等似乎都能成为我们聊天的主话题。

我俩小时候南北对楼而居，楼距很近，相互在家就能看到。他父亲是我们山西经济出版社的创始人，也是第一任社长。陈社长曾经也是一名编辑，常常改稿到深夜，他说，他总能看到我们家有一个窗口总是亮着灯到深夜（其时我痴迷于阅读，每晚看书到很晚），后来得知是我后，跟编辑同行的我父亲戏称我是个"不睡觉的姑娘"。再后来，陈社长组建山西经济出版社，我大学毕业后想子承父业做编辑，申请加入，他说，是那个"不睡觉的姑娘"吧？来吧！于是，在陈社长的引领下，嗜书如命的我如愿以偿踏着父亲的足迹走上了编辑岗位。

2012年，陈社长病逝离开了我们，但我和彦玲因志同道合黏在了一起。2014年，彦玲完成她的第一部散文集《你在秋天》，我义不容辞做起责任编辑，能为她做嫁衣裳我心生喜悦。

一本书，是一个项目，更是一项系统工程！

封面，出了一个又一个方案，征求了几十个人的意见。但最终版，都是源于彦玲最初的设计。

听蒋殊说，书稿完成后，彦玲陪她到沁源补拍照片，同时彦玲也想征求沁源当地对封面设计的意见。谈话中，沁源县县委书记金所军多次提到抗战年代《解放日报》对沁源的报道。当聊天结束吃饭时，彦玲已经将《沁源1942》的封面初稿设计图拿了出来。用蒋殊绘声绘色的话说就是，"她在神不知鬼不觉中拍下一张当年的《解放日报》，然后手机上三下两下就自己做出来一个封面初样。"蒋殊满意，沁源也满意。

查微信记录，3月28日晚8点44分，她发给我初稿，然后我俩就封面细节，诸如突出亮点、真假腰封、字号大小、颜色搭配、中英文字等，讨论到9点半，暂时告一段落。

陈彦玲就这样给《沁源1942》的封面定了调。再后来，彦玲又着手起草了大红腰封上的宣传语：沁源，一个凸显山西精神的地方，一个抗日英雄辈出的地方，沁源的绿色，积聚梦想，沁源的红色，涌动力量。之后，便是团队一次又一次对封面精益求精的修改。

最终确定：封面，以1944年1月17日发表头版社论《向沁源军民致敬》的《解放日报》作底，烘托出庄重的大红书名；1942，以割裂状处理，表现其不同寻常。

印好模拟书后，我们仍然继续听取了各方不同的意见和建议。改，已经成了理所应当的常态；好，是我们的终极目标！

四

再说我，做了快30年的编辑，小时候的梦想：做不了

著作等身、也要"编书等身",如今早已实现。所编的图书获中华优秀出版物奖、国家出版基金、全国畅销书奖、三个一百原创出版工程等国家级、省级奖项150多项。身兼中国县域经济促进会理事、山西省图书编辑工作者协会副秘书长等社会职务,更有山西省宣传部"四个一批人才""山西出版传媒集团年度人物""山西出版传媒集团三八红旗手"等称号,但做编辑我怎么也做不腻,即便走上行政岗位,仍然对做编辑乐此不疲。看到好的选题,就直往前冲。

做这本书的过程中,我同样生发了"编辑"的乐趣。

白天面对的杂事太多,晚上静下心来看稿。看到不理解处,想问蒋殊。其时,已近12点,心想这么晚了,她也该休息了,打扰不好。但我有问题不解决也很纠结,于是发微信,没想到秒回,她耐心地一一回复我的疑问。

"红崖占,还是红崖栈?稿子中两个都有。"

"先改成栈吧,随后再核实一下,资料里也是不一样的。"

"拢该?"

"改成"笼络"吧。"

"破不残,这个残字对吗?"

"破不残,应该是一句方言,我理解就是破烂残缺的意思,之后我再问问当地人。"后来,我又问了山西省社科院语言所原所长吴建生老师,她回复,这个字没有本字,有的地方用"产",也有人用"惨",都是同音字代替,可能比"残"要好一些。用"残"容易引起意思上的关联,应该用一个不表义的字。做方言研究的，碰到这类问题，常常是只记音，不写汉字。然后，我也就标注了拼音。

……

静谧的夜里，我与蒋殊你来我往，聊得那叫个热闹（后来听彦玲说，她俩的聊，"从凌晨到凌晨"也是常事）。

终于接近尾声，我说："好，接下来，一是加上补充的内容，二是图片加上说明，三是作者简介要加上原名。您辛苦了！"

"好的。您看过整个作品什么感觉？有没有补充的建议？"

"总体来说，挺好。生动地表述了一个个抗战故事，由点成线再成面，凸显出沁源精神，乃至山西精神，文笔干净利落，细腻贴切，主题突出。建议强化在几个关键节点党的力量，一是入山动员，二是出山斗争，三是为什么沁源不出汉奸，最好有思想的深度挖掘。"

"好，我尽量增加这些内容。您提的对。不出汉奸也是因为领导得好、引导得好，能及时掐灭在萌芽状态。"

来来往往之间，我不由感慨，蒋殊真是个好作者！非常配合编辑工作。

在这本书的合作过程中，我深深觉得，能和志同道合的朋友共同做一件有意义的事，是很幸福的，我，乐在其中。

出版一本书，有时候很容易；但是出好一本书，却需要这样一个团队，一个有激情、有干劲、有想法、能互通

的团队。

就是这样的我们仨，在沟通、修改中度过快乐的半年。这期间，蒋殊、彦玲和我，不是聚集在蒋殊的刚刚搬家还未整理好的办公室，就是在除了我们空无一人的周末休息日的我的办公室，当然，我们仨偶尔也会找"泛着书香、飘着茶香"的地方，无论哪里，话题从来都是《沁源1942》。

周日加班到天黑时，蒋殊说，"最愉悦的事就是遇到步调一致的同行者"。我俩瞬间举双手赞成。

作家蒋殊，总是津津乐道于采访沁源百姓的故事，她对于追寻挖掘文化脉络的虔诚与执着令我感动；

策划人彦玲，总是奇思妙想地生发各种出版的想象与可能，她提出了"行走的首发式"这一创意，她对于打造提升图书张力的努力与探索令我惊叹；

我，作为一名醉心于编辑业务、挚爱着出版的文字工作者，愿意在未来的路上与她们或者像她们一样更多的人相伴，愿意为喜爱的书付出全部努力。

五

书出版后，准备开首发式和座谈会。相关的文案改了一次又一次，我和彦玲、蒋殊一下班就到排版公司，周日干脆在排版公司从早上蹲到晚上，我们一改就到了晚上12点，夜幕中回家，让我们兴奋又感慨。兴奋这件事越来越接近完美，感慨做事不易，不停地修改真是出版人的本色。所谓的定稿，大概就是时间逼到最后一刻。

9月12日，我们"团队仨"带着团队，在沁源县举行了全国首场别开生面的"行走的新书首发式"，邀请到了中国作协副主席、著名作家、诗人高洪波，中国报告文学学会常务副会长、评论家李炳银等著名专家和学者。

紧接着，我们又于9月13日举行了座谈会。由山西省文联副主席、山西文学院院长张卫平主持会议，与会专家除参加首发式的外，增加了从北京赶来的著名军事史专家董保存先生，有近50位专家踊跃发言。

大家从不同的侧面对本书作了解读，均给本书以很高的评价，诸如写作视角的独特、对历史的精微探索、抗战精神的记忆与传承、家国情怀的浓烈、写作内容的人民观、写作风格的突破、文学写作的社会意义等。都建议本书可作为党建读物和干部读本。

在举行完《沁源1942》首发式和座谈会后，晚上，我们仍然兴奋不已，微信中聊得热火朝天。

高洪波先生赞道："晋地三姐妹，无眠当不睡。走过沁源后，不饮亦可醉。"我们仨对高主席由衷佩服：不愧是诗人，出口就成章。

《沁源1942》项目完成后，陈彦玲在朋友圈发了一条微信，内容是：一幅我们仨在会场的合影和一段文字，我很喜欢。她说：

"慧平，做过我写的书的责任编辑；

我，做过蒋殊写的书的策划人；

她俩，因我而相识。

今天，慧平出版了蒋殊写的书，

我，为慧平做的书策划了首发式。

这，不是绕口令，

是，因书而来的缘分。"

是啊，缘分这种命中注定遇合的机会，总是源于彼此拥有共同的特质。

我们仨，都是那种面对生活迟钝淡泊，面对工作满怀激情，充满感恩、积极努力、勤奋吃苦的人。

三个女人一台戏，这台戏，我们唱完了，未来，还有很多的戏等着我们去唱。

我希望，在文化的舞台上，三个女人不懈怠，剧不落幕续精彩。

中国最美的书出炉记

—— 《千手观音——张继钢舞台剧作选》出版始末

一

2019年9月30日下午，湖滨酒店会客间，柔和的灯光笼罩下，桌上放着一摞四本《张继钢论艺术系列丛书》，我们都认真读过。五人围桌而坐，出版方是我和社长张宝东、助理编辑张博，作者方是张继钢先生和其助手王建军教授。张先生忙于编排舞蹈史诗《黄河》，难得抽身，一约再约，才有了这次的围桌面谈。

张继钢先生凭借一系列的剧作蜚声中外，但是将其精美绝伦的剧作呈现为图书，表现力简直直线下滑，所以他的剧作作品至今没有变成出版物。但是鉴于作者的影响力和作品的知名度，作为补白之作，图书毫无疑问有关注度和市场，有出版价值。

所以，在社长动议下，我们坐在一起，探讨如何做这样一部书。因为内容中剧照的丰富和剧作的独特性，存在设计空间，作为出版者，我们希望将剧作最大限度地呈现为一部最美的书，从而冲击"中国最美的书"奖。这类书实际上走的是图书的艺术化之路、国际化之路，在图书供给极大丰富的当下，图书艺术化无疑开辟了一条新的路径。相对于大众图书来说，它可谓精品，无论内容还是设计形式都有其独到之处。具有鲜明的特点，有特定读者，设计含量很高，采用特殊工艺，传达一种设计理念，高定价，有收藏价值，有版权输出机会。

张继钢先生尽管很忙，但神采奕奕，面带微笑，着装一丝不苟，看得出他的严谨和认真，这样的作者是最受编辑欢迎的。在出版流程中，作者的全力配合、良好沟通是一本书成功最重要的因素。

书中收录哪些作品，以什么形式呈现，什么时间交稿，什么时间出版……一个一个问题一点一点地解决，5个人的意见交汇、碰撞，最终如涓涓细流汇成一处，激荡奔涌。

全书拟收录张继钢先生不同形式的精品剧作七部，包括民族音乐剧《白莲》、舞剧《千手观音》、说唱剧《解放》、古典舞剧《玉蜻蜓》等，并通过《序》与《跋》总结张继钢先生的创作经验与理念。配合大量剧照呈现，希望给舞台演出提供一个直觉形式，为喜欢剧作的读者、关注创作排练的导演、研究剧作的学者等提供一份难得的资料。

张继钢先生对于将其珍藏的剧作出版很感兴趣，又有王教授的助力，我们信心十足，满怀期望，期待着又一部好书的面世。

走出酒店时，已是华灯满街，璀璨的灯与天上的星，渲染着我们激情的期待。

二

对于最美的书，设计的重要性不言而喻。这部书，我们请张志奇先生来做整体设计。张志奇先生毕业于清华大学美术学院装潢艺术设计系，现为中国出版工作者协会书籍设计艺术工作委员会副秘书长、高等教育出版社首席美术编辑、张志奇工作室艺术总监。他设计的作品曾8次获得"中国最美的书"，在"全国书籍设计展"上多次获得评审奖、金奖等奖项，入选"捷克布尔诺国际平面设计双年展""中国出版政府奖"装帧设计提名奖等国内外奖项。不言而喻，这是一位有思想的优秀设计师。

张先生说，思考用两个月，设计用一个月，大概三个月可以完成。

之后，不断地沟通，我们提供了文本、剧照，又按张先生要求提供了工作照。在共同对书稿的介入中搜集信息，厘清要表达的概念，再将概念由抽象到具象反映和转换，通过设计语言将文稿升华成一个艺术品。

同时，编辑案头工作也在进行，初审、复审、终审、一校、二校、三校、抽检，表述不当处，不规范的字、词、句，还有标点符号，一一修改，当文稿改定后，设计方案也出台了。

整体设计传达了一种怀旧情绪，这是基于三方面的思考确定的。一是基于剧作是演出之后的回味，有一种风静听溪流的感觉，二是内容表达的都是旧事，三是基于作者年龄的时代特征。

书中对三种素材作了不同方式的处理。一是肖像照片，前后 10 幅工作表情特写照片，强烈地传达了作者对于作品的雕琢精神，作品内容与作者投入相互映衬，凸显了张继钢的个人魅力和作品品位。二是 7 部剧作的舞台呈现，传达了一种强烈的观剧感受。三是 5 幅跨版面排列的黑白照片平实地陈述了张继钢先生的工作场景，丰富了图书的内容。

说实话，我对《千手观音——张继钢剧作选》设计的设想，还停留在千手观音金光闪闪的造型上，觉得金色应该是主基调，能有效唤醒人们那段特殊的记忆。但是在忆旧与情绪的选择上，张志奇先生选择了情绪的传达。他说，他更倾向于寻找一个时代的特点，在眼球经济盛行的当下，能吸引眼球的无疑更重要的是产生一种情绪的共鸣。

剧场的漆黑和场灯的光芒贯穿全书。完美地呈现了一种舞台状态，从茫无所从，再到想象空间汇聚到舞台这样一个容器，通过观剧感受的再呈现，让读者可以全身心地欣赏剧作，而不仅仅是阅读图书。

设计是一个系统工程，好的设计终是要落到实处。印刷时，设计师和编辑都到了印刷厂，一个细节一个细节地盯对。做出的样书，盒子不很平整，后来发现是函套太紧，为使函套抽拿轻松，加大 1 毫米。7 处规则锯齿状打孔有点小，加大。对接版人脸没对上，颜色有出入，重新调整。书的三面裁口喷黑不是很均匀，再调整。版面处理要再提亮。烫白压力有点小，要加大。烫印时温度要高。寄书时单册包装寄，防止书皮变形……

每一部好书，都是一群人的不懈努力和大把时间堆砌出来的。

三

不止一次，面对一个黑乎乎的塑料皮封面，有人问我，这本书美在哪里？

其实，所谓美和创新，不外是不同领域的一种融合和贯通。我认为可以以音乐的视角来欣赏这部书，也可以以图书的视角来阅读这部书。

瓦楞样粗糙朴实的草板纸书匣上，以 UV 工艺烫压签名，仿佛用黑墨水手写的签名一样，和旁边露出的黑色封皮相互呼应。侧面是 UV 书名和千手观音造型。朴实外表下呈现华丽剧作，对比之下，加重和强化了欣赏情绪。

细看侧面，时代感极强的黑色塑料皮上，上部压凹了千手观音四个字，下部压凹了副书名（《张继钢舞台剧作选》）、作者名（张继钢）、出版社名（山西出版传媒集团 山西经济出版社）。中间烫印了白色漆片，并压凹，突显了作者张继钢的签名。

慢慢将书抽出书匣，记忆中的塑料皮笔记本呼之欲出，千手观音造型压凹在黑色塑料上，随着光线变幻不定，反映了图书内容的多样性和丰富性，同时增添了一种神秘感。黑色堵头布，黑色锁线，上下外切口喷了哑光黑色，完全是一片漆黑，仿佛剧场开幕前的一刻。在静谧中充满了无限的期待和无穷的想象。

翻开书，一处无限延展的黄色，亦是金色，暗合了含金量。让我们的期待落到了实处，让人顿时心生希望、活力、愉悦。

再翻，是张继钢先生特别投入的表情特写照片，一连6幅，像雕塑般醒目而突出。从他投入的表情上，传达了一种理念：好的作品，就是这样"如切如磋，如琢如磨"打造出来的。而岩石样纹理和质感的表达，更强化了这种理念。

接着，扉页、著者简历、序、目录，就像在剧场滚屏上一一呈现。很快就到正文了，七篇剧目，采用的形式是相同的，但各自又是不同的。一个票根，从书缝中伸出，锯齿状打孔，让我们不由会心地一笑。仿佛手持着票，走进剧场，这种行为过程的表达，强化着阅读过程和观剧过程。二维纸质书和三维观剧时空切换，作品氛围和阅读语境流转，幕起幕落间，读者的情绪也在舒缓与紧张之间切换。

编剧、导演、演出单位、说明、获奖、剧情介绍等基本资料逐一打出之后，是人物，之后便是一幅一幅的剧照，在不同的灯光照射下，人物表情生动柔和，造型独具魅力，仿佛身临剧场，又仿佛并不局限在剧场，而是拥有更多的体验与感触。设计者将彩色的剧照抽掉五颜六色，转换成一两种颜色，照片的色彩瞬间在灯光的映衬下转换成了灯光色。弱化色彩的同时，强化了艺术性，突出了舞台特点，增强了其庄重和神秘感，完全展现出了剧照的原汁原味，在那种强烈的感染力下不由让人心神激荡。

剧本。剧本文字组合多，书中通过文字排列的差异化体现舞台现场感，文字在跳动，阅读节奏调整与把握体现了韵律感，营造了轻松的阅读氛围，产生了立体感特征，让纸质书的物质感有了真实体验。读者在书与剧场间穿梭，阅读感和观剧感交汇流转。

剧中人物的对话、独白、旁白和舞台指示都用不同的形式呈现，穿插在书中，形成了一种阅读节奏，让读者在轻松愉悦的体验中欣赏剧本内容，感受那一行行文字的魅力。设计时，张先生将每部剧作内容切成片，每片赋予不同的表现形式，然后再组合起来，便成了最终的整体呈现。

欣赏最美的书的过程中，让我想到几个概念。也许这是最美的书的特质。

观照。演出的壮丽场景及其反映的内容对现实的连接始终是进行态。

语境。阅读语境与观剧语境始终在交互转换中。

通感。正如《跋》中所说，读到书中的一些表述，听觉立刻被唤醒、被带入，意识在回荡中走进特定的艺术时空。听到了音乐，听到了大自然，也听到了舞台空间。七情六欲被一种通感所代替，所有的一切，让人联想丰富而又回味无穷。

延展。欣赏音乐，余音袅袅，回味无穷。阅读图书，也是如此，感觉的延展，思考的继续，绵绵不绝。

欣赏毕，掩卷沉思，心中久久不能平伏。再慢慢地将书放入书匣，犹如封存一段记忆。保存起来，有时间就欣赏一下，历久弥新，每次都会唤醒不同的感觉，仿佛受到一次又一次的洗礼。好的书，大抵就是这样的感觉吧。

四

2020 年 11 月 9 日，2020 年度"最美的书"（原"中国最美的书"）评选揭晓！来自全国各地 23 家出版社的 25 种图书荣膺"最美的书"称号，并将代表中国参加 2021 年度"世界最美的书"评选。无可争议，《千手观音——张继钢剧作选》位列其中，获得了"2020 年中国最美的书"奖。

"最美的书"创立于 2003 年，是上海市新闻出版局主办的书籍设计年度评选活动。十多年来，"最美的书"评委会受德国莱比锡"世界最美的书"主办机构德国图书艺术基金会的委托，邀请海内外顶尖的书籍设计师担任评委，评选和推荐当年度来自中国的"最美的书"并送往德国莱比锡参加次年度"世界最美的书"的评选。十多年来，先后有 17 批 371 种来自中国的"最美的书"亮相德国莱比锡，有 21 种荣获"世界最美的书"的奖项，其中 2 项获金奖。连续 17 年的中国书影之美飘香莱比锡，既从一个侧面反映了当今中国书籍设计的成就和水平，也体现了中国的书籍设计者通过不断与外界的联系和交流，在立足于本民族文化的特质和精髓的基础上，融合世界设计潮流，不断进行创新和探索的精神。"最美的书"已经成为中国文化"走出去"的成功样本,成为中国优秀图书设计和优秀设计师走向世界的重要平台。

"最美的书"的评审标准既与"世界最美的书"的评选要求相接轨,又反映出中华文化的特质和精髓。这项活动,注重弘扬中华文化,倡导书籍设计与内容的完美结合,提高中国的书籍设计水平,并为中国的图书设计走向世界建立平台和窗口。十多年来,"最美的书"评审一直注重书籍设计的整体性,书籍内容与形式的完美结合,书籍设计对于书籍本身功能的提升,设计风格与适宜手感的和谐统一,以及作为设计重要元素的技术手段的运用。

获得这样一个有分量的奖项,对我们的工作是一种肯定。且看获奖解读:反映舞蹈艺术家张继钢舞台剧作经历的资料汇编,与本书过往年代老笔记本的书籍形态设计思路相契合,以回顾以往的视觉感受反映资料性、学术性、体验性的编排意图,通过摄影图片、剧照、工作场景依时间线索进行有序而有机的排列,以黑色基调与四色组合成为全书的视觉基调,相对应白底黑字的文本,多出的纯黑和纯白的空页,如剧场舞台上旋转的射光,强烈而有戏剧意味。字体的大小级数变化鲜明,跳跃式的文本编排,恰似舞台剧角色读白、旁白、唱词、画外音,生动而有节奏。全书有一种沧桑怀旧的气氛,也许体现了主人公的情绪。

对于一个作品的理解,从来都是见仁见智。只要读者诸君有收获,便是很好的书,便不枉我们的孜孜以求。

多方协调，成就好书

——《苏联人镜头中的新中国》编辑手记

一、策划

主题出版是服务党和国家中心工作、服务社会经济发展大局的具体实践和必然要求。做好主题图书，是每一位编辑梦里梦外的不懈追寻。

2019 年，喜迎新中国成立 70 周年，做好为祖国 70 华诞献礼图书是编辑的责任和义务。春节期间，社长转来一条微信，言及苏联摄影师拍摄的一批记录新中国成立前后景象的彩色照片面世，就披露出的照片看，很稀有，色彩鲜艳，人物表情生动，蓬勃的热情四溢，社长动议我社出版这批照片，作为祖国 70 华诞献礼的主题出版物。

出版提上日程后，首当其冲需要解决照片版权和文字内容问题。与我社长期合作的北京环球汇融国际文化传媒有限公司同俄方文化部有密切联系。通过该公司，联系到照片收藏方——莫斯科多媒体艺术博物馆。几经沟通，达成合作意向。对方传来 1000 多张照片小样，小样一经放大，照片就发虚，更看不清楚，其中有重复的，有效果不好的……很费劲地从中识别挑选了 200 张照片，购买了版权。

　　每张照片附有俄文说明，请北京环球汇融国际文化传媒有限公司译为中文后才发现，照片说明太简单了，仅有摄影者、时间、地点。成书时，仅有这些信息是远远不够的，而是要为读者提供尽可能丰富的照片信息，这样才会增强可读性，丰富图书内涵。但是照片进一步的解读工作谁来做呢？

　　因为照片涉及历史史实，来不得半点马虎。我通过作者联系到了中央党史研究室研究员李蓉老师，李老师有研究党史近 40 年的工作背景，由她解读照片内容具有权威性。难得的是，承担很多研究项目的她欣然同意做这项工作。撰写照片说明过程中，对于一些不是很清楚的照片背景，李老师借助广州等各地同行核实史实，尽管是不多的文字说明，但她在背后做了大量核实史实工作，每次交流都让我很感动。唯一美中不足的是她的表述很客观，少一些文采。于是，我又盯着照片看细节，逐一润色。最后请李蓉老师审定，得到她的肯定后定稿。

　　将照片按内容分了五部分，几经斟酌后我确定了篇章名：开国盛典、胜利前夕、新人气象、城市风貌、祖国览胜。每一篇章需要写一篇散文化短文来综合介绍这部分内容。李蓉老师说，她不擅长写这种文章。于是，我又去作协找作者。毫无疑问，也得到了热情支持，很快撰写回来五部分的篇章页内容。

　　至此，图片和文字内容都有了。然后，请北京环球汇融国际文化传媒有限公司将图片说明和篇章页内容译为俄文，我们要做成双语版图书。

二、审稿

最熟悉书稿的人莫过于编辑，成书过程中最能发挥创造力和提升力的也是编辑。

责任编辑解荣慧对图片、说明文字、篇章文字，体例都作了加工修改。作为复审，我同样对文字作了一遍遍的梳理。最后呈现的文字都是一改再改的结果。

照片一张一张地放大看，每一个细节都不能放过，尤其是这种外方人士拍摄的照片，政治性首当其冲。在一张解放宁夏的照片上，解放军战士在城墙上搭了作战云梯，正攻克城墙，旁边拱形的城门上方有五个白团，看不清什么字，我从几个文件夹中找到这张照片的高清图，仔细辨认，大吃一惊，原是反动标语。赶紧撤掉这张照片，尽管已经买了版权，但这种照片注定无法面世。

还有涉及宗教信仰的照片，删掉；有伤害民族情感的照片，删掉……

编辑工作有时候真是步步惊心，冷汗连连。考验的不仅是编辑的耐心和细心，还有对于政治性、科学性、知识性等的把控力。

有的照片说明文字保留了原照片的说明，后来润色加工进一步作阐述时，语意会有重复，需要删减修改。

因为是双语书，对于书中俄语呈现部分，我社没有俄语编辑，无法处理，当责任编辑提出这个问题时，我想起兄弟社有一位编辑是学俄语的，于是，请她来把关改稿。

就这样，磕磕绊绊中，书稿初现雏形。

三、设 计

货卖一张皮，图书的设计非常重要。好的设计，会和内容相映生辉，互相增值。形式和内容可以达到"各美其美，美美与共"的效果。

我们请业界著名设计师张志奇先生设计这本书的封面和版式。很快，他给出了设计说明：本书为新中国成立初，苏联摄影师在中国各地拍摄的彩色胶片照片集，历经70余年，筛选200幅整理成册。胶片摄影的颗粒感厚重，呈现开国盛典、祖国览胜等5部分图片内容，文字为中俄双语阅读，同一张照片呈现出浏览、阅读、欣赏3种页面展开方式下的翻阅形态，阅读路径多样，独具阅读仪式感。星形作为各部分引导阅读的标识，具有照片幅数统计的功能，也表达了新中国成立初始多方力量汇聚之意。封面色彩和书匣的星形模切相得益彰，隐喻不同视角下的社会风貌和风土人情，多角度呈现新中国翻天覆地的变化。

这个设计思路清晰、内涵丰富、形式多样，得到大家的高度认同。

在与张先生的不断交流中，设计思路形成了共识并不断加持。基于祖国的繁荣昌盛，要在形式上做出有分量的设计。采用大开本（少见的 8 开本）和质朴的函套加上大红色腰封，函套上有一枚镂空的五角星。将书从函套中缓缓抽出，仿佛打开镜头，翻开图书，正反两面满铺了五角星，寓意星星之火可以燎原，同时又充满了摄影感。

篇章页以近似 16 开红色纸呈现，仿佛红旗飘扬的一角，红色一直延续到之后的每个页面，营造和强化了时代氛围。接着是一个折页，折页内以胶卷形式排列了整整一章的小照片，一方面反映黑白胶卷的摄影特点和黑白照片的质感，另一方面起到阅读索引的作用。折页外左上角是两排星星，一方面用以照片幅数计数，另一方面采取祖国繁盛、星火燎原内容的信息化整理方式，别开生面。由小到大，由黑白到彩色，对照片的生成过程作了形式上的记述。翻阅时，大的折页需要站立阅读，文字内容可以坐下来细细阅读。通过阅读动作的转化，可增强阅读仪式感，表达对内容的崇敬与尊重。以多种形式表达着不同的设计概念，提供了阅读小惊喜，给读者以慢慢领悟的空间。

四、获奖

将近一年的工作，千呼万唤始出来。终于到 10 月份，《苏联人镜头中的新中国》出版了。紧接着获得了"中国最美的书"奖，它从中国各地 106 家出版社 342 种参评图书中脱颖而出，得到了很有分量的获奖评语：这本历史摄影图集采用大开本平装形式，素朴庄重，强调历史感。全书重在照片的编排设计，内容丰满，手法简练，没有多余的设计语言，重在时代气息的还原。图片设计由小尺寸画面延续到右侧的大尺寸图像的再现，很好地把握了从小到大、从虚到实模拟对焦的镜头感，与两图之间大胆的空白处理相得益彰，全书使用红色渲染年代氛围，突出了时代特征，留下深深的历史记忆。每一章节的照片数量通过五星图标进行矢量化递增表达，在庄重而富有仪式感的设计框架下不放弃细节的处理，直观而别致。

《苏联人镜头中的新中国》，拨开70年历史的尘雾，天地变化，记忆深处有情怀，有经验，有成就。

这部书的出版，从内容上看，反映了70年前新中国成立场景和人民面貌、城市风貌，是新中国史的重要部分；从摄影史的角度看，当时的摄影技术和成像特点触手可及，可感受到摄影发展变化；从中外交流史上看，可谓是中方和苏方友谊的见证。

作为祖国70华诞献礼书，它受到了多方关注。作为珍贵的图片素材，它在市场上也很活跃。

之后，这部书又获得了亚太设计年鉴提名奖，它以独特的姿态、独具的匠心得到了各界认可。

五、感悟

每部书的出版对编辑都是一种挑战，都会对编辑提出特殊的独具特色的要求。《苏联人镜头中的新中国》因为它的版权引进、双语版、时代感，对编辑提出了更高的要求。需要编辑触觉敏感，能调动一切资源找米下锅、价值增值、全程把控；需要编辑走出去，寻找作者；更需要编辑坐下来，规范内容，修改错误；还需要编辑以专业知识同设计师进行美学的对话，从而有良好的沟通。

对于双语版的书，设计也有它的独特性。因为设计语言本身也是一种与世界交流的方式，它会以美学和文学的双重身份展示自己的魅力。

《苏联人镜头中的新中国》出版了，获奖了，得到了肯定。掩卷而思，面对一个选题，编辑要能调动一切资源，协调解决各种出版问题，才能将选题成就为一本好书。

面对编辑作者
——陈彦玲

终于拿到《你在秋天》的样书了，干净舒适的果绿底上落了几片橙红的枫叶，托起潇洒的书名——《你在秋天》，自然亲切。翻开来，泛黄的白色书页上只有 3 片枫叶，浓浓的书卷气中不失温暖；再翻，只有一行字，"因为有你，所以幸福"，立刻，井喷式地从心底涌出暖暖的感动。这是一本有温度的温暖的书。又翻，是一首短诗《记得——给我深爱的父亲》，父爱如山，巍巍然，寂寂然，让人感动不已。再翻……再翻，一篇篇短文，情感挥洒、心灵呓语、人生感悟，如珠玑般镶嵌在书中，如宝石般熠熠生辉。亲情、友情、爱情……失意、得意、惬意……思考、探索、努力……点点滴滴，如露珠凝结着黑夜的精华，如春雨催发着生命的活力……舒适的文字，熨帖的语言，成就着生命中一片暖暖的时光。正如《白雨斋词话》所说："语不必深，而情到至处，亦绝调也。"

这是编辑陈彦玲的随笔散文集。全书分六部分：暖暖的陪伴、风景漾起、一直深爱着、文艺情结、深呼吸、下午茶，30 多篇文章，营造了一片明媚温暖的时光。最是适合午后清茶相伴，闲闲读来，于不知不觉间便会丰盈心灵。

就是这样一本散文集，算不上多厚，也就 200 多页，算不上多难，文通字顺，但竟让有着 20 多年编龄的我，硬是陪着它走过了秋冬春夏。这功夫，丝毫不亚于编辑一本厚重的学术书。

尽管我认识上百位的作者，但这是我首次面对编辑身份的作者。起初想，给编辑出书，应该是件容易的事。因为她是编辑，她会设身处地地考虑很多事；因为她是编辑，具有编辑素养，书稿的编辑加工会省很多事；因为她是编辑，了解出书流程，会更好地理解配合出版流程。综合以上，给编辑编书，我很乐意，更何况，这个编辑还是我低头不见抬头见、渊源很深的朋友，我更乐意。谁承想，这会是一个漫长的编辑之旅。

稿子交到我手里，于公于私，责无旁贷，我使出浑身解数，逐字逐句地修改，几番斟酌，想着这必是她已经推敲过了的，我必得修改妥帖，方能说服她，方显我编辑功力。但谈何容易，几番犹豫不定，举笔难下，改了擦，擦了改。备尝推敲之苦，备体编辑不易。历时半月之久，终于改完了，面对改得很花的稿子，我暗自得意，第一次给编辑改稿，殊不知竟如此有成就感。

拿给作者编辑陈彦玲看时，她说，你写个序言吧。她身边有一大批的作者是著名作家，随便哪一个名头都能砸倒一片人，而他们，也很乐意为她的书作序。倒是我，一介编辑，人微言轻，不足以作序。但她执意让我来写，她说，你是第一读者，感受最深，最适合写序。我的书不需要拉大旗做虎皮。不愧是编辑作者！她能如此不落俗套，我另眼相看之余义不容辞。于是，写了《书香女人》代为序言。

初审、复审、终审、一校、二校、三校，稿子在流转，终于可以申请书号了。给她看时，她又增加了一篇，好吧，再看。我看，她也看，作为作者，也作为编辑，改回来时，一样的面目全非。我不由得感慨，书稿真的是改不胜改，出书真是件遗憾的事。如果不付印，总是有的改。总有个别字、词、句、标点让你有发挥自己感觉的余地。有时纯粹无关乎对错，只是不同的编辑风格使然。有时候是我改过去，她改回来，我再改过去。好在最后我们都能统一思想。讨论中修改，修改中讨论。篇章不均衡，加几篇；印张不是整数，再加几篇。但不管怎样，内容总算定了，是我劝她：先就这样吧，有什么想法以后再出书吧。稿子修改，哪有穷尽时啊！

接着是封面，好几种方案中，选定了带枫叶的，一方面契合了书名，另一方面布局也柔美雅致。白底、黄底、绿底……浅绿、深绿、果绿，选定果绿后，用什么材质能更好地体现温暖亲切的生命质感呢？铜板纸，特种纸？特种纸中什么纹路和色泽更能营造午后时光的闲适？

书的开本从 148mm×210mm，到 145mm×203mm，再到130mm×180mm，盈盈一掌，暖暖一握，精致，可爱，舒服。每一本书都是一个独特的生命，拥有独特的气质，都有最适合的形式与表现。只有找到最适合的，它才会从内到外，散发出相得益彰的美好感觉。这个生命才会灵动完美。

模拟书出来了，我觉得很好，感觉也很到位，小巧的开本，果绿色的封面，隔十几页有一个淡灰色的篇章页，调节着阅读的节奏，照顾着阅读的感受，从内到外散发出舒适。但陈彦玲还是拿了尺子量个不停，为了天头多一厘米，还是地脚多一厘米好看，她犹豫不定，考虑再三。

面对编辑身份的作者，你需要有足够的耐心，才能理解她的反复；你需要有足够的认真，才能应对她的挑剔；你更需要有足够的功力，才能说服她修改。

就这样，我陪着《你在秋天》走过暖暖秋阳，走过雪花飞舞，走到春花烂漫，再到夏日炎炎，当天气再度凉爽时，我终于拿到了样书。真没想到，给编辑编书，竟然这么难产。当然，这样一个难产的过程饱含成长的快乐与升华！对书，对编辑，均如是。

经济学术的丰碑
—— 《当代华人经济学家文库》

还记得，在出版《吴敬琏自选集》时，初次见到吴老年轻的助手——李瑞博士，他感慨地说，山西经济出版社出了很多好书，上学时我们读了很多你们出版的经济学家选集。其实，陆陆续续听到类似的读者反馈很多。

20 世纪，山西经济出版社出版了一套《中国当代经济学家文丛》，收录了国内 59 位经济学家的选集，在中国经济学界产生了深远的影响。经济学家们的思想、理念、方法和言论影响了中国经济，影响了我们的国家、社会、企业和个人。年轻的经济学人于此受益匪浅、印象深刻，从而也记住了山西经济出版社。

当历史的车轮进入 21 世纪后，山西经济出版社作为全国第一家地方经济出版社，也在思考着自己的历史使命，加之经过改革、开放以来的艰苦努力，中国及整个华人圈经济学研究已逐步走上了规范化、国际化的轨道；新一代优秀的华人经济学家逐步成长、成熟起来；一大批在理论上有创见、对促进中国经济改革与发展事业具有积极影响力的经世济民之作陆续问世，不仅在国内引起了很大反响，也得到了国际社会的充分肯定与褒赏。于是，山西经济出版社决定在一个超越国界限制的更大范围内甄选部分华人经济学家作为这一群体的优秀代表，出版一套精致的《当代华人经济学家文库》，旨在经济学界树立一座学术的丰碑。我们在以前出版《中国当代经济学家文丛》的基础上，设计了《当代华人经济学家文库》的框架，经过多次讨论，逐渐形成成熟的出版思路。我撰写了一系列的文案，包括《选题方案》《约稿函》等。

这套文库甄选对象包括世界各地优秀的华人经济学家，包括中国大陆、香港和澳门特别行政区、台湾以及其他散居于世界各地的华人经济学家。作者的基本标准是那些在某一经济研究领域做出过特殊贡献的优秀经济学家，编辑的任务是协助他们把自己最有影响力的作品甄选并发表出来，为中国经济发展提供理论借鉴。所选文章一般为公开发表过的文章，每本选集一般不超过 10 篇文章或者说不超过 15 万字，希望"一篇文章留下一个历史脚印，一部著作树立一座学术丰碑"。

比较而言，本文库具有以下特点：

首先，注重学术研究的规范性。力求使这套丛书总体上做到与国际学术界接轨。因此，凡是不符合学术研究规范化要求的文章，不在入选范围之内。

其次，注重选择范围的广泛性。只要是华人经济学家，都是选择的对象。但考虑到大多数知名的老经济学家的著作已面世，文库将更加关注中青年经济学家这一群体。

再次，在表现形式上有一些新的安排。比如说，将自选与自述（对该文的研究背景、创新意义及其学术影响做出实事求是的评论，以帮助读者进一步理解文章的学术价值）结合起来，围绕那些曾产生过广泛社会影响的文章，还主张把社会上有影响的评论列入书内，以飨读者。较之其他自选集，本文库最大的亮点是自述部分，由作者亲自撰写，既是对过去学术研究的追溯，又要结合目前的研究有新的思考，对所选文章有所拓展。

为了提高图书质量，编委会采取"先入为主"的方式。如第一本书是《樊纲自选集》，那么樊纲自动进入编委会，参与决定后面作者的入选。依此类推，编委会人员逐步增多。如此机制是为了保证所有入选作者皆为真学者。山西经济出版社严把质量关，投入优秀编辑、校对人员，制定有效的营销方案，力争将本丛书做成精品图书，使之成为传世之作。最终目的是反映中国经济举世瞩目的成就和翻天覆地的变化，希望更多华人经济学家在学术上取得更大的理论成就，期盼着理论推动实践，助推中国经济的发展。

随后，通过当面约请、寄约稿函等方式向各位经济学家组稿。经过努力，对策划思路的贯彻执行，目前，这套书共出版七种：《樊纲自选集》、《黄有光自选集》、《林毅夫自选集》《张军自选集》《蔡昉自选集》《万广华自选集》《李周自选集》。总结这一出版实践，我有一些感想。一是，这是在深度挖掘已出书基础上产生的一套书，打开了一种选题挖掘思路。一方面在原选题的基础上新的选题会更成熟。另一方面具体操作起来相对容易。二是，尽管所出图书都产生了良好影响，在不断获得好评的基础上，两种被评为"2010—2011 年影响中国经济 10 人 10 书"，但因本丛书过多地强调了宁缺勿滥，过多地强调了原创与价值，出版步伐较慢，没有产生应有的规模效益，当前最重要的还是要加快进度，争取在一年的时间出版 10 种，形成规模，真正树立起一座经济学术的丰碑。

大必出于细

——《杜润生文集》

《杜润生文集》分上、中、下三卷本，精装书，100 多万字，时间紧、任务重，但它的整个编辑出版过程有条不紊，按时保质保量地出版，受到各方面的好评。

回想起来，那一仗之所以打得很漂亮，离不开一个字——细。老子说过："大必出于细。" 在《杜润生文集》的编辑出版过程中，我对这句话有了更深的理解。整套书操作过程中，无论是对书稿的基础工作，还是工作步骤安排、过程操控，无不细致入微。

杜润生是中国农村改革之父，又是山西人，为他出版封笔之作，是山西经济出版社与杜老多年的一个约定。

2008 年初拜见杜老时，他已经是 95 岁高龄。杜老从书桌前站起来同我们一一握手，笑眯眯地聊天，我被他睿智亲和的个人魅力所深深打动。一番交谈，确定了准备在杜老 95 岁生日之前出版《杜润生文集》，作为生日献礼，届时还要召开"山西农村改革 30 周年座谈会暨《杜润生文集》首发式"，我看着这位为中国农村改革做出巨大贡献的老人，暗下决心，一定要不负所望，竭尽全力做好这部书。

尽管动议很早，相关准备工作也早在进行，但真正提到议事日程是在距离 7 月 18 日开会前的三个月。

2008 年 4 月 11 日，在我社会议室，我和时任社长赵建廷、杜老的秘书余展主任、张太英四人讨论确定《杜润生文集》的出版事宜。确定选稿的内容、时间安排。

余主任很认真，很负责，很细致，他提供了精心准备好的四份目录，即：人民出版社已出书目录、四川人民出版社已出书目录、电子版从未用稿目录、无电子版从未用稿目录。看似四份初始目录，实际上包括了很多种不同的情况。后来这些目录让我标得五颜六色、面目全非。上面分门别类标满了数字，正是因为前期工作的细致，为后面工作的顺利进行奠定了基础。

时隔多年，我仍保存着那四份目录和当时的一份份记录。

一份记录上写着：

1. 新增加 71 篇文章，计 10.4 万字，只有电子版，未定稿。

2. 人民出版社出版的《杜润生自述》中选 10 万字，48 篇文章，只有文稿，没有电子版，属于未定稿，需要修改，并经作者同意。

3. 四川人民出版社出版的《中国农村制度变迁》中有 31 篇，但需要修改……

一共有多少文章，每篇有多少字，有多少字需要录入，有多少需要定稿……一个个基础数据保证了后面工作时间的安排及工作任务的完成。

另一份记录是出版流程时间安排：

4月11日—4月21日，确定目录，发电子版给余主任定稿。同时录入文字。

4月21日—5月1日，安排5人通读，每人24万字。

5月1日—5月10日，改版……

在工作步骤安排上，第一步，我将四份目录中的256篇文章整合为一个新的目录，好在主要为反映中国农村改革轨迹，这些文章按时间排序就可以，只是有的文章时长日久，不好确定写作时间，颇费了番周折，然后交余主任定稿。第二步，安排录入文章，打印全部书稿。第三步，分不同情况分头审稿，对于从未用稿加强审读，有问题同余主任商量解决。第四步，分不同情况安排校对，分别需要折校、通读等。

工作按照最初确定的时间安排紧锣密鼓、按部就班地进行着。因为有100多万字，涉及的审稿、校对人员比较多，时间又紧，工作需要穿插进行，如果不是每一个环节都是以数字说话，都细到每一天每一人的工作量，很难保证在有限的时间里完成繁重的工作任务。每一次大家交回稿，我都要做详细的记录，然后才能安排下一步的工作。每一次往下分发稿件，我要根据自己看稿过程中对书稿的改动情况撰写《校对注意事项》，同时做好下发记录，每一步工作安排都要考虑内容的特殊性和编辑的特点，务求做到尽可能的吻合。运筹其中，是一种煎熬，同时也是一种难得的考验。

到 6 月 17 日，终校清样对红完毕，我同社长去北京，就书稿中的一些疑问同余主任最后敲定。6 月 18 日晚上，在北京西城区西四砖塔胡同的中垦宾馆，我们逐页翻阅 1473 页书稿，逐个解决问题，度过了难忘的一晚。同时，我订了返程的车票。谁料，拿到票时我正在改稿，满脑子书稿内容，没细看核实车票信息，忙中出错，出现了生平第一次误车，不得不改签下一趟火车，硬生生地在火车站度过了几个小时，等待下一趟车。

6 月 19 日返回太原改版后即安排付印。

到 7 月 18 日，我们如期携书上会。并且制作了精美的纪念章，盖在书的扉页。在首发式上，这套书又一次受到方方面面的好评。山西省政协郭裕怀说，对于从事改革开放事业的人们来说，不妨把这部著作看做具有强烈现实意义的经济学论著。人民日报社李定中说，从一定意义上说，文集反映了我国农村改革光辉而艰苦的历程，是它的历史见证。这套书从动议到出版，打了一场彻头彻尾的漂亮仗。

经过了那一次的考验，到如今，再紧的时间，再重的任务，我都能从容面对。《杜润生文集》的编辑出版，很深地印在了我的编辑经历中，让我充分理解了"大必出于细"，体会到了细致之于工作的益处，让我在之后的工作中受益无穷。

吹尽黄沙始是金

—— 《农民进城就业与市民化的制度创新》

同国务院发展研究中心的研究员崔传义老师聊天，谈到农村、谈到农民，也便谈到了当时最流行的一本书《中国农民调查》。崔老师说，其实，我们每年都会做调查，手头有很多的资料。这句话精准地拨动了我敏感的出版神经，引起了我的兴趣。"那我们可不可以在这些第一手调查资料的基础上，做一本书？我们可以将理论与实践相结合，作一些分析。"崔老师说："完全可以，你先看看吧。"于是，我拿到了一堆调查报告和一些资料，数了数，有 35 篇。崔老师说，当时他们是为做"城乡二元结构转变中农民进城就业与市民化的制度创新"课题，做了分头调查，然后写了一些调查报告，在此基础上，写了一个主报告。另外，还有《中国农村劳动力转移制度环境研究课题建议书》《2003 年 40 个村农村经济与农民外出就业、农民工权益调查篇目》《广东、浙江专家和新闻界人士谈进城农民工》《2003 年对 21 个村民小组外出打工和回流人员的调查》《有关农民工的歌》等资料。粗略一翻，主报告写得很有见地，调查报告都是第一手的调查资料，有些东西让人耳目一新。但是，这些"生猛"的资料以什么形式面世呢？形形色色的文章怎么归类，又以什么主题集结呢？

崔老师说，"你看看吧，可以就出，不行就算了。"于是，连续几天我都在翻看那一堆资料。直觉告诉我，这样的第一手资料很难得，这样高水平的报告也很了不得。关键是我要怎样取舍才能让它们升华，才能让它们浮出水面。我将一篇篇文章的目录输入电脑，编了号，一条条地拉过来拽过去，试图有一个分类，做出书的目录。但是，我对这项研究并不是很熟悉，做出的目录自己都不满意，有的文章怎么归类都不是太合适。

后来，我便去书店找类似的书，看人家的结构是怎样做的。皇天不负有心人，终于找到了一个比较满意的方案，将这些资料分成五部分，分别是主报告、专题报告、综合研究、调研报告、附件，一篇篇地归进去，让它们各有所属。最终，还有几篇归不到这五类中，就只好忍痛割爱了。这样做好目录后，给崔老师看，得到了他的认可。

在审稿过程中，对于几份调查报告都提到的资料，我作了合并和删除，力求提高整本书的含金量。然后就是书名，我建议字要少点。崔老师说，字少了反映不出客观内容，建议用《农民进城就业与市民化的制度创新》，很拗口的一个书名，我一直在琢磨着要替换掉它，但确实好像哪个字也少不得，怎么换都不准确，只好作罢。这本书应以第一手原汁原味的调查资料和有见地的分析报告取胜，在农民进城就业与市民化的制度创新方面本来就研究成果少，本书突出这两大亮点，应该会是一本双效书。

于是，本书顺利面世。农村改革的先行官王郁昭说，这部书从我国解决"三农"问题，推进城镇化，转变二元经济结构，破解二元体制的大背景出发，研究工业化中的农民进城就业和市民化问题，提出农村富余劳动力转移及市民化的主要影响因素是农民转移就业的机会、能力和权利即制度环境，分析目前制度上的主要问题、原因与危害，对农村富余劳动力转移形势、今后的战略目标、制度改革提出一些新见解。

紧接着，有机会申报新闻出版总署第二届"三个一百"原创出版工程图书奖。作者是这个领域多年的资深专家，有那么多珠玑般的调查报告，有那么丰富的第一手资料，有那么切中肯綮的建议、见解，这本书获奖应该是稳操胜券、毫无争议。果不其然，是金子总会发光，本书不负众望，入选了"三个一百"原创出版工程，再一次证明了它的价值。从一堆原始的资料，到一本获奖书，真是"吹尽黄沙始是金"！

自此，一发而不可收，按照这个出版模式，又和崔老师合作出版了一系列的图书，诸如《中国农村经营变革调查》《农民工：城乡融合发展之关键》等，均得到了好评。

解开情结
——《大寨沧桑》

有些书的出版是有渊源的，《大寨沧桑》便是这样一本书。它的出版，背后有很多故事。

关于大寨，我从小就有个问题情结。那还是在上小学时，周围人总在说"工业学大庆、农业学大寨"，尽管不是太明白，但既然老师也这么说，它可能就有可学之处，就是应该学习吧。某一天，忽然觉得好安静，不知道为什么，再也不提学习大寨的事了，我百思不得其解，于是跑去问老师："张老师，怎么不提学大寨的事了？""你长大就明白了。"于是，这个问题伴随了我很久很久，让我疑惑了很久很久。大寨，成了我心中一个关注点。

后来，又有了很深厚的文化情结。于是几经周折，顶着压力，冒着风险，首次碰触大寨现象这个敏感的话题，出版了第一本大寨的书。自此，经常兴奋地将大寨挂在嘴边，不断关注着大寨，陆续推出了一批大寨文化的书，诸如《漫话大寨文化》《山西旅游风景名胜丛书——大寨》《大寨沧桑》……山西经济出版社好像是省内出版大寨书最多的出版社。出版计划中不断有大寨的字样，社内编辑和发行人员经常去大寨。

大寨不仅以其独特的文化底蕴吸引着我们，作为新型旅游点吸引着我们，那儿还有我们的作者，有我们的朋友，有我们的读者，有我们的销售点，更有我们的许多情结。

在这种情况下，《大寨沧桑》的出版顺理成章。我们的老作者，大寨历史的亲历者，中国散文学会会员，山西省作家协会会员，昔阳县文学创作协会名誉主席孔令贤，集数十年积累写了这样一本书，对一个华夏名村解放以来六十年的历史传奇作了描绘，反映出了三代中国农民追求富裕幸福的艰辛路程，更不乏当代政坛风云在基层农村的折射回响。对于各个历史事件的来龙去脉，隐情秘闻，众多台前幕后的恩怨情仇，聚散生死……都有生动的介绍。

在审读书稿的过程中，我们都很激动，很多内容是第一次披露，是我们所不知道的。《大寨沧桑》解开了我们很多的疑惑。

从关注到出书，再到更关注，对于大寨，我们有倾注，有释怀。

《大寨沧桑》出版过程中，我们数次走进大寨，走上虎头山，走近宋立英……数次商讨内容的取舍，图片的配合……数次找寻历史的踪迹，曾经的挣扎，如今的奋起……在同作者的探讨交流中，在对历史细节的追寻触摸中，在对书稿内容的取舍表述中，大寨不断丰满起来，不断明朗起来。

《大寨沧桑》出版之后，报纸连载，报评不断……引起了很大的反响。著名作家二月河说，材料客观翔实，叙述系统生动，推理有理有力，阅后简直有一种大寨版《史记》的感觉。山西省作协李再新说，从作者与大寨的情缘看，从他深入大寨积累素材、挖掘"金矿"的经历看，作者就是当代的寻找生活中闪亮细节的"契诃夫"和"巴尔扎克"。

可见，这本书的出版，不仅解开了我们的情结，解开了诸多读者的情结，而且解开了一个时代的情结。

之后，又进一步挖掘大寨的选题，出版《大寨沧桑图文版》、《名人笔下的大寨》等书。因了一个情结，牵出一系列选题，出版了一系列图书，不能不说是件美事、雅事。

贵在坚持
——《中国现代产业经济史》

　　《中国现代产业经济史（1949.10—2004）》于 2004 年出版后，便想以其内容的补白性和研究的严谨性来争取国家图书大奖，但很遗憾，只是获得了提名奖，与大奖失之交臂。于是，这本书开始沉寂，未产生预想的效果。这让我们耿耿于怀。一直在想着怎么让这样一本好书起死回生，引起社会各界的重视。

　　时隔 5 年，在同作者交流时，又谈到这本书。作者说，近 5 年在中国现代产业经济史上，无论是经济改革、经济发展和指导思想，都是颇具特色的。在改革方面，国有垄断行业和文化事业的改革，农村经济的全面改革，以及社会保障制度的改革等均属此例。在发展方面，更具特色。2005—2009 年这五年的新一轮经济周期中，经历了两个阶段。一是继 2004 年之后连续偏热和过热。二是 2008—2009 年中国经济发展面临着中国经济周期下行和世界金融危机以及自然灾害（四川汶川大地震）等多重严重冲击。但这两年经济仍然赢得了平稳较快发展。这个伟大成就实属来之不易！并因此赢得了举世美誉。在改革和发展的指导思想方面，2007 年召开的党的十七大第一次系统地完整地提出和阐述了科学发展观。这是中国化马克思主义发展到一个新的阶段的主要标志。从这些方面来说，这五年历史是值得着重叙述的五年。

考虑到 2009 年是新中国成立 60 周年，学术界和政府有关部门会出版大量系统的有关新中国经济社会发展的图书。这样，从大环境到内容，这本书便更有了再版的必要。

从内容上看，有必要再版。但是这样一个大部头的出版成本是很可观的，在社内论证时，许多人不同意出。在这种情况下，社长坚持了，拍板决定再次出版《中国现代产业经济史》，增加资料，增补内容。

很快，作者便以其始终的关注和深厚的积累交来了新稿。新稿对原书作了许多修改和充实，不仅对原书的史料作了筛选，行文加以精炼，而且增加了 5 年的资料，但总的篇幅却是精简了。

交稿后，一大摞书稿看上去都发怵，想想合同上签的几万元的稿酬，看看那大部头的书稿，成本又是几万；而上一版书还有存货，经济效益十分渺茫，看不到一点希望。

最后，我拿了过来，我看重它的社会价值，看重它的历史价值。为这样的好书而努力，是件很有意义的事。在与几位经贸学院的教授探讨时，得知它可以作为相关专业的研究生教材，这样我心中更有底了。

本书进入出版流程。部头大，时间紧，几个人分头看稿，工作交叉进行。看稿，与原稿核对，与作者沟通解决问题……

在审稿过程中，我触摸了中国现代产业经济的发展历程，廓清了许多思路，当然也有有争议的地方，一次次地与作者讨论。出版的过程，是编辑与书稿共同成长的过程，体现在方方面面：字词句的使用，参考文献的处理，体例，封面，形式，一次次争论，在权威作者面前，编辑的坚持有诸多不易。

终于，《中国现代产业经济史 1949.10—2009》出版了。它被山东大学经贸学院选为教材，相继有良好的回馈。紧接着，它被列入"十二五"国家重点图书出版规划项目，并申请到了国家出版基金，后来被评为 2011 年山西出版传媒集团"十种年度好书"。

《中国现代产业经济史》终于得到了广泛认可。回想整个经过，如果没有社长的坚持，如果没有编辑的坚持，怎么会有如今的荣耀？对此，"恒则立，立而通"作了很好的诠释。

专业社出版专业书

——《中国农村财政理论与实践》

中国社会科学院是山西经济出版社的作者基地。一方面，我常去看望作者，沟通感情；另外一方面，常发电子邮件，了解他们的研究动态，了解相关课题是否与我们的选题方向一致，是否可以做书。

《中国农村财政理论与实践》就是在这种情况下毫无悬念地出版了。作者是社科院的研究员朱钢等人，内容系社科院的课题成果。这个课题成果独树一帜，创新性地构建了中国农村财政理论的研究框架和体系、用新的计算方法测量农村税收总量和结构，不仅有对全国分县市数年数据的分析，也有大量的案例资料，有出版价值。事实也证明，这本书确实引起了相关方面的重视，出版后本书获首届"三个一百"原创图书出版工程奖。

这本书的出版引起我的一些思考：

专业出版社对于专业研究的关注是必要的和重要的。要将专业研究机构作为自己的作者基地，经常搞共建活动，开研讨会，形成一种长期合作的默契。变成上下游的关系，变成互相促进，促进双方共同进步，共同成长。

对于专业机构的关注要有耐心和恒心，因为一项研究成果往往耗时较长，要不断跟踪。实际工作中，常常会因为一个课题时间较长，在繁忙的日常工作中被我们忽略掉。这时，要做备忘录，时刻提醒自己关注哪些研究及其进展情况。只有耐着性子、持之以恒地跟踪下去，才能抓到有意义、有价值的选题。

将作者作为朋友，作为有着共同目标的志同道合的朋友，多沟通多交流，才会有更多的合作。关注他们的课题，不时地寄送相关领域图书，不时地问候关心，不时地了解研究状况，不时地提供信息和想法，帮助他们的同时我们的工作就会打开局面。

专业图书要做精，做出专业水平

作者的研究成果是心血之作，就像他们的孩子一样。研究工作决定了作者一丝不苟的认真态度，他们会将作品交到可靠的人手中去包装去出版。因此，作为出版社，作为编辑要慎之又慎，认真对待。

从图书的装帧到内容的审校，每一环节都要细致用心。审校时，有不懂的地方一定要反复核实，往往，读不懂的地方就是有错误的地方：也许是作者录入错误，也许是忽略了核查，总之，那便是可疑之处。如果编辑迷信作者，不懂装懂，或者粗枝大叶不去琢磨，一方面提高不了自己的水平，另一方面会留下错误。作为研究人员的作者是非常较真的，如果编辑疏忽放过错误，他们会耿耿于怀，会影响以后的合作；如果编辑把关成功解决了问题，提高书稿质量，他们会感念于心，进一步加深合作。

经济类图书多数时候会很复杂。一部书稿中，会出现图（包括图序、图注、资料来源）、表（包括表序、表注、资料来源）、公式（包括序号、大小写、上标下标、正斜体、步骤）、脚注、参考文献、案例（包括资料来源、注释）、专栏等，还有各项内容在文中的表述，要确保前后一致。各个地方各个环节都容易出错，不能放过任何一个细节。前后反复看，这种时候最好是编辑一口气地看稿，才会看出前后重复或交叉、不一致的地方。如果是交叉看稿，一定要将有呼应的地方标出来，反复核实。这样做，会避免好多问题。总之，要将专业图书做出专业水平，才会得到认可。

专业图书要有宣传渠道

越是专业出版社，越要形成成熟的针对性很强的专业书销售渠道。对出版的每一本图书都要有相关的宣传，宣传对于书的生命力无比重要。编辑一定要写书评、网上宣传、通过学术会议推荐，要想方设法提高图书的市场知晓度、接受度。发行部门要全力以赴使专业图书走入专业销售渠道，让相关领域的人能在第一时间看到。社会发展到现在，细化市场，细分工作，做细节变得越来越重要。如果能做细工作，那么相对于大众读物来说，专业图书无论是作者资源，还是编辑、发行工作，竞争都不会显得太激烈，因为专业毕竟还是有门槛的，也因此，专业出版社也会较容易做到成功。

激情孕育的书

——《利益分享经济学》

见过李炳炎教授的人，看他全身心投入地讲话，看他开心激动地表达，无不受其感染。李教授是一个激情澎湃的人，不懈追求的人，单纯快乐的人。那是一个晚上，听完他长达两个小时的长途电话后，我激动起来，恨不得一睹为快："李老师，您发来书稿，我想马上拜读。"电话中得知，李老师写了新著，反映他集一生的精力研究探索中国经济体制改革理论而提出的分成制经济或分享制经济形式，这个理论可以较好地处理当前中国改革实践中出现的两大难题——滞胀和就业。如果真能解决两大难题，这项成果就可以获诺贝尔经济学奖了。要知道不只是中国存在这样的难题，世界上其他国家也存在这样的难题。

第二天一早到单位，我便迫不及待地下载了李教授书稿的电子版。如饥似渴读起来。这就是做编辑工作的一大福利。我因此常常暗自窃喜，可以假工作之便先睹为快最早读到优秀的作品。

书稿是李炳炎教授承担国家社科基金课题"中国特色社会主义分享经济理论与共同富裕的实现机制研究"的最终成

果,是他研究30多年的成果。著名经济学家张卓元为本书作序,对本书给予很高的评价。毫无疑问,这是本有价值的好书。

随后,我安排打印出全部书稿,细细审读。全书60万字,关键部分很精彩,详细阐述了分享经济理论,时而条分缕析,从利益分享、分成制、分田到户、分工协作、两权分离、分税制、划小核算单位分类指导等讲到利益分享这样一种新的经济观即社会主义分享经济观;时而追根溯源,提出利益分享经济观的两大来源:联产承包制、除本分成制;时而引入数理模型,提出独立核算工业企业净产值分配新体系的公式……全书分析关于从利益独占到利益分享的经济观的变革,形成利益分享的核心理念。以利益分享为主线,构建共同富裕的实现机制,开拓从利益分享走向共同富裕的新路径,提出了通过利益分享推进共同富裕实现进程的对策大思路。

作为理论支撑的其他部分内容,不同程度地存在着重复表述。我理解,燃烧的激情令作者不断地反复地想表述他的思想与理论。我一处处地标出来,建议删除,提请李老师过目。每一次交流,每一次电话,都不会少于一个小时,李教授都会将自己的理论阐述一次,以至于我耳熟能详。

李教授很忙,国内国外学术会议不断。儿子在美国,他还常常去儿子那儿小住。但我们的沟通与交流并没有因此而受过影响。有时候,是我要修改某处内容,同他商量,有时候是他要补充某处内容告诉我。电话和电子邮件你来我往,异常频繁。

更有甚者，半夜电话常常响起，那是李教授在美国，早晨开始工作了，实在忍不住给我打电话，他会说，"我知道你那边现在是晚上，太晚了，你可能要休息了，但我还是想告诉你……"我便一跃而起，拿过纸和笔准备记录。受李教授感染，我对待每一次交流，每一个电话，任何时候都高度认真。太晚了，怕影响爱人和孩子休息，我躲在阳台上接电话，身体是冷的，光线是暗的，但心是热烈而明亮的。感觉上，我们在共同做着一件了不起的大事。

对于每一步的工作进展，我都会及时向作者汇报沟通。编作双方激情澎湃，都希望这本书尽快面世。出版节奏因之加快，书很快出版了。

当我打电话告诉李老师同时快递样书给他时，他激动地大喊，"李慧平，你们太了不起了。这么快将它出版了。"随后，我同他商量宣传的事。做出来的好书，要广而告之，不能让它埋没。他说，有几位教授早就写了书评，他一收到书会马上分送大家，让大家了解。

收到书后，南京财经大学经济学院何干强教授说，这部书最显著的特色是具有理论上的原创性和创新性。中国社会科学院经济研究所李成勋研究员说，李炳炎教授的研究成果是一项重要的理论贡献，同时对于社会主义经济发展实践也具有重大的导向作用。李教授的研究成果目前在国内尚不多见，西方的理论经济学与它也缺乏可比性，不可同日而语。这些评价，更激励了我们。

　　我们分头做着宣传的努力。李老师告诉我，这本书被评为江苏省第 11 届哲学社科优秀成果二等奖。我们觉得这奖拿得理所当然。

　　时隔 3 个月，又是一个晚上，电话在寂静的夜里响起，李老师在电话里大叫："李慧平，我们的书获奖了！获大奖了！""恭喜您，李老师，获什么奖了？""21 世纪世界政治经济学杰出成果奖。""我在美国，要等着参加颁奖典礼。我要马上准备获奖感言，还要译成英文。我很忙。我将这个好消息告诉你，你是有功劳的，这是我们共同的荣誉。恭喜你！""谢谢李老师，再一次恭喜您，那您快准备吧！我不打扰了。"我是不打扰他了，但我打扰了家人，我被这个消息搅得睡不着了。我想做点什么，于是，执笔写书评，希望更多的人能受益于此书。

　　很快，2011 年 5 月 28 日，领奖的当日，李老师就通过电子邮件发来了获奖照片、奖杯、获奖感言，在获奖感言中，他讲道："在这里——美国麻省大学阿姆赫斯分校，在这个盛大的国际学术论坛上，我非常荣幸地接受 21 世纪世界政治经济学杰出成果奖。作为一名在中国改革开放年代成长起来的经济学家，我能够用自己经过 30 年艰辛探索而创立的中国特色社会主义分享经济理论成果参与评奖、获此殊荣，备感激动和自豪。在这个世界学术大平台上展现我的研究成果，这是我一生难得的机遇和幸运。这表示我所提出的新的经济理论已经登上国际学术舞台，走向世界。"我能想到，他一定又是在全身心投入地发言，一定又是激情澎湃。

后来，回想这本书的出版过程，印象最深的就是一个词：激情澎湃。作者的激情，书稿的激情，编辑的激情，合力推出了这样一本优秀的图书。它的获奖，它的被承认也就顺理成章，因为它是许多人用激情的心血浇灌出来的。

一场短平快的胜仗
——《核辐射防护知识问答》

　　《核辐射防护知识问答》从动议出版到图书面世，再到发行 5000 册，前后不足一月，可谓是一场短平快的胜仗。

　　2011 年 3 月 11 日，日本东北部海域发生里氏 9.0 级地震并引发海啸，地震造成日本福岛第一核电站 1—4 号机组发生核泄漏事故。3 月 15 日晚，张宝东副总编辑给社长打电话，商量出版核辐射防护的书。

　　3 月 16 日，当中国各地忽然爆发抢购食盐的乱况时，我们正聚集在张总的办公室安排出版核辐射防护书的工作。当天下午，到中国辐射防护研究院约见了院办主任钟锐。

　　报选题、讨论书的定位、构架、内容、篇幅、装帧、形式、印数……涉及的编辑、设计、校对、插图、印制、发行等 10 个人分头行动，各司其职、各负其责。值得一提的是，为了能在市场上得到广泛认可，张总采取了先定价、后设计的模式，这样能很好地保证低价优势。根据市场的接受度，将图书定价为 12 元，倒推成本，确定 4 个印张，128 页，每页容纳 468 个字，总字数控制在 6 万。

　　3 月 17 日，在中国辐射防护研究院 2 楼会议室，陈院长、黄书记、高工、张宝东副总编辑、田玫和我六个人讨论图书相关细节。确定内容框架有五部分，这样找五位作者，一人撰写一部分，最后由陈院长等人统稿。分工合作，相对来说比较可行。最后敲定，23日作者交稿，31日付印。

自此，我一方面热线联系作者，密切关注写作进度，另一方面开始申报选题。

3月17日，经郝建军副总编同意，我找总编办李炜打好选题表，找社长签字，复印3份，送集团，领导开会不在，未批。下午批了，取回来。送图书处。3月20日，同黄书记联系，得知初稿交到主编手中，主编在统稿。看来到23日截稿没问题，大家松了口气。3月21日，选题杳无音讯，我去找图书处，说明情况，获批。但手续待办。3月23日，排版的、设计的、编辑都整装待命，一俟书稿到达即行排版。陈院长、黄书记等作者建议改书名，商量之后，决定改，找总编办填表改选题，去图书处批。批了后，相关手续还要总编办去取。到下午，书稿电子版陆陆续续传过来，我整理好后去排版。3月25日，打出三份样，一份供三审，一份供校对，一份给美编，作插图设计。3月26日针对两份校样上的问题同黄书记沟通解决。然后改版、插图。3月28日，配图校样对红后，一份去抽检，一份校对，个别插图重画。3月29日，改版出清样，读清样。3月30日，最后一次改版。3月31日签字付印。

整个过程中，编辑和校对时间是按小时计的，不分白天黑夜，不分休息上班，只要校样来，需要看，就投入进去。

几个晚上办公室都是灯火通明，直到保安来催，才不得不离开办公室。

发行人员不断传来订货的消息，图书很快投入市场，并得到认可。中国辐射防护研究院核应急中心前主任王恒德说，这里讨论的问题也许是人们现在最关注的，能为消除人们对核与辐射的误解提供一些答案。中国辐射研究院前副院长陈明俊说，我们所做的工作都是为了将辐射对人体的伤害控制到最小。

这本书及时迅速地满足了市场需求。

回想起来，这本书的出版可谓打了一场短平快的胜仗。而成功的保证是领导的大力支持，指挥的胸有成竹，细节的周全考虑，团队的完美合作，成员的兢兢业业。缺了哪一项，这场仗都不会大获全胜。

弘扬晋商文化　助力山西发展

——《晋商学》编辑手记

　　《晋商学》出版十多年了，仍时不时地有人提起，那是一部原创性的巨著，全面系统地研究了晋商兴起、发展、鼎盛、没落、影响等，是晋商研究者必不可少的基础性研究成果。这部书的编辑出版，在我编辑生涯中也留下了浓墨重彩的一笔。

　　忽一日，在书中见到作者山西省社会科学院历史研究所所长高春平老师写的一段文字。"常言道：编辑是为人作嫁的。干好这一行需有良好职业道德和无私奉献精神。李慧平主任个头不高，戴副近视眼镜，面孔略带微笑，给人善意平和的印象，可是审起稿来极其认真，毫不含糊。她一丝不苟地看《晋商》书稿。一般技术性问题就在电话里沟通，属观点、史实、材料、表述性的问题我们就在办公室当面讨论敲定。说真的，我做学问就是个比较认真的犟人，要能审出书稿的问题还真得有点硬功夫。很快，我就感觉到她编审过不少有关晋商的书稿，而且单从书稿竟能看出我引用取舍史料精要、文字表述简洁、观点个性鲜明，从事过行政工作，不同于高校教授的文风，让我心里着实一惊。

"有一次，天气热得烤人。我去她办公室，她正坐在桌前看稿，起身招呼我入座时，三次摘眼镜揉眼。一问始知，由于成年累月大量看稿，视力受损，医生建议她休养一段，但她顾不得休息，仍坚持上班。审稿中一个标点、一个错别字也不放过，令我心悦诚服，心底不由得对这位耐心细致、工作责任心强的文字同行由衷敬佩。"

这段话，又将我带回到那个年月。当时，因为晚上连续审稿，因疲劳而眼肌痉挛，经常去眼科医院针灸治疗。医生让休息，可我正在全力编辑出版《晋商学》。我关注晋商研究领域很久，也编辑出版了一系列研究晋商的书《山西票号史》《明清山西商人研究》《中国典当业史》等。编辑出版《晋商学》就像听到冲锋的号角，根本不想休息。没想到，高老师那么细心，居然观察到我不停地揉眼。

《晋商学》将近 63 万字。本来我是想建议作者删除一部分内容的，但是讨论之下，决定就这样出版。晋商称雄商界500 年，明清时位居全国十大商帮之首，在世界商业史上，堪与犹太商人、威尼斯商人媲美，那么《晋商学》的厚重也是理所当然的。

《晋商学》清晰地梳理了晋商崛起与壮大的历史。从中国古代河东盐的产销说起，引出晋商的产生，然后讲了先秦到汉唐宋元时期的山西商业贸易，山西古代的商品生产，再由开中法说到明代晋商的崛起与发展，晋商活跃的十大市场，再到票号的产生，组织架构、运营模式、管理制度、用人机制、票号的发展及衰落，然后梳理了明清时期的山西十大商家和十大商贸重镇，最后总结了明清晋商的历史地位和影响。

高春平先生潜心研究晋商 20 多年，说起晋商来，滔滔不绝，如数家珍，在多次的聊天中，我对晋商有了更多的理解。编辑在编书的同时，也是在向作者学习，完善自己的知识结构。高老师是山西大学历史系的研究生，理论功底好，再加上 20 多年全力研究晋商，积淀丰厚。

这样一部内容丰厚的巨著，它不仅仅是用笔写出来的，还是用脚丈量出来的。为了获取第一手资料，高先生南下洛阳、武夷山，北上呼和浩特、张家口、恰克图，对晋商遗址、遗物、碑刻尽可能搜集，考辨。又应俄罗斯学术界之邀，赴布里亚特参加研讨会，还从俄罗斯收集了很多资料。所有这些努力，都为《晋商学》增添了分量，为晋商研究奠定了厚实的基础。

《晋商学》旁征博引，但是到编辑手里，需要逐一核实资料。为了用数字说话，从纵横比较中得出结论，高先生做了很多表格，我需要核实数字，并与行文逐项比较。比如有关清末票号分布与数量，高先生对有关著述中所载 475 家票号，逐一核对，参考大量资料，重新统计，得出当时全国各地共有 700 家票号的新数据。这项工作琐碎而繁难，高先生不避艰辛，细心爬梳，最终汇编一表（见该书 389 页），令读者一目了然。编辑时，编辑同样要核实这样的数据。有时涉及不同计量单位，还需要规范处理。诸如历史纪年和公元纪年等细节问题都需要一一核实。改好校样后，因为改动较多，去排版处盯机改。高先生也去，我们一起更改，一起完善书稿，度过了好些个白天晚上。有一次，改到晚上9点多才去吃晚饭，但我们兴致都很高，因为我们在做一件喜欢的有意义的事。同时，对高先生做学问的精神也感佩不已。有这样的学人，晋商研究才会兴盛，晋商文化才会得到弘扬，山西也才会再创辉煌。

关于封面设计，因为《晋商学》被列入《晋商书系》，因此基本是按书系的风格设计的。天地苍黄，广袤的沙漠上蜿蜒行进着一列驼队，就是这样的驼队走出了晋商的精神，创造了晋商的辉煌。

早在前几年，为了产生规模效益，引起销售人员和广大读者的重视，我将所编辑出版的晋商研究的图书，整合为一套《晋商书系》，出版到十多种，《晋商学》自然也名列其中。

因为有书系的限制，个性的东西不太好体现在封面上，《晋商学》的封面也成了一个小小的遗憾。

就在前几天和高先生的会面中，他又说起我揉眼睛的细节，我们又说起《晋商学》的价值和它的销售问题。除《晋商学》外，高先生还出版过《中国十大商帮》《明清晋商资料选编》《中国晋商》等书。除《晋商学》外，我还编辑过《晋商信用制度研究》《明清晋商与徽商之比较研究》《晋商十大家族》等书，但我们仍然认为，对于晋商的研究，这本书是不可绕过的高峰，我们理当认真考虑它的销售，让它活在读者中，体现自己的价值。随着新媒体手段的成熟和完善，我们一是会通过电商渠道让《晋商学》更顺畅地走到读者手中。二是举办读书活动，让《晋商学》重新焕发生机和活力。

编 辑 心 声

一

感谢编辑工作

感谢编辑工作，不能不感谢老社长陈宇华，是他引领我走进编辑行业。美国资深编辑舒斯特说，编辑是一个能充实一生的行业，我非常认同，且深深为这个行业而陶醉。

感谢编辑工作，是因为从业近 20 年，它时刻提醒着我知识储备的不足，催我不断充实提升自己；它总是不断扩大着我的朋友圈、作者圈，让我不断收获着开心与快乐；它始终校正着我对人生的理解，让我不停地成长发展；它一步步开阔着我的视野，让我不断了解世界的宽广与多彩。

200 多部书稿的审读与编辑，不论是作为一个"高级校对"，还是作为一名初级审稿者，我都会沉浸在其中，感知作者情怀，了解书稿架构，领略语言风格，学习我所不了解的内容。也因此，字典翻坏一部又一部，老师请教一位又一位，老编辑都是我的良师。忘不了，宋晋平编审对出版工作细节的精微探触；忘不了，王灵善社长对历史知识的了如指掌；忘不了，郝建军副总编对疑问的耐心解答；忘不了，杜厚勤编审对编辑业务的熟练驾驭；更忘不了，资深美编陈永平对我美术感觉的提升……一个个名字，数不胜数，在我编辑生涯中留下了深深的印象。感谢编辑工作，不能不感谢他们。也因此，我积累更多，懂得更多，编辑水平不断提高。日子久了，便产生了"编辑感"，摊开一部书稿，下意识地我会关注某些问题和某些字词，而它们，往往便是易出问题的地方。"简单的事情重复做，你会成为专家；重复的事情用心做，你会成为赢家"。我虽然既不是专家也不是赢家，但我很感谢编辑工作中积累的力量，它使我从懵懂无知逐渐成长为一名副编审。

近20年的编辑工作过程中，我的作者圈和朋友圈在不断扩大。杜润生、吴敬琏、樊纲等大家的平和谦逊，陈春生、王梦江等基层领导的睿智敬业，李镇西、刘建生等学者对学问的不懈追求，夏同杰、康建珍等实践者的勤奋工作，让我领略了不同的人生风景。在编书的同时，感受着他们的人格魅力，学习着他们的谦逊、敬业……从每一个人身上，我都受益匪浅。他们，不仅奉献了心血之作，还奉献了热情与关切。工作使我拥有了很多的朋友，对人对己挑剔又封闭的我，如果不是从事编辑工作，怎么可能有机会拥有那么多的知交。优秀的他们，给予了我方方面面的收获，于是，我开心又快乐。

感谢编辑工作，它让我的生活充满乐趣和满足：看到一部好的书稿，我会暗自窃喜，又可以一睹为快了；看到激动处，情不自禁读给身边人听；看到精彩处，不由自主拍案叫好。每本书都会为我打开一扇窗口，让我看到世界不同的精彩，真是一页一人生，一书一世界，我对人生的理解因此而不断丰富，对事情的执着与不解渐渐得到了新的诠释。看到了人生的很多侧面与不同层面，也因此对人生有别样的理解。看到了世界的广饶与多彩，也因此领略到人生的真谛。"一沙一世界，一花一天堂。双手握无限，刹那是永恒"，我愿敬守着这份平凡的编辑工作，默默为出版事业增添光彩。

感谢编辑工作，让我更敬畏编辑工作：兢兢业业，谨守责任；敬畏读者，如履薄冰；敬畏每一本书，视若神圣，不敢懈怠；敬畏历史，不希望看到我的工作留下什么遗憾。书稿付印前，是黎明前的寂静，常常梦中惊醒，反思一番工作中的不足与缺漏，夜不能寐。可以说，付印了多少部书稿，我就有几倍于多少个的不眠之夜。

"出书千古事，甘苦自心知。"从事这一工作，常有彻夜加班、精神紧张的时候，也有累得话都不想说、人都不愿理的时候，也有累得眼肌痉挛、备受针灸之苦的时候，也有累得拥被大哭、无以排解的时候，但我还是爱它。走出去，坐桌前，还是情不自禁，捧着书稿，窃喜可以用自己的学识丰富书稿。案头常放一张列满书名的纸，提醒自己正在进行的书分别进展到什么程度。运筹其中，安不是一种享受？早先，社长说，能静心看稿是件幸福的事，我不以为然。后来，终于体会到了，静心看稿确实是件幸福之事，它让你心平如水，它让你拍案叫好，它让你情不自禁，它让你哭、让你笑，让你开心、让你烦恼，但不离不弃总是它。200多部书稿连缀起我多彩的编辑生涯，我庆幸又惶恐。

出书前，百般努力，我害怕读者诸君拿着我编的书指指点点，说三道四。周末坐办公室，对别人的事很上心，注定很劳累，但，劳累是一种乐趣。美国石油大王洛克菲勒说："天堂与地狱比邻——如果你视工作为一种乐趣，人生就是天堂；如果你视工作为一种义务，人生就是地狱。"我觉得，正是编辑工作将我带入天堂般的境界，使一切的付出都有所回报。当作者说"学富五车，不如人生一悟。您的性情、您的认真，让我感受到了您对工作的爱"时，我更觉得付出原来总是值得的。默默在心灵深处坚守对编辑工作的本色热爱与执着追求，为他人孜孜作嫁，也有苦，也有累，但更多的还是乐趣与成就感，虽然不能做到梦寐以求的著作等身，但是做到编书等身，于愿亦足矣。

近20年的编辑生涯，经过而立，再到不惑，既走过了"昨夜西风凋碧树，独上高楼，望尽天涯路"的困惑迷惘，也经历了"衣带渐宽终不悔，为伊消得人憔悴"的寻寻觅觅，领略了"蓦然回首，那人却在灯火阑珊处"的顿悟快乐。而今，我心我身依然甘愿投入编辑出版，默默执著相守。

感谢编辑工作，感谢让我走进编辑行业并自由畅泳于编辑行业的每一个人。我愿将此生献于编辑工作，无怨无悔地为它欢喜为它忧愁、为它成功为它骄傲。

（　原载于《书香飘过20年·心迹》山西经济出版　）
2011年版

我是编辑我骄傲

日前，微信朋友圈盛传一篇文章《我是编辑我可耻，我为祖国浪费纸》，文中大谈消极现状，众人纷纷跟帖，大呼同感。引得我如鲠在喉，不吐不快。该文尽管文通字顺，但论据偏颇，观点难立。我从事编辑行业不如作者久，但也有23年了，以我的经验，我认为我是编辑我骄傲，我为祖国守阵地。

不可否认，出版行业，现状堪忧。但是，当前主流仍让人有信心。文中列举"自费出版系列""坯子朽，底子混""工作量大增""好编辑标准""我的书我做主""教辅书的编辑""新人接踵而至""出版行业人才流失"，可谓方方面面，但是，另一方面，还存在上市书系列、项目书、底子好等种种情况。

从业以来，我同一群编辑同好孜孜以求地做着上市书，挖掘着优秀文化：集一生心血研究一套理论的李炳炎老师（其《中国模式经济发展论》获中华优秀出版物奖）；从政界转到学界、专心研究长江流域经济问题的"长江立传第一人"张学恕老师（其《长江流域经济问题研究》获国家出版基金资助）；一生钻研"三农"问题的陈文科老师，追随杜润生的足迹、80多高龄仍在上班的余展老师……一摞摞的手稿，一行行的毛笔字，一封封谦逊认真的书信，是我积累的丰厚的财富。作者们像浮躁世象下的一股清流，熨帖了我的内心世界，坚定了我的职业信念。他们以其深厚的理论功底、踏实的研究成果、创新的观点建议，为中国经济发展默默做着自己的贡献。他们的著作坯子好、底子硬。而这样的作者和作品在我23年编辑生涯中占到三分之一强。作为编辑，我很骄傲，我为祖国坚守了文化阵地，挖掘和传承了优秀文化。

另外有三分之一是系统出书，还有三分之一是个人自费出书。系统出书和个人出书也无可厚非，盛世修史，不论是部门史、行业史，还是村史、家庭史、个人论著，都有留存史料、学术总结的必要。编辑要做的就是锦上添花，规范提升。作为编辑，我很骄傲，我为祖国坚守了文化阵地，挖掘和传承了优秀文化。

关于工作量问题，固然存在萝卜快了不洗泥的现象，但另一方面，也存在创新工作方式。随着时代的前进，科技的发展，工作量加大，也是必然。同时，在新技术的支持下，可以实现在全国范围的网上审稿、校对……

"好编辑的标准"，文章中提到的要么赚钱、要么获奖，只是当前不当的评价体系造成的世俗的标准。另一方面，我们也可以看到这个行业有很多孜孜矻矻的无冕之王，有很多坚守文化净土的好编辑。他们践行着自己的理想，不问收获、只在耕耘，热烈地探讨，不懈地追求。他们开讲座、办论坛，他们呼吁全民读书，他们传播优秀文化……编辑工作叠加在书稿内容上，叠加在整体设计上，叠加在市场营销上，于是在有形无形中，被忽视被弱化，但是作为编辑，我们不能妄自菲薄。我们要坚守自己的理念，发挥自己的专业特长。我们要充满行业的自信，我们要坚守自己的阵地。我是编辑我骄傲，谈笑有鸿儒，往来无白丁，出书千古事，有我在其中。

"我的书我做主。"有不计成本者，但也有斤斤计较者。凡事要一分为二地看待。君不见，开本的计较、用料的斟酌、插画的安排、印刷的工艺……有多少编辑手执计算器在反复算计。

提到民营工作室，利益为导向，粗制滥造，但也有好书。他们对图书市场有很好的把握能力，对书稿有很强的完成能力，他们为优秀文化的传承也在做着自己的贡献。

教辅书的问题随着应试教育的改革，相信不久会得到遏制。

新人的问题，长江后浪推前浪，一代新人胜旧人。这是规律，新人中不乏优秀者，不乏潜心出版者。他们掌握着新技术，他们对信息敏感，后生可畏，他们会引领出版的新风尚。

人才流失哪个行业都有，不必过分危言耸听。

最后作者建议年轻人不值得坚守自我，赶紧寻找出路去。每个人从事特定职业，须是喜欢，须有信念，怎么能看其蓬蓬生机时趋之若鹜，日薄西山时避之不及，存这种功利心者，断难成为好编辑。我也要建议所有人，不仅仅是年轻人，每个人都要在短暂的一生中，听从自己内心的召唤，做自己喜欢的工作，穷其一生，上下求索，不要回首往事时为自己的碌碌无为而羞愧。

我是编辑我骄傲，我在尽自己的微薄之力，为祖国守好文化阵地。纯净语言环境、执行行业规范，修改提升欠缺作品、传承挖掘优秀作品。上下求索，乐在其中。

编辑岁月

不意间回首，已走过了 30 年的编辑岁月。望着镜中早生的华发，望着悄悄爬上来的皱纹，不由得几多感慨。好在，编辑工作充满魅力，我还没有做够，还有很多的想法，还有很多的期待。

做编辑的魅力在于你可以假工作之便而行读书之实。北宋词人黄庭坚说过，"三日不读书，便觉语言无味，面目可憎"。编辑每天要面对书稿，工作使然，想不读书也难。也就永远不会语言无味，面目可憎。

做编辑的魅力还在于你可以假工作之便而与那么多优秀的作者交往，"谈笑有鸿儒，往来无白丁"。犹太经典《塔木德》中有一句话，和狼生活在一起，你只能学会嗥叫，和那些优秀的人接触，你就会受到良好的影响。同理，与作者交往久了，编辑变得都很优秀。

做编辑的魅力更在于工作具有神圣性，肩负提升书稿的责任与义务，对于书稿的政治性、导向性一刻都不能马虎，对于书稿的准确性、规范性一点都不能放过。诸如菜谱书不能出现国家保护动物，低幼书不能忽视安全细节，把关站岗，编辑天职。更别说字、词、句、标点的正确使用之类基础工作。

编辑工作是一项要求很高的工作，来不得半点马虎，硬软指标均有，分项甚多甚细，编辑怎么认真努力，都不为过。编辑工作是一项很艰苦的工作，面对书稿反复斟酌、反复推敲的煎熬真是无以言表。编辑工作很折磨人，没有8小时内外之分，有时夜半惊醒，那是想起某一处改动不太合适，辗转反侧，纠结到天明；编辑工作也很有成就感，所编图书受到读者欢迎，会洋洋得意，忘记自己仅仅是绿叶的陪衬。在书店、在图书馆看到自己编辑的图书赫然在目，会激动万分，恨不得大声宣告：这是我编辑的书。

编辑工作的特殊性，也就造就了编辑的特性。编辑是这样一群人：面对作者，侃侃而谈；面对书稿，一坐一天。他们总是行色匆匆，他们总是随身带着一大摞的书稿，他们总是爱较真，他们总是爱拽词儿，他们总是没有确定的休息时间，个人健康置诸脑后……

多彩的编辑生活中，总是会留下太多的难忘。

还记得，日本核泄漏事件爆发，一片哗然，需要及时给市场提供一本核知识手册，一方面宣传科学知识，另一方面引导正确舆论，安定民众情绪。策划、文字编辑、美术编辑、发行……一个团队连夜奋战。因为定位是大众化读物，要配插图，要尽量去掉专业术语，使专业知识通俗化，书稿一遍遍地改，去找作者一次次地沟通，热线电话不断……接连几天连轴转，常常是深夜了，我们这些编辑还在灯火通明的排版公司，全然忘记了家中孩子期盼的目光，全然忘记了爱人不满的神情，全然忘记了自己身体的不适，全然不像是工作了一天的样子，全然没有倦意，反而是精神亢奋，你一言我一语，为了怎样处理会更好而争论不休。当《核辐射防护知识问答》历经20天投入市场得到热烈反响时，我们兴奋极了，一切的付出都不算什么了。

还记得，编辑《利益分享经济学》时，作者身处美国，因为时差关系，沟通的电话往往是在半夜之后。为了不影响家人休息，我一个人在黑乎乎、冷嗖嗖的阳台上，打着手电，对着书稿一处处地核实、修改，一个电话常常两三个小时，也因此而冻感冒。尽管当时很郁闷，但当传来这本书获得世界政治经济学学会"21世纪世界政治经济学杰出成果奖"、获得新闻出版总署"三个一百"原创图书出版工程奖的消息时，我竟然受宠若惊，难以置信，觉得自己做得还很不够，怎么就如此多的荣誉加身呢？

还记得，与良师益友的作者们据理力争，以会心的一笑结束。之后不断有电话，轻松的话语让我很开心，贴心的关切让我很感动，提供的信息让我很受益。

还记得，桌上的出书计划标得密密麻麻，已出的，未出的，正在进行的，需要注意的事项……各色笔迹交叉，仿佛在绣花。

还记得，每次面对新书，都会诚惶诚恐，害怕还有没注意到的地方，害怕会有遗憾。尽管出书本就是个遗憾的工作，但我工作30年了，还是特别害怕看样书，害怕一眼看到瑕疵。

即便是在合格范围之内，我也会觉得有人在指点我的失职，我也会觉得无地自容，于是只能如履薄冰，百般小心，为此而付出更多的时间与精力。

还记得，我三番五次许诺，忙过这阵咱们出去玩、忙过这阵我就好了……爱人调侃我说：你这是一年十三个月的忙。但找个编辑做爱人，也是很值得自豪的，因为，她会在家里放好多的书，放好多的字典，她会让整个家充满书香，她会随时让每个字得到正确的发音与应用，她会随时随地地表现出职业习惯，纠正错字与不合适的表述。她会让这个世界因为她们的存在而少些挑剔，更加干净美好。

随着岁月的流逝，书一摞摞丰厚起来，荣誉一项接一项多起来。相比较"图书质量先进个人""全国图书畅销书""十二五"规划图书、国家出版基金、连续三届"三个一百"原创图书出版工程奖等荣誉，我更看重读者的反馈，更看重市场的认可。我由衷地觉得，加诸书稿的一切努力、一切辛苦，都在加倍地增益编辑工作的魅力。

回首30年的编辑岁月，好殷实好富足。结缘编辑工作，好开心好幸福。

中国好编辑

一、好编辑的定位

好编辑在我心目中是这样一些人：学识渊博，业务娴熟，有自己的思想和鲜明的风格，能带领和影响一群人和他们共同思考，有一定的影响力。文学家、思想家、革命家鲁迅，就是一个好编辑。他自己是一个优秀的作者，但同时对编辑业务又很熟悉，选题、组稿、改稿、设计、发行，样样做得行云流水，当然，这背后是数不尽的辛苦，也有抱怨："其实，投稿难，到了拉稿，则拉稿亦难，两者都很苦，我就是立誓不做编辑者之一人。当投稿时，要看编辑者的脸色，而一做编辑，又要看投稿者、书坊老板、读者的脸色了。脸色世界。"凡事做得好，一定很苦，一定会有抱怨，但往往是抱怨着又心甘情愿地做着，这样才会做好。鲁迅对于设计也非常重视，常常自定格式和封面，如他对《北平笺谱》提出自己的解读："每页不尽同，倒也有趣……第一页及序目，能用木刻，自然最好。"在选图上他建议：

"野夫的两幅都好，但我以为不如用《黎明》，因为构图活泼，光暗分明，而且刻法也可作读者参考。"同时，鲁迅还对其中一幅图的表现技巧指出："《午息》构图还不算散漫，只可惜那一匹牛，不见得远而太小，且有些像坐着的人了。"处处能反映出他学识广博，又用心深邃。

为了做好发行，鲁迅曾在为刘半农的《何典》所做的序中见缝插针地为自己的书巧做广告："——顺便在此给自己登一个广告罢：陈源何以给我登这样的反广告呢，只要一看我的《华盖集》就明白。主顾诸公，看呀，快看呀！每本大洋六角，北新书局发行。"对自己的书，情之殷殷，意之切切，跃然纸上。

当然，一路走来，中国如鲁迅般的好编辑如群星璀璨。单说近的，就有邹韬奋、范长江、叶圣陶、王益、黄涛、范用……他们不仅为后来者树立了榜样，更以其努力照亮了中国编辑业的天空。

二、好编辑的造就

好编辑的造就有客观和主观因素：客观因素是编辑成长的环境，主观因素是自己的努力。

我认识一位好编辑，她出身于编辑之家，从小耳濡目染，在小学作文《我的理想》中就郑重其事地写下：我的理想是当一名好编辑。之后三十年，她孜孜不倦，没有休息日，没有懈怠时，在编辑之路上不断摸索，不断求教，经过不懈的努力，付出无数的辛苦，到如今终于如愿以偿，成为一名名符其实的好编辑：她阅读量非常大，知识积累丰厚，经由她手编了600多本好书，对于编辑业务驾轻就熟，获得中华优秀出版物奖、连续三届新闻出版署三个一百原创出版工程奖等大大小小的奖项100多个。并且形成了自己的编辑思想和编辑风格，有一定的影响力，带出了一批年轻编辑。

观察她的成长历程，家庭环境为她描绘了第一笔，工作环境为她描绘了关键的几笔，社会环境为她绘好了蓝图基调。加之个人的理想、爱好、个性，支持着不断的努力，终于，她成就了一个好编辑的梦。

编辑之家，给了她一柜柜的藏书，给了她一摞摞的工具书，给了她读书的习惯，给了她喜欢书的爱好，更给了她悉心的指点、经验和教训。使她很小就喜欢、爱好、敬畏一本本的书，使她从小就尊敬、佩服、爱戴一个个作者，使她有耐心埋首书稿，尽享其中的喜和乐、忧和惧，尽管也有苦和累，但她喜欢，于是一做就是三十年，始终乐此不疲。

单位的前辈、领导，她充满尊敬地称呼老师。是的，正是那一个个老师，手把手地教给她组稿、看稿、设计、发行、宣传……教她如何使工作条理有序，教她如何积累编辑知识，教她精微探触编辑工作细节，教她有效提升图书设计感觉，为她耐心解答一个个疑惑，一步步地领她走稳编辑之路。编辑技能与文化都是需要一代代传承的，传承编辑文化、编辑理念、编辑精神，只有不断链的传承，才能繁荣编辑出版事业，造就代代新人。中华文化几千年的历史，编辑在其中是有着莫大的作用的。

社会环境也是不可或缺的一个因素。如今，社会繁荣，党和国家对出版事业非常重视，解决了很多出版工作中存在的困难和问题，创造了很多的出版机会。有大量的基金支持出版，有很多的鼓励政策……只要你愿意做，就有用武之地，就能大显身手，做出一番编辑事业；只要你是好编辑，就不会被埋没，就会发出耀眼的光芒，就会为编辑事业的星空增加一分璀璨。

多种因素，造就了好编辑。多创设好环境，多培养好编辑，我们的事业就会繁荣，强国梦就会早日实现。

三、好编辑的影响

一个好编辑，其影响是广泛而深远的。

轻了说，好编辑是能净化阅读环境，进而改变读者的。好编辑会将阅读错误降至最小，会让阅读环境变得干净而美好，会让读者得到良好的熏陶。美国青少年读物出版社总裁兼总编辑福格曼在谈到少儿读物出版过程时说，"一本好书能改变孩子的一生，影响他们对于事物的感觉和看法"，而好书，正是经由好编辑出版问世的。好编辑有良好的文化鉴别力，能让好书走到读者中，能给读者提供美好的营养品，能给读者传递正能量，能借由好书而改变大众的精神面貌。

重了说，好编辑是能改变时代、改变社会的。书籍，是一个时代的生命，而好的编辑，则决定了时代的生命质量。好编辑能借由改变一个个的读者进而改变社会风尚，改变一个民族的精神境界。如果我们民族的精神境界高了，我们的竞争力就强了，我们的国力就强了。到那时，强国，就不再是一个梦。社会进步，必经由知识文化的积累和再造，而这，离不开好编辑的组织、采集、鉴别、选择、过滤、加工、传播……可以说，好编辑推动了社会的进步。

后　记

一

搁笔之时，意犹未尽。一生追求，言长纸短。

回首时，感谢作者，教我成长；感激爸爸，领我走上出版路；感谢妈妈，容忍我肆无忌惮的追求；感谢爱人，坚定地包容我的脾气和错误；感谢儿子，始终不渝给我暖暖的天使般的爱。

时间是稀缺资源，给了工作，生活中的我便常常缺位。以至于妈妈抹着泪啜泣："多久了你不回来？我想你。"爸爸厨房忙碌的背影让我心里不安。儿子说，啥时候能靠你？爱人不抱怨，我知道是不敢而不是没有。尽管心存愧疚，但死不悔改。

书，终是我一生不变的追求。李肖敏副总编当面说，你生来就是为了当编辑的。我觉得这是对我莫大的鼓舞与肯定。一个个精彩的书的故事，拉长着我生命的长度；一本本散发着油墨清香的书奠定了我生命的厚度。和电台贾军老总一拍即合，想开一个栏目，讲书的故事。我知道，每一本书都是独一无二的，背后都有着诸多的人和事。它们是一个个出版案例，但也是一个个精彩的故事。有单位邀我去讲，我欣然接受。一生积累，愿与后来人分享。愿后人在前人的基础上走得更好，助出版有大发展，这是我心心念念的希冀与追求。

"数百年旧家无非积德，第一件好事还是读书。"读书是天下最大的享受，编书更有提供享受的自豪与骄傲、快乐与幸福。

终此一生，面对繁华盛世，心如止水，不动不摇，唯对编书与读书，情怀无尽。

　　每一份情怀，并不是偶然，是从头开始的梦想与至今不变的愿望使然。

图书在版编目（CIP）数据

说·情怀：从策划和组稿讲起 / 李慧平著 . — 太
原：山西经济出版社，2021.6
（守望图书系列；1）
ISBN 978-7-5577-0883-2

Ⅰ . ①说… Ⅱ . ①李… Ⅲ . ①图书出版 – 中国 – 文集
Ⅳ . ① G239.2-53

中国版本图书馆 CIP 数据核字 (2021) 第 122587 号

说·情怀 . 从策划和组稿讲起 shuo·qinghuai.cong cehua he zugao jiangqi

著　　者：李慧平
策　划　人：陈彦玲
责任编辑：申卓敏
装帧设计：王明自

出　版　者：山西出版传媒集团·山西经济出版社
地　　址：太原市建设南路 21 号
邮政编码：030012
电　　话：0351-4922133（发行中心）　0351-4922085（综合办）
E－mail：scb@sxjjcb.com（市场部）
　　　　　zbs@sxjjcb.com（总编室）
网　　址：www.sxjjcb.com

经　销　者：山西出版传媒集团·山西经济出版社
承　印　者：山西出版传媒集团·山西人民印刷有限责任公司

开　　本：880mm × 1240mm　1/32
印　　张：13.5
字　　数：258 千字
版　　次：2021 年 6 月　第 1 版
印　　次：2021 年 6 月　第 1 次印刷
书　　号：ISBN 978-7-5577-0883-2
总　定　价：78.00 元（全 3 册）

山西省宣传文化系统『四个一批』人才培养资助项目

守望图书系列

给孜孜矻矻的编辑

致·成长

李慧平 —— 著

山西出版传媒集团　山西经济出版社

总 序

一

2019 年 7 月，我很荣幸地入选山西省宣传文化系统"四个一批"人才工程。更荣幸的是，可以申报资助项目。于是，我以经年发表的三部分文章（编辑论文、编辑手记、书评）为基础申报出版《守望图书》，结果省委宣传部资助经费下来，项目名称改为《守望图书系列》，我喜出望外，不但可以出版书，而且可以出版一个系列。经询问，才知道根据项目申报内容，宣传部认为出版一个系列更好，我为部里这样务实的作风而感动。

到今天，在编辑岗位上伏案工作 30 年，不曾有一日懈怠、一时苟且，编辑图书 600 多部，获奖 100 多项，复审、终审书稿亦有 600 多部，手中眼中经过这 1000 多部书，看每部书，都是万般亲切，自有心血在其中。

还记得，梦寐以求，踏着父亲的足迹走上工作岗位，说不尽的珍惜，说不出的欢喜。如饥似渴地学习编辑前辈著作，每每有所收获，对前辈的为人为文充满了感激与崇拜。不断地追寻，为了这样一个光荣的称号——编辑；不停地

努力，为了这样一份光荣的事业——出版。

　　《守望图书系列》某种意义上是一种交代，对自己心爱的工作的交代，对前辈和后辈的传承交代。在历史的长河中，我们都是接力者，从前辈手中接过接力棒，竭尽所能地跑好自己这一棒，让中华优秀文化在编辑手中选择、优化、传承、传播……从而助力出版业的高质量发展。

　　《守望图书系列》分三部：《编辑论述》《编辑情怀》《编辑评书》。《编辑论述》是围绕编辑工作的思考，包括对编辑人才成长的探索，对生态人类视域下编辑成长环境的分析，对编辑培养使用模式的探讨等。《编辑情怀》是编辑手记，包括编辑过的印象深的一部分书，是自己经手的一个个实操案例。《编辑评书》是推介图书的文章，那些图书都让人有所感、有所思，让作为编辑的我心有所动，不发不快，希望能为后学者提供一点参考与借鉴。

　　成书之际，闺蜜知音、本书策划陈彦玲女士建议改书名为《致·成长——给孜孜矻矻的编辑》《说·情怀——

从策划和组稿讲起》《品·书香——在佳作与评论之间》，我自是改过不吝，从善如流。

三部书是我编辑工作的句号，同时也是新的开始。在出版领域孜孜矻矻而从不厌倦，每一部书都会激起一番斗志和喜悦的涟漪。有人说，编辑工作是为他人做嫁衣裳，但我始终认为，在成就好书、好作者的同时，编辑也在成就和完善着自己。努力不止，唯愿无愧于编辑这一称号、无愧于出版这一事业。

李慧平

2021.6.22

前 言

一

在编辑之路行进 30 年，满目风景，满心思考。

陆陆续续撰写了一系列编辑论述，是不同阶段对于编辑工作的所思所想所悟，有对编辑成长的思考和建议、有对重大项目的运作总结、有对学术著作出版的探索等。其中有的观点，如生态人类学视域中的编辑成长环境，首次将生态人类学观点引入编辑学中，有创新性，并且得到国际出版学术研讨会的认可，文章被翻译为日文和韩文，进行国际交流。还有一些文章获中国编辑学会年会优秀论文奖、韬奋出版人才高端论坛优秀论文奖等，大部分在报刊上发表过，得到了一定程度的认可。

写作是一项综合性很强的手段，是语言、文化、思想汇聚的中心。写作不仅是一种独立的思维过程，更是激活写作者社会文化知识的过程，能促进知识内化，提升语言分析和应用能力，进而建构自己的编辑知识体系。

在编辑工作中，于写作，我受益匪浅。写作对于知识体系的建构、对于编辑规律的摸索、对于编辑业务的分析等，都是一种互促互进。当然，在这方面，我做得远远不够，但我在努力，从不同的角度，提升思想，丰富心灵。

通过写作，更容易与作者产生通感，交流起来更容易，也更有能力加工修改书稿，更有能力做好编辑工作。

以我的一些论文，抛砖引玉，希望同人们多动笔，繁荣我们的编辑理论，更好地指导编辑实践。

致·成长

目 录

一

编辑成长"四期"论

　　编辑是这样一群人，他们孜孜以求地从事着出版物出版前的选择、加工完善工作。也许当初选择这个职业的理由各不相同，但相同的是自选择了这个职业开始，他们便一步一步脚踏实地追求着做一个好编辑。

　　一个年轻编辑要成长为好编辑大抵要经历四个阶段：生涩期、圆润期、谨慎期、炉火纯青期。这四个阶段各有特点、各具风采，绘制出一条呈螺旋形上升的编辑成长轨迹。经历过这四个阶段后，编辑的头发白了少了，镜片厚了重了，腰弯了背驼了，更重要的是，知识积累丰厚了，与作者交流从容了，编辑图书驾轻就熟了，身后的图书越积越多了，职称也越来越高了，名气也越来越大了。

　　一、生涩期

　　这一时期，编辑刚走上工作岗位，意气风发，干劲冲天，面对编辑工作的神秘感，充满敬畏，作为助理编辑，接过编辑交给的稿件，小心翼翼，认认真真，一字一句地看稿，尽管看过的稿子还有责任编辑把关，相对压力小，但出于面子问题，想给责任编辑留下好的印象，于是，唯恐出错，一遍一遍地看。每一遍总能看出问题，也不知道上一遍是怎么看的，忐忑不安地将校样交到老编辑手中时，老编辑除了轻而易举就找到很多错误，令你大跌眼镜外，还会由此而讲出很多的道道，诸如标点符号的用法、图表的处理方法、参考文献的标准格式，等等。让人不由感慨，编辑工作的水好深啊！看稿子总是游离在外面，还存留着看书的习惯，不自觉地一目几行，稿子翻完了却看不出多少问题。不时会出现有劲使不出的无奈感。当老编辑指出问题时，常常觉得莫名其妙，怎么自己也看过了，甚至不止一次，就是没看出来——那些问题混迹书稿中，很难找出来。有时候，又拘泥于老编辑说的改稿标准，经常会吃力不讨好，改得吃力，效果一般。仿佛总是站在稿子的大门外，犹如一位过客，面对书稿相看两不熟，彼此充满了生疏感。

看着老编辑接待作者，谈笑风生，聊着聊着就聊出了选题，几多羡慕。在自己有限的认知领域绞尽脑汁地想选题，多方搜集信息，好不容易搜肠刮肚地提出几个，不是不易被市场接受，就是操作有难度，再不就是雷同选题……很轻易地就给毙掉了。

常常手忙脚乱，不知成就一本书，怎么会有那么多的环节，考虑到东忘掉西，考虑到南忘掉北。原来一本书真复杂，封面、封二、封三、封底、书脊、折封、眉文……发现一些错误容易，保证没错误真难。静下来时，不由感慨，编辑真难当啊。不知自己何时才能很轻松地组稿、编书、销书，从而成为一名合格的编辑。这种情况，是谓"昨夜西风凋碧树，独上高楼，望尽天涯路"。

二、圆润期

三五年编辑做下来，身后的样书也积累了不少，对于基本的编辑知识有了掌握，发稿权也有了，这时候很有甩开膀子大干一番的架式。

面对图书市场，不再觉得纷繁复杂，而是可以条分缕析。在各种类别、各色形式的图书中，有了自己的关注点，有了自己的定位。对于选题的把握有了自己的认识，身边团结了一些作者，可以有模有样地谈论书稿内容，初步形成了自己的编辑风格。一定范围的圈内甚至可以看出，某本书出自哪个编辑之手。

最重要的是，面对一部书稿，能坐下来，能走进去，以前一扫而过的稿子，能拆整为零了，不再是只见森林不见树木，而是森林、树木都能看到。大到架构合理与否、篇幅怎样，小到一个个秀逸的标点、美丽的字词，各安其位，各从其职，哪个不合适，会很敏感地画出来，仿佛一个老师面对一教室的学生，哪个学生没有认真听讲，一目了然，胸有成竹。对书稿总抱着挑剔的态度，下笔就删改，仿佛大权在握，总认为自己改的是最好的，于是常常将一份校样标画得花花绿绿，仿佛在绣花，同时，成就感浓浓。这时候似乎进了大门，但站在作者的对立面，并自认为理所当然。

工作渐渐得心应手，可以独当一面，顺畅地安排出版流程，各个环节衔接有序，从选题的确定到作者的约请，到书稿的框架、内容的取舍、形式的表现，到语句的通顺与否，标点的得当与否，再到撰写一系列方案，宣传推广，走向市场，反应回馈，工作量越来越大，但都能长袖善舞，得当安排。工作水平渐渐臻于圆润成熟，可谓"春风得意马蹄轻，一日看尽长安花"。

三、谨慎期

做编辑十年左右时，会出现职业的麻痹感、轻视感，以为当编辑不过如此。渐渐眼高手低起来，结果问题就来了。而且越做问题越多，以前不是问题的问题也成了问题，此时不时会有茫然失措的感觉。印好的书中会发现错别字，像只苍蝇丑陋地趴在那儿，破坏了美好的风景。每当发现什么问题时，自觉无颜面对熟悉的作者，更羞于面对熟人朋友。

新的规定需要学习，新的问题需要解决，旧的问题层出不穷，尽管使尽浑身解数，仍然会有遗漏。即所谓的"越干越不会干"。于是，不得不静下心来，小心谨慎起来，跳出编辑工作之外，重新审视这份工作，重新面对每一个环节，这样认同感渐趋强烈。

渐渐地会沉进图书市场，尊重每一本图书，尊重每一位作者，尊重存在着的一切。

面对书稿，修改也不再随意，而是谨慎万分，会与作者讨论再三，确定是最佳选择，才下笔修改。这个时候，不再拘泥于书稿本身，而是可以从宏观上纵横对比评价，给出恰当的建议。微观上修改得当，当改则改，不可不改；可不改则不改，不会乱改。几经斟酌，推敲不止，做编辑便有了煎熬的意味，每一份书稿都有它自己的个性，每一种取舍与选择都有一些挣扎。常常使人憔悴不堪，咬着牙，忍着诸种不快，挣扎在书稿中。

与作者讨论选题，少了冲动与自负，有了更多的冷静与思考，似乎畏手畏脚起来。

随着编辑力的增强，头发不知不觉少了白了，职业病渐渐缠上身来，但仍在孜孜矻矻埋首书堆，是谓"衣带渐宽终不悔，为伊消得人憔悴"。

四、炉火纯青期

当一个编辑做到二十年时，身后的图书几乎等同身高，同时编书与做人已经水乳交融。面对图书市场，有一些感觉，有一些敏锐，能很好地把脉，能提出成熟的选题。身边团结着一群优秀作者、一群媒体人，哪个作者什么特点，如数家珍。哪个媒体适合什么形式的宣传，了如指掌。

面对书稿，有一些兴奋，有一些归属，加工起来得心应手，仿佛面对一个很熟悉的朋友，会欣赏他，会给他建议。改起书稿，不必再满面绣花，常常轻松提笔，略动几字，便可以尽得风流。

编辑从青涩期的懵懂，到圆润期的潇洒，再到谨慎期的收敛，最后走到炉火纯青期时，仿佛得到涅槃，得到了新生，于是一个优秀的好编辑练就了。

编辑已然成为一个活动家。他们有着超常的嗅觉，会发现市场的需要，会找到合适的作者，会做出纯美的图书，会送到最需要的人手中。 他们是这样一群人，做着功德无量的传承创新文化的工作；他们嗜书如命，张口闭口皆是书，书已然流淌在自己的血脉中，成为生命中不可分割的一部分，看书、编书、写书、出书、销书、宣传书……成了生活的全部。

这时会惊喜地发现对于编辑的感觉仿佛"众里寻她千百度，蓦然回首，那人正在灯火阑珊处"。

一个编辑，也只有循序渐进地走过这呈螺旋形上升的四个阶段，才能修炼成好编辑，才会安于一个编辑的本分，会陶醉于一个编辑的称呼，从而产生职业的自豪感和幸福感。也才能成为一位资深编辑，成为一位好编辑。这样的好编辑在编辑史上灿若星辰：鲁迅，范敬宜，张元济……他们无一例外地经过了编辑的四个阶段，从而撑起了编辑的一片天空，成为一代一代新编辑的标杆和榜样，为人类文化的传承与繁荣做着添砖加瓦的工作。

参考文献：

1. 张明旺 . 山西出版论集 [M]. 太原：山西教育出版社，2006.

2. 王亚非 . 所做非琐思：管理上的家常话 [M]. 北京：人民出版社，2013.

3. 周冬梅，黄涛 . 情系《星火燎原》的一代红色编辑家 [J]. 编辑之友，2011（5）.

对提高图书编校质量的思考

　　质量是图书的生命，也是一个出版社的生命。只有质量好的图书，才能发挥其推动社会进步和提高人们思想文化素质的积极作用，才能使人聪明，促人上进，使人的精神世界充实、高尚，才能反映人类历史，记录人类认识与探索世界的成果，才能真正成为传播文化、积累文化的重要工具。因此，提高图书编校质量，日益成为一项重要而紧迫的任务。

　　我认为提高图书编校质量要把好两道关：

　　一是编辑质量关。打铁先得自身硬，只有水平高的编辑，才能编出质量高的图书。编辑首先要不断学习政治及相关出版业务知识，练就自己过硬的本领，然后才能做好自己的工作。编辑的基本工作之一是审稿，即对书稿的政治倾向、思想品位、学术和艺术价值、结构体例、文字水平等各个方面进行认真细致的审查，对全书质量包括优缺点等作出实事求是的评价。编辑的基本工作之二是加工稿件，在对书稿行文布局（核心层、伴生层、生成层、维护层）安排是否详略得当判断基础上进行修补，在对行文特色加以把握的同时对文字作删削与润色，对书稿中作者所使用的资料进行订正与删补，通过细致的加工使书稿臻于完美。

二是把好校对质量关。一般讲，校对分校是非和校异同两种，对字词句的纠正、标点符号的规范、体例的统一，图表格式、脚注、参考文献的统一，以及目录、页码、眉文等均要——校对。以校是非为主，校异同为辅。同校次结合起来讲，一校应折校（除非来稿为电子文档，且不需要转换；如来的电子稿需要转换为书版系统，便会带来大量混乱的错误，尤其是公式、图表、字母等特别容易出错，要备加小心，补充校次），以排除录入人员造成的错误；二校应在对红的基础上细读通读校样，将绝大部分问题解决掉，补充编辑工作的不足，这是校对工作的重点；三校在对红基础上作进一步的细节规范，将书稿作一收尾工作，细心核实眉文、目录、页码、图表等，从而定稿。另外，印刷也应设校对，对版型、装订中易出错环节等作第4次校对，从印刷技术的角度对全书作全局的把关，这一点也很重要，如经常见有的书页码对不齐、眉线高低不同，有了第4校，这些问题便会得到很好的解决。

把好这两道关，加上相应的激励机制，相信图书编校质量会得到提高。

对编辑质量的监督由审读室来把关，每年抽查一定的图书，考核其框架结构、行文布局、语言文字水平、引用资料正确与否、政治倾向和思想品位等在哪一个层次上，作出书面评点意见，据此相应地给以激励，奖优惩劣，公开公布，激励引导编辑向更高的境界攀升。

对校对质量的检查每年由图书处抽查，作为考核校对工作的标准。依据《图书质量差错认定细则》，作出判断。对好的校对应加大奖励力度，对差一点的校对也要传帮带，分析失误原因，令其奋起直追，以建立一支高素质的、叫得响的校对队伍。

编辑和校对应很好地协调配合，编辑选择校对应与校对室安排校对相结合，从而形成竞争局面，激励校对不断提高自己的校对质量，否则完不成校对任务，便拿不到奖金。

目前存在的问题是，出版处抽查校对质量，用来考核编辑，一年质量不合格给以警告，三年质量不合格令其下岗，并处以相应的罚金。于是，编辑人员人人自危，只好事事躬亲，编辑校对一身二任，但干起来又不免力不从心，顾头不顾尾，工作很吃力，渐渐编辑成为校对。另一方面，因缺乏相应的监督机制，校对渐渐退化为只做对红工作，人人皆能胜任，更令编辑不敢用。其实，编辑校对是两种不同的工种，社会进步导致分工的细化是有其合理性的。校对由于其特有的职业训练，具有特殊的敏感性，如有句话中有"错字见到老校对，自己往出跳"，便是很形象的比喻。这一点编辑只能自愧弗如，更无法取而代之。一流的图书离不开一流的编辑，同样也离不开一流的校对，好的校对可以在编辑加工的基础上拾遗补阙，锦上添花。编校合一，是无法保证图书编校质量的。要解决这一问题，必须创新机制，分别建立对校对和编辑的监督和激励机制，调动两方面的积极性，让编辑和校对各司其职，各负其责，只有这样，才能保证编校质量。

总之，提高图书编校质量是一个永恒的话题。常讲常新，常讲常醒。出书是一种遗憾的艺术，千小心，万小心，总难免在清新的油墨味中闻出点遗憾。为了减少遗憾，为了令这遗憾的艺术臻于完美，我们应多对提高图书编校质量作一些思考，想一些办法。

透视经济类图书的编辑出版

经济类图书的出版，如同其他书一样，同样要经过组稿、编辑、发行等一系列环节，同时，它又有不同于其他书的特点，决定了自身出版的特殊性。以下谈谈我对经济类图书出版的一些思考，希望能抛砖引玉，繁荣此类图书的出版。

一、经济类图书的组稿

1. 关注经济热点，满足读者需求

经济类图书与人们的日常生活联系更为紧密，对整个经济形势的变化更敏感。这就要求编辑站在经济生活的前沿阵地，随时捕捉热点，及时组织一些前沿选题，满足人们现实生活所需。如中国面临入世问题而产生的一系列入世书：《中国入世冲刺与避险求强对策》《世界贸易组织知识读本》《加入世贸组织意味着什么》《中国面临冲击》《与狼共舞》《加入世界贸易组织后的中国》等。又如新中国成立 50 年时产生的献礼书《中华人民共和国经济史》《新中国经济史》《中华人民共和国工业经济史》《新中国经济思想史丛书》《新

中国经济五十年》和《中国投资建设五十年》《论中国经济五十年》等。这些书都紧扣时代主题，解决了某些困惑或提供了一些相关的资料，很受大众欢迎。

针对这种情况，编辑在组稿中也应紧扣经济工作的重点，为经济建设服务。正值"十一五"的开局之年，是我们在新的历史起点上继续前进的一年。经济工作的重点是：第一，务必保持经济平稳较快增长的良好势头。第二，务必在推进社会主义新农村建设上有良好开端。第三，务必在增强自主创新能力、推进结构调整上取得明显进展。第四，务必在节能降耗、转变增长方式上取得显著成效。第五，务必在重点领域和关键环节的改革上取得新突破。第六，务必在构建社会主义和谐社会上迈出新步伐。编辑要在这几方面着手组织选题。真正及时为大众提供所需的精神食粮。如，可以组织一些新农村建设方面的选题等。

2. 稳定作者队伍，扩大作者群体

作者是出版社的衣食父母，有一支稳定的作者队伍，是出好书的必备条件，但要稳定作者队伍，需要做到以下几点：

（1）制定有关政策，调动作者写稿和宣传的积极性。

比如，采用版税制付酬，使图书销量与作者收入紧密联系，书写得好，销售好，作者稿酬也高。

（2）精心策划选题，对作者实行引导。

确定好选题后，要将选题的意图与作者很好地沟通，使作者在写作时更好地贯彻体现选题主旨。美国著名编辑家韦克斯曼说，编辑可以激发作者原本已有的才华。可见，编辑对作者的影响之重要。

（3）创办品牌出版社，扩大影响力，以稳定已有的作者队伍。

家有梧桐树，招得凤凰来。比如，山西经济出版社开发了一套《经济学家文丛》，引来许多经济学家都想加入其中。由此团结了一批经济学家，为开发其他书奠定了良好的作者基础。

（4）开辟稿件源头活水，建设高素质的作者队伍。

一方面要抓某一领域的顶尖作者，另一方面要培养一些有潜力的作者。要不断扩大作者群体，为作者队伍补充新鲜血液。

3. 注重市场调查，形式与内容俱佳

市场调查是做好工作的基础，打好基础，工作才能有的放矢，不会漫无目的。

根据市场调查的结果，可以分析、预测今后一段时间里读者的阅读倾向和市场走势，策划出引导读者、引导市场、具有开拓性的图书。经济生活的热点随时在变，人们随之转移着自己的关注点，要走进群众中，倾听他们的声音，为他们答疑解惑，为他们提供所需。比如，在旅游经济成为新兴热点的情况下，山西经济出版社组织了一批旅游书，为游客提供了很好的导游指南。

市场调查中，还包括对图书形式的调查。有了好的图书内容，还要有相匹配的形式，才能得到读者的青睐。比如，经济类图书因为有图表公式的存在，开本不能太小，否则展不开，容易将图表分割得支离破碎，无法很好地表现内容。再如，相对来说，经济类图书的封面不太容易表现，到底怎样才能让更多的读者接受呢，这就要从调查中找答案。

二、经济类图书的编校

首先，经济类图书对编辑素质提出更高的要求。具体体现在，经济类图书不光有文字叙述，也会有数据模型，会有图表等，需要编辑有一定的数理化知识基础。要看得懂图表公式，要懂得图表公式编辑过程中的处理要求，虽然经济类图书属于社科类，但它有许多内容要遵循科技类图书的编辑规范，因此需要掌握一定的科技类图书编辑知识。相对来说，经济类书更容易出差错，因为，大多数从事经济工作的人未接受过系统的文学写作训练，工作以后又将大量的时间用于理论研究或日常工作中，语言表达方式运用不像文学类图书作者那样功底深。因此，需要编辑付出更多推敲语言文字的努力与辛苦。

其次，经济类图书的编辑较之其他图书的编辑辛苦，单就校对一事就可看得出来。经济类图书的校对很难找，都不愿搞。原因是：它既不像古籍类书，难校，但费用高，劳有所值；又不像文学类书好看，容易理解，出活快。它既有理论阐述，又有图表公式，常常令人顾此失彼。编辑做付印前检查的时候，也是苦不堪言。除了要同其他书一样核对目录、眉文、标题，还要核对脚注、公式序号、图序号、表序号、图表字体字号前后是否一致、图线条处理是否美观、是否一种规格、与文中表述是否一致、数字是否分断、分节是否正确等。因此，经济类图书的编辑需要更高的素质和更强烈的责任心、更好的职业道德。

再次，对于经济类图书编校质量的提高，我认为，有赖于建立一套稳定的编校机制。尤其是培养一些经济专业的校对人员专门来校对经济类书稿。付酬标准随稿件的难易程度应有所区别。建立一支稳定的校对队伍，可以有效保证图书质量的提高。

三、经济类图书的发行

1. 细分读者群，有针对性多渠道多形式开展营销工作

随着社会的发展，专业分工越来越细，图书的分类也应做到细处。可以对经济类图书的目标读者做细致的划分，可以定期提供专供书目。这既避免了工作的盲目性，又可以有效传递图书信息。总体来说，应在以新华书店发行网络为主的基础上，做到发行工作有的放矢。比如，视图书的分类

情况，开展读者俱乐部、网上书店，开新书发布会，进行对口直销，邮寄订单，在专业报刊上发布新书预告。还可以借鉴国外通过电信业利用手机发送图书资讯，为目标读者提供信息等。

2. 各部门密切配合，协同作战

目前，编辑与发行存在脱节现象，编辑抱怨发行不力，发行抱怨编辑书做得不好。实际上，二者并未进行很好的沟通与合作。我认为，双方的合作非常重要。编辑掌握着图书的大量信息，因此应做好发行的配合工作，例如，编写新书预告、写图书的推广材料等；而发行人员又有其专业优势，他们对市场更熟悉、更了解，可制订营销计划。只有二者进行很好的合作，才能做好发行工作。

（ 原载于《山西经济日报》
2006.7.24 ）

论编辑知识体系的建构

一、编辑知识体系

编辑工作是一项手工活，意味着其实践性很强。因此编辑工作是一项比较辛苦的工作。以前说，编辑是为人作嫁衣者。其实，为人做嫁衣者也可为自己裁衣服。只有形成双向良性互动才能更好地体现一种职业的魅力，才能吸引更多的人当编辑，才能将编辑工作推向更高境界。

理论和实践从来都是不可分割的。编辑工作实践性很强，也从侧面反映了其知识性也很强。好的编辑，一定是拥有丰富的良好的知识体系的。

编辑的知识体系，是指编辑认识的成果和结晶互相联系、互相制约而构成的一个整体。随着工作积累、时代发展，编辑需要在既有知识体系上不断重新建构新的知识体系，才能满足不断变化的工作需要，从而取得优异的成绩。

根据明尼苏达工作适应理论，只有当工作环境能满足个人的需求，个人也能满足工作的技能要求时，个人在工作领域才能够得到持久发展。该理论认为，每个人都会努力寻求个人与环境之间的符合性，个人与工作之间存在互动的关系，符合与否是互动过程的产物，个人的需求会变，工作的要求也会随着时间或社会经济情况而调整，如个人能努力维持与工作环境间符合一致的关系，则个人工作满意度就高，在这个工作领域也就能持久，成效也就大。

编辑同样是这样，当编辑与工作形成良好的互动时，编辑从工作中得到愉悦感，工作因编辑力的加持而取得成效。随着编辑工作的积累和知识的增加，新获得的编辑知识叠加在原有经验、知识体系上，以在编辑过程中解决问题为目标指向，通过同化与顺应的方式，编辑在问题情境互相作用的过程中积极主动地打通知识点之间的联系，在问题解决中强化编辑知识，带动深层次的思维活动和深层次的理解，从而建构新的编辑知识体系。

可见，编辑知识体系由三部分构成：一是原有知识经验及知识，二是在编辑工作过程中形成的新的知识，三是经由新旧知识经验和知识的叠加和组合、重构，形成新的知识框架体系。

二、如何建构编辑知识体系

1. 实践中积累编辑知识

编辑要有自己的定位，在一个相对集中的知识领域大量阅读、编辑书稿，包括策划选题、组织稿件、编辑加工、整体设计、推广营销等。策划选题时，需要对时事政治、热点难点、大众关注点、知识积累等有储备。组织稿件时，又需要对某领域的研究成果、杰出学者有所掌握。编辑加工中，需要有相关编辑加工知识。整体设计中，又要有美学基础和对书稿内容的精准把握与表达体现。推广营销与策划选题时，初衷一致形成闭环的同时，又要有推广渠道的专业知识。整个出版流程中，因为每一部书稿个性鲜明，蕴含着丰富多样、变化不定的编辑知识；不同的环节面对不同的群体，如读者、作者、管理者、营销者等，新问题、新情况层出不穷，需要编辑不断应对新情况，总结新经验。

马克思主义的实践观认为，实践是认识的基础，实践对认识具有决定作用。表现在三方面：第一，实践是认识产生的基础和来源。列宁说，人的实践经过亿万次的重复，在人的意识中以公式固定下来。这些公式正是由于亿万次的重复才具有公理的性质。第二，实践是认识进一步发展的动力来源。恩格斯说，人的智力是按照人如何学会改变自然界而发展的。只有不断地实践，认识才能逐步提高。第三，实践是检验认识是否具有真理性的唯一标准。编辑知识不是脱离实际的术语符号系统，而是存在于可感知、可参与的具体编辑工作中。编辑不仅仅是学者，还应该是社会活动家，通过参与编辑活动，加深体验，形成相应的编辑知识。编辑只有在大量的实践工作中才能产生足够多的点状编辑知识，而点状编辑知识的大量积累是编辑体系构建的基础。正如盖一座房子需要足够多的砖头一样。量变才能引起质变，没有量的积累，

不可能有质的提升。同时只有在实践中，这些点状知识才能
得到链接和验证其实用性和正确性，从而由点成线，再成面、
成体。这是编辑知识体系的单向建构。

编辑知识在书稿与编辑之间相互作用的过程中建立。编
辑以自己的经验在处理书稿的过程中获得新的经验。同时，
新的经验叠加在原有经验上，使原有经验更加丰富，更好地
指导编辑工作，这就是编辑知识体系的双向建构。

2. 初步建构知识体系

当编辑工作到七八年的时候，编辑知识积累到一定程度，
编辑过近百种图书，相关的图书奖也获得一些，这时，就会
在编辑领域内建立自己的知识框架，正如房子的主体框架。
编辑知识框架就是遇到同类型的书稿，编辑可以有一个最简
省有效、简单实用的处理方法，知道把握图书逻辑结构、加
工书稿的程序和重点、营销推广的亮点和途径等。并在编辑
工作中不断验证和应用，进一步修正，不断完善此编辑知识
框架。

在新旧知识间建立一种联系，通过比较新旧知识结构，
找出相似的结构加以吸收，对于不同的结构进行加工再吸收，
进而丰富和充实原有编辑知识库。可以阶段性地用画知识树
和表格的方式整理相关的编辑信息，从而加深印象，更好地
梳理编辑知识。

要充分利用自身已经构建的认知结构，自觉分析判断书

稿中出现的新信息、新问题，进而调整原有的编辑认知结构，构建全新的认知结构。譬如，在一部书稿中遇到方言"破不残"的使用，编辑既有知识处理不了，经请教语言研究者，得到答复"不残，是表音字，用残，容易引起意思上的关联，不合适，应该用一个不表义的字。这个字没有本字，研究方言的碰到这种情况，常常只记音，不写汉字"。那么，之后，再遇到这种情况，编辑就有了应对的办法。这样就将新的编辑知识与自己的认知结合起来，形成新的认知。

3. 通过输出，完善知识体系建构

实践工作经验上升到理论高度。从某种程度上讲，编辑是深层次的思维活动，必须经过系统学习和认真思考才能够从根本上习得编辑理论知识与思想方法。编辑工作到十年以上，应该对实践工作有所思考，并总结实践经验，思考理论知识。编辑所拥有的知识本身并不能直接拿来解决工作中遇到的各种实际问题，只有在具体问题、具体情况下，对已有的经验进行二次加工和创造，才能用来处理问题。实际上，也是将编辑知识框架应用到实际工作中，从而不断丰富、填充、完善知识框架。

这方面，写论文、做讲座，是最好的总结和提升方式。这也是一个知识输出的过程，通过输出可以有效建立和修正知识体系。美国学者埃德加·戴尔提出学习的金字塔理论，也就是说，输出是最好的提高学习效率的手段。学习知识，如果能够输出，大致可以对原知识掌握 90% 以上。输出也是一种重新结构化，也就是将你所拥有的知识重新建构起新的知识体系。编辑在做讲座与写论文的过程中，会发现自己知识体系的不足，进一步矫正和修改、提升与完善。同时，不断提升编辑素质，更好地胜任编辑工作。

三、两点思考

1. 为什么有的编辑能顺利建构自己的知识体系，工作进展良好，而有的则不能？

这其中，对编辑工作的认知很重要。19 世纪英国作家乔治·吉辛认为："我们周围的世界是由心灵创造的，即使我们并肩站在同一块草地上，我看到的绝不会和你看到的相同。"为什么对同一件事人们有不同的社会认知呢？一是个体原有经验。经验不同会导致对同一事物的认知不同。因此从这点来说，人往往是主观的和先入为主的。其实是过往经验在头脑中产生的预判。二是个体的价值观念不同，导致其认知不同。三是个体的情绪状态也会影响其认知水平。

这也就是说要对编辑工作热爱。只有热爱它，想做好它，对编辑工作有一个正确的价值观念，才会有一个积极的良好的状态，这是构建编辑知识体系、做好编辑工作的大前提。

2. 如何能对编辑工作满腔热情？

编辑热情由需要和诱因构成。只有当需要和外界诱因相结合，形成新的强烈的期待时，才能促使其热情以待，从而反映在编辑工作持之以恒、精益求精、竭尽全力。要深刻认识到编辑工作是一项让人不断提升、不断获得新知的工作，不断的进步产生成功的愉悦，而成绩的取得又进一步激发这种成功的愉悦，这样外部的近景性动机向内部的远景性动机转化，让编辑可以全情投入到工作中。

只有全身心地、心甘情愿地为之而努力，不断构建自己的编辑知识体系，才能提高编辑素质，做好编辑工作。

参考文献：

1. 伍志强，曹冰，庞宇．明尼苏达多项人格测验本土化应用手册 [M]．北京：中国发展出版社，2018.

2. 高晓虹，刘宏，赵淑萍等编．中国新闻传播研究：马克思主义新闻观的实践创新 [M]．北京：中国传媒大学出版社，2019.

3. 赵树良．专业的力量：在自己的领域成为专家 [M]．北京：机械工业出版社，2018.

4. 产品与创新管理智库．产品经理知识体系学习与实践指南 [M]．北京：电子工业出版社，2019.

农村图书的问题与对策

作为一个农业大国，"三农"问题一直是中国的大问题。而农民又是"三农"问题的主体，农民素质的提高对于"三农"问题的解决起着决定性的作用。换言之，农民素质提高了，问题解决了，中国的许多问题就会迎刃而解，中国就会迎来一个大发展。而提高农民素质最有效的途径就是倡导农民形成读书风尚。世界上最有智慧的犹太民族在艰难困苦的条件下，仍然能创造出伟大奇迹的奥秘就在于他们是一个最爱读书的民族。

综观目前中国农村图书现状，存在着种种问题，成为解决"三农"问题、解决中国发展问题的瓶颈。

一、存在问题

1. 各部门都重视亦都不重视

近年来，从上到下的各级领导部门也认识到了农村图书问题的重要性，在百度上搜索相关信息竟有 515 万条之多，可见关心农村图书的人很多。同时，国家出台了一系列政策，中央许多部门和团体也都如火如荼地开展了各种农家书屋、农村图书馆、文化下乡等活动。2009 年底，文化部、新闻出版总署会同中央文明办、国家发展改革委、科技部、民政部、财政部、农业部、国家人口计生委联合成立"农家书屋"工程协调小组，组织、协调、指导"农家书屋"工程建设。由此可见，农村图书建设呈现一派人人都关心、人人都重视、人人都参与的大好局面。但另一方面，农村图书还是存在落不到实处的各种问题，农民朋友还是无法真正受益，农村图书还是没有产生预期效果。

2. 表面重视，实际不重视

据中新社报道，河南省审计厅日前披露的调查结果显示，该省 18 个省辖市中，14 个市部分农家书屋图书借阅率较低，个别书屋图书概不外借，处于闲置状态。在焦作市修武县郇封镇大文案村，2011 年 1—5 月份，全村仅有 6 人次借书登记；开封市 273 个农家书屋，自建成以来借阅人次低于 50 人次；安阳市滑县 5 个农家书屋怕图书损坏，概不外借。河南省如此，其他省的情况也好不到哪里。有的图书馆捉襟见肘，图书很少，要不就是老旧过时书，这充分反映了当前对于农村图书表面重视实际不重视的现状。

3. 无书可读，或有书不对路

据国家统计局的数字，2009 年全国农民工总量 2.3 亿人，比上年增加 1.9%。依此计算，2011 年农民工人数约为 3.2

亿人，如此9亿农民就有三分之一强在城市打工，那么留在农村的主要就是老人和孩子等非强劳力，而农家书屋选书配书时仍然是以农业技术类书为主，没有考虑老人和孩子等群体的需求，这肯定是不符合实际需要的。于是，综观现在的农村，仍然是打牌的人多、读书看报的人少。究其原因，有的村没有农家书屋，而有农家书屋的又闲置，造成无书可读或者有书不对路。于是，他们仍然选择打牌。

4. 没有形成读书氛围

单纯建立农家书屋或图书室，如果没有相关的措施，那么对于没有养成读书习惯的农民朋友，无法引导并形成浓厚的读书氛围，而读书是需要氛围的。如果说读书是一项伟大的健心益智工程，那么氛围就是这项伟大工程的奠基石。没有读书氛围，农家书屋和图书室就会形同虚设。

针对以上存在的种种问题，我认为，农村图书要想出现繁荣发展的局面，真正起到助推文化建设、提高农民素质的作用，真正使中国成为书之民族，达到文化强国的目的，必须采取有效对策。

二、对策

1. 从上到下切实做好自己的工作

多家部门和单位要分工明确，协同合作，各司其职，各尽其责，整合为一个渠道，切实从农村图书的需要到问题的解决建立一套行之有效的机制。计生委和民政部可以从基层收集所需要的图书文化信息，提供给文化部、新闻出版总署，这两个机构一方面据此提供对口的文化活动和文化产品以及图书，另一方面自己也要走入基层，挖掘文化资源、出版资源，切实提供给农村所需要的精神食粮。而其他部门要按各自的情况，解决好配套资金问题。

2. 从农村图书的各个环节上着手抓起

（1）要让主体说话。

让农民自己来选书，来编书。让农民说出自己想读的书，自己来列书目，然后采购者再去配书。要从下而上形成一种良性配书机制，切实为农民提供他们想看、爱看的图书。据《湖南日报》报道，10年来，攸县坪阳庙乡坪台村老党员陈伏初拖着病躯，为乡亲们创作、编撰了15本《农家书屋读本》，共计数百万字，成为当地农民喜爱的"乡土图书"。农民最有发言权，只有他们想读的书、爱读的书，才会不被冷落，才会产生真正的效益。

（2）要出版适合的农村图书。

出版部门要走到农村，走到农民中间，了解他们的需求，体察他们的心声，挖掘乡土文化，带着感情去真正策划出版一些适合农村的图书。诸如银发读物、少儿读物、保健读物、乡土文化读物等。给留守老人和留守儿童等特定读者切实提供所需要的图书，满足、引导并丰富他们的精神需求。

（3）要加强管理。

对于已建的农家书屋、图书馆等要安排专人管理，明确管理职责。并以书屋图书流动率、借阅率、阅读周期等为依据，定期考核，根据考核结果对管理部门、管理人员进行奖惩；建立定期更换图书的长效机制，敦促有关部门积极做好图书的供应与更新工作，让农民朋友常有新书看、常有新书借，使农家书屋真正成为农民汲取知识的课堂。让农村图书真正走进农民的生活中，为农民生活的丰富多彩助力，为农民素质的提高助力。

3. 要形成浓厚的读书氛围

（1）优化环境。

澳大利亚人爱看书，就是源于良好的读书氛围。澳大利亚任何一个偏僻地方都有图书馆，而且，所有的图书馆都整整齐齐，干净漂亮，让人自然而然就产生阅读的欲望。

可见，一个好的环境是有效开展读书活动的基本条件。标志明确、鲜明，安静、舒适、整洁、通风采光好的图书室，会激发大家的读书欲望。因此，要建设标准统一的农家书屋硬件设施，创造一个良好的读书环境，吸引大家愿意去、想去。从而形成一种去图书室的习惯、阅读的习惯。

（2）培养兴趣。

各部门要通力合作，共同倡导，组织多种形式的活动，搭建多种活动平台，诸如读书会、朗诵会、征文比赛、对联征集、读书沙龙等，由此激发农民朋友的读书兴趣和热情，在丰富农村生活的同时，带动促进读书活动，从而倡导读书风尚，形成浓厚的读书氛围。

4.通过阅读解决实际问题

要让农民朋友看到通过阅读确实能解决生活中的许多实际问题，确实能提高他们的生活质量，那么，他们就会有动力去参与阅读，将阅读变成一种生活习惯。

（1）解决生产中的问题。

如果农民朋友在种植和养殖中遇到问题，诸如害虫危害、疫病侵袭等，都可以在相关的书上找到答案，那么无疑地，他们会注重阅读。因此，要强化图书阅读解决问题的实际功能，引导农民朋友通过这一有效途径解决生产中的问题。这是一个既省时又省力的方法。

（2）丰富文化生活。

胡锦涛总书记说："当今时代，文化越来越成为民族凝聚力和创造力的重要源泉、越来越成为综合国力竞争的重要因素，丰富精神文化生活越来越成为我国人民的热切愿望。"我们要引导农民朋友通过阅读来开阔视野，了解外面精彩的世界，从而使业余生活丰富多彩，而不再囿于农闲时打牌和闲逛。山东农民歌手朱之文就是跟着金铁霖的一本声乐书成为著名歌手的。他说，如果不是学习唱歌，我想不到我会有今天，会走到大城市，会走上大舞台给大家演唱。

（3）提升生活质量。

通过阅读，可以消除体力劳动产生的身心疲惫，缓解心理压力。试想，结束一天的劳作或者农闲时，走到农家书屋或在自己家的小屋小院，泡一杯清茶，在淡淡的书香中，滋养心灵，焉不是一种惬意的生活。通过阅读，还可以学习到先进科学的生活方式和生活理念，从而提升生活质量。真正让农民朋友"眼睛有看头、农闲有学头、生活有奔头"。农民素质提高了，"三农"问题就会迎刃而解。

（原载于《山西农经》2011（3））

年轻编辑培养初探

——基于山西经济出版社的实践

山西经济出版社贯彻"人才兴社、品牌立社、管理强社"的发展战略，从 2007 年二度创业起，年轻的编辑不断走进这个集体。2010 年，山西出版传媒集团做出"中长期人才引进计划"，深入实施"三个一百"人才建设工程，统一招聘名校研究生。自此，山西经济出版社连续 3 年通过集团招聘了三批 7 位研究生。随着年轻编辑的增加，山西经济出版社对年轻编辑的培养做了初步的探索，形成了自己的特点，取得了一定成效。有 3 位年轻编辑通过了职业资格考试，有一位取得了发稿权，还有一位被评为 2011 年山西经济出版社先进工作者，他们都得到了较快成长。

一、充分认识培养年轻编辑的重要性

山西经济出版社在对待年轻编辑方面，摒弃以往"只使用不培养、重使用轻培养"的做法，将使用与培养相结合、统一培养与个性化培养相结合、眼前利益与长远利益相结合，着重培养年轻编辑的事业心、责任感、归属感、荣誉感。

社内采取多种形式培养年轻编辑，一方面将年轻编辑放在第一编辑室集中培养，另一方面定期组织讲座等学习培训和安排具体工作。诸如社内的一些材料，随时抽调年轻编辑去做，给他们提供锻炼的机会和展示自己的机会和平台。在使用中培养，在培养中使用，努力创造人才脱颖而出的环境。千方百计创设条件让年轻编辑参加考察活动、组稿活动等，让他们走到各项工作前沿。力求在具体的工作中培养他们的责任心，提高他们的工作能力，从实践中让大家认识问题、解决问题，从而尽快成长。工作会上、总结会上，让年轻编辑人人发言，锻炼他们多方面的综合能力。北京书市上、博览会上，年轻编辑大开眼界，兴奋异常，写出了大量精彩的调研报告。一年一度的选题会上，社里安排年轻编辑借助PPT汇报选题，而年轻编辑也以初生牛犊不怕虎的勇气出色地完成了任务，受到与会领导的赞赏。春节联欢会上，年轻编辑们大显身手，大展风采，奉献了一台台异彩纷呈的节目。可见，只要创设了良好的培养环境，年轻编辑就会大放异彩。

二、培养的一致性

1. 三届研究生始终由相同的人带

一是有益于带人的老编辑不断积累经验，逐渐形成一套完善的工作程序，不断提高工作水平，在尽可能短的时间内带出高水平的年轻编辑。二是对于年轻编辑来讲有一个稳定的团队，他们会在相同的培养模式和环境中互相比较，你追我赶，利于其尽快成长。

2. 方式的一致性和相对的稳定性

培养方式一致，便于横向比较与纵向比较，从比较中发现每一位年轻编辑的特性，从而更好地使用人才。培养模式相对稳定则有益于创造一个良好的环境，有益于年轻编辑的成长。

三、工作的有序性

第一编辑室承担了培养年轻编辑的任务，采用因材施教、个性化的培养方式，老编辑手把手地教，集中开会与单独讲解相结合，主要进行了三方面内容的学习：一是进行理念的学习，二是进行业务的学习，三是工作习惯的养成。

1. 理念的学习

一是引导年轻编辑喜欢热爱编辑工作。美国的石油大王洛克菲勒说："天堂与地狱比邻——如果你视工作为一种乐趣，人生就是天堂；如果你视工作为一种义务，人生就是地狱。"只有热爱，才会促发工作的欲望，才会始终不渝地不计成本地去付出、去努力，才会不觉得苦与累，才会最大限度地发挥工作的主动性、积极性、创造性。

编辑工作，从事文化选择、文化生产、文化传播、文化积累等，是一项很有意义的工作，值得我们终生为之而奋斗。编辑，是一个天下最美的职业，值得我们寄托全部的追求与梦想。只有树立这样的理念，才能做好编辑工作。干一行爱一行是做好工作的基础。

二是引导新编辑学会敬畏。敬畏编辑工作，敬畏前辈，敬畏作者，敬畏书稿，敬畏读者。敬畏编辑工作，就会兢兢业业，谨守责任。编辑工作是一项要求很高的工作，它要求完美无止境，它要求不能留遗憾。要想胜任这项工作，必须尊重它、敬畏它，小心翼翼对待它。有句行话说："编辑工作多么认真都不为过。"说的就是这项工作的严苟要求。这就要求编辑要树立敬畏的理念。

敬畏前辈，就会虚心请教，编辑工作尤其需要职业的积累，而每一位前辈在工作中都积累了丰富的经验，这些经验尤其需要我们去学习。美国新闻学学者罗杰·菲德勒说："编辑主要是代表他们的受众完成证实、过滤、建构和呈现内容的任务。"在这个过程中，编辑通过精耕细作，表达自己的编辑思想，体现自己的编辑风格，从而为读者奉上丰盛的文字盛宴。这种功力，远非短时间可成。只有认真学习每一位前辈的经验，才可使年轻编辑汲取多方面的知识，从而快速成长。

敬畏作者，就会向作者虚心学习。编辑不可能对每一部书稿的内容都有很深的理解，要善于利用作者的专业特长来弥补自身知识的不足，提高自己的水平。有疑义时一定要向作者虚心请教，细心求证。只有这样，才能得到良好的沟通，才能让书稿逐渐完美。

敬畏书稿，认识到每一部书稿都是作者穷毕生精力的心血之作，就会一丝不苟地对待书稿，不会轻易提笔改动，而是反复琢磨，反复推敲，反复求证，最终做出好书，无愧于读者。

敬畏读者，就会认真对待每一个环节，务必使差错降低到最小，而不是只求万分之一的合格。要知道，书是会流传千古的，是会成为历史的，这中间会受到无数读者的检阅，会对无数读者产生深远的影响。面对每一部书稿，都要看到它背后无数读者虔诚阅读的目光，都要无愧于这些读者的期待。

2. 业务的学习

《中国编辑》（2007 年第 2 期）首篇发表了以 36 家出版社为主的《致全国编辑工作者的倡议书》，其中说道："出版物作为内容产品，其质量主要是由编辑环节决定的。我们要从编辑工作入手，全面、严格执行编辑工作的法律规范、语言规范、逻辑规范、知识规范和专业规范，确保出版物质量的提高。"

首先，在政策上，编辑要遵循国家的有关政策法规，避免犯政治上的错误。要严格遵守编辑工作的法律规范。为此，给年轻编辑复印大量相关的资料，并在日常书稿的处理中反复强调这一问题。

其次，在对书稿的处理上，面对一部书稿，老编辑先大体看一次，将需要注意的编辑内容、方法与技巧一一讲清楚后，安排新编辑看稿，他们看过的稿子老编辑再看一次，这样，针对新看出来的问题集中给新编辑讲解，务求使他们意识到自己忽略的问题，从而加强注意，在以后的工作中避免。尤其是一些共性的问题，反复强调如何注意，如何处理，引导他们慢慢培养"编辑感"。

几次校样的对红工作尽量安排新编辑做，一方面培养他们耐心细致的工作作风；另一方面，对红也是一个学习的过程，可看看别的编辑是怎样改稿的。针对对红不干净的地方提请他们注意。分析为什么会漏掉，怎样做能避免漏掉。

再次，带领年轻编辑外出组稿，让他们接触、了解、感知、体会整个组稿过程和方法，进而培养提高自己的组稿能力。

另外，开办每月一次的"晋经沙龙"，提供一个信息交流与沟通学习的平台，新编辑人人发言，可以就各种问题在会上各抒己见。而老编辑则答疑解惑交流学习。通过深度交流，可双向促进业务能力提高。

3. 工作习惯的养成

良好的工作习惯会使工作事半功倍。犹记得，刚入职时，社长将他积累的一摞摞知识卡片展示给我们看；犹记得，他那几十本写得密密麻麻的工作日志；还有他那干净整洁的办公室。每每给新编辑讲到这些事时，我都会感慨万分。这种工作的条理和有序，对于工作效率的提高必不可少。于此，引导新编辑随时针对工作中的感触写工作感悟、定期作工作计划、针对每一部书稿拟订编辑工作流程、定期作详细的工作总结、建立编校知识手册，帮助他们养成良好的工作习惯，以做出更大的成绩。

四、考核的科学性

1.考核指导思想

对于年轻编辑来说，考核决定着他们努力的方向，决定着他们的工作定位，是非常严肃和认真的一件事，务求要做到公平公正公开。

2.考核具体方法

采用定量化考核评价方式。由相同的部门考核不同的编辑，细化各项指标，每一项指标都有具体的内容，每一项内容都有具体的分值，采取打分制，从成绩上既可以横向看出差异，也可以纵向对每一批员工作出比较，从而客观公正地评价每一位年轻编辑。（附考核表）

五、锻炼的综合性

在对新编辑的日常工作培养中，本来按编辑的职业阶段，初级编辑应重点提高案头编辑水平，中级编辑重点在信息的分析处理上，高级编辑重点在组织策划和人才的培养上。但是，有鉴于目前快速发展的新态势，社里安排年轻编辑要两手抓，边做案头工作，边进行组稿，半年实习时间后就要给他们下任务。这样，要求年轻编辑不仅仅要提高案头编辑水平，还要分析处理信息，通过各种途径尝试外出组稿。年轻编辑刚走出校门，同自己的导师联系比较多，这方面组织稿件有一定的优势，不少年轻编辑也成绩斐然。可见这种办法还是很不错的尝试。

希望年轻的编辑在我们的不懈努力下能够尽快成为中坚力量，早日充实编辑一线，促进出版业的繁荣富强。

附表：试用期考核评价表

被评定人：		所在部门：			入职时间：	
评价目标		评价标准				得分
行为得分35分	责任心	消极被动不负责任。	有时责任心强，但多数情况下缺乏责任心。	有一定的责任心并敢于对自己的工作负责，知错就改。	责任心强，能清楚地知道自己的责任，并勇于负责。	对任何事情都有强烈的责任心且积极付诸行动。	得分
	分值	0	1-2	3-5	6	7	
	纪律性	组织纪律性差，有违法乱纪行为。	组织纪律性较差，规章制度执行不严，偶有违纪现象。	有一定组织纪律性，能遵守公司各项规章制度和国家法律法规。	组织纪律性较强，自觉遵守公司各项规章制度和国家法律法规。	组织纪律性强，带头遵守公司各项规章制度和国家法律法规，并督促他人遵守。	得分
	分值	1	2-3	4-5	6	7	

续表1

行为得分35分	积极性	无论怎样督促也不上进，工作挑挑拣拣，避难就易。	遇问题和困难就垂头丧气，不出成果。	不知疲倦，不断进取。	求知欲强，并把知识用于实践，弥补自己工作中的短处，永不满足，努力提高自己素质。	勇于挑战，不畏困难；为实现目标竭尽全力。	得分
	分值	1	2-3	4-5	6	7	
	原则性	原则性差，是非不分，常常拿原则做交易。	原则性较差，有时为了情面放弃原则。	一般情况下，能坚持原则，但不能硬碰。	原则性较强，是非分明，能开展批评与自我批评。	原则性强，敢于硬碰，能够同违法乱纪的现象做斗争。	得分
	分值	0	1-2	3-5	6	7	
	协调性	不推不动，但求自己方便合适。	只考虑本职工作，对其他事情不闻不问。	理解领导意图，主动为领导分担责任，乐于助人。	充分理解组织目标，乐意为组织目标的实现做贡献。	不惜牺牲自我，通力合作。	得分
	分值7分	0	1-2	3-5	6	7	
出勤得分15分	请假情况	请事假6次以上	请事假5-6次	请事假3-4次	请事假1-2次	没有请假，出全勤	得分
	分值15分	0	3	6	10	15	
工作成绩50分	完成目标情况	没完成规定目标。	基本上完成规定目标。	规定目标完成较好。	比规定目标完成得多。	比规定目标完成得既好又多。	得分
	分值10分	1	2-3	4-5	6-7	8-10	

续表 2

工作成绩50分	工作效益	没有完成工作目标，工作成绩甚微，常处于落后状态。	基本上完成规定目标，工作成绩平常，起色不大。	规定目标完成较好，工作有一定成绩，能较好地完成任务。	比规定目标完成得多，工作成绩较大，能扭转被动局面，处于领先地位。	比规定目标完成得既多又好，工作成绩大，能开创新局面。	得分
	分值10分	1	2-3	4-5	6-7	8-10	
工作成绩50分	工作质量	工作质量低劣，经常出现差错。	一般能完成工作任务，质量处于平均水平。	能完成任务，工作质量比较好。	按期完成任务，工作质量较高，无重大失误差错。	提前完成任务，工作质量突出，无差错。	得分
	分值10分	1	2-3	4-5	6-7	8-10	
	工作能力	书面表达好	沟通能力强	创新力	专业知识	业务能力	得分
	分值10分	2	4	6	8	10	
	工作效率	工作效率低，经常完不成任务。	工作效率较低，需要别人帮助才能完成任务。	工作效率一般，能按时完成任务，基本保证质量。	工作效率较高，能及时保质保量完成任务。	工作效率高，完成任务速度快，质量高，效益好。	得分
	分值10分	1	2-3	4-5	6-7	8-10	
工作行为		工作出勤		工作成绩		总分值	

评定部门：　　　　　　　　　　　评定时间：

试析出版物的两个效益

出版企业要努力壮大出版主业，以社会效益引领经济效益，以经济效益助推社会效益，努力实现两个效益的协调发展。

一、何谓两个效益

1. 两个效益的提出

对于出版物的两个效益问题，早在 60 多年前，邹韬奋先生就有精辟的论述："我们的事业性和商业性是要兼顾而不应该是对立的。诚然，这两方面如超出了应有的限度，是有对立的流弊。例如，倘若因为顾到事业性而在经济上作无限的牺牲，其势不至使店的整个经济破产不止，实际上便要使店无法生存，所谓皮之不存，毛将焉附，机构消灭，事业又何从支持，发展更谈不到了。在另一方面，如果因为顾到商业性而对于文化食粮的内容不加注意，那也是自杀政策，事业必然要一天天衰落，商业也将随之而衰落，所谓两败俱伤。但是，我们不许各有所偏，因为我们所共同努力的是文化事业，所以必须顾到事业性，同时因为我们是自食其力，是靠自己的收入来支持事业，来发展事业，所以必须同时顾到商业性。这两方面是应该相辅相成的，不应该对立起来的。"这里所讲的商业性和事业性就是关于经济效益和社会效益的表述。

但是，正式提出这两个概念是在1988年4月，中宣部和新闻出版署联合印发的《关于当前出版社改革的若干意见》和《关于当前图书发行体制改革的若干意见》两个文件中。在此之前，诸多争论谈的均是经济效果和社会效果。

2.定义两个效益

出版物的经济效益是指出版社通过组织生产、销售图书所获得的一定的利润回报，即出版物的经济价值。社会效益则指出版物对人们思想道德和科学文化素质具有广泛深远的影响。即指出版活动对他人造成的没有进行成本或收益核算的影响。

正如其他商品一样，出版物一直以来就存在两个效益，只不过随着出版形势的变化因其具有精神产品和物质产品的双重性，经济效益逐渐由隐性变为显性，两个效益的矛盾日渐凸显。

二、两个效益的辩证关系

在改革开放前的计划经济体制下，图书的盈亏不那么强调，出版单位作为事业单位不需要考虑经济效益，只要履行好自己作为宣传阵地的职责就够了，因此，作为图书的经济效益处于隐性状态，两个效益的矛盾并不明显。

改革开放后，出版单位成为企业单位，企业的目标是追求利润最大化，因为它要支撑整个单位的运营，但出版单位有其特殊使命，即"宣传马克思列宁主义、毛泽东思想，传播一切有益于经济和社会发展的科学技术和文化知识，丰富人民的精神文化生活"。因此，它强调社会效益。于是，两个效益的矛盾日益多起来。

1. 二者是对立的

二者对立的实质是眼前利益和长远利益、本单位利益和国家利益的矛盾。

若只看到眼前利益、本单位利益，就会一味追求经济效益。对于一些学术著作，只看到其专业性强、读者面窄，印数上不去，码洋上不去，经济效益差，因此不敢问津。以致此类书的出版成为瓶颈。如第2260期《文摘报》上刊载了一篇文章《无助：民间学人的困境》提到："学者出书难，最难的还是民间学人……他最大的愿望就是能将自己的研究成果整理出版。"深刻地反映了学术书出版难的现状。

而对一些通俗类书，因迎合了大众需要，销量大，利润高，经济效益好，特别是，如有些协作出书，立刻就能收益，因此尽管对弘扬民族文化无多大意义，但出版社还是争相出版。更有甚者，争相炮制伪书。李人凡在《出版参考》2005年第

---

5 期上旬刊中写了《伪书的文化劣根》一文，言辞犀利而又痛惜地疾呼："伪书的文化劣根，究其根源，是出版界缺乏正气、骨气和胆识。不愿辛勤耕耘，不愿艰苦创业，不肯努力拼搏。这几年，经济效益谈得某些人昏了头，高增长带来了负效应，虚假繁荣造成了精神缺失。某种形式的奴才心理、赌徒心术、没落心绪侵蚀了出版的健康肌体。……兵法有不战而屈人之兵乃上策之说。劣质文化不战而自屈，岂非民族之大痛？"可见，单纯追求经济效益会带来怎样的严重后果！

从这个意义上讲，经济效益和社会效益是对立的。

2. 二者又是统一的

从宏观上看，长远来看，二者是统一的。

正如自由永远是有限度的一样，任何以经济效益最大化为目标的企业都会考虑社会影响。现代市场营销学认为，企业应当树立社会营销观念，它比单纯的市场营销观念进步的地方是，主张企业在制定营销战略时正确处理企业利润、消费者需求和社会责任三个方面的关系，使企业既发挥优势、在满足消费者需求的基础上获取经济效益，又符合整个社会的利益，包括承担节约资源、保护环境、推进社会文明等社会责任，从而赢得更为长远的利益和强大的生命力。

具体到图书因其必须坚持"为社会主义服务、为人民服务"的方向，必须把社会效益放在首位。没有社会效益的出版物会给人们的思想、意识、观念、心理、行为等方面带来恶劣的影响。不管它能产生多大的经济效益，最终总会被社会淘汰。而没有经济效益的出版物也不可能有好的社会效益，因为经济效益不好，就是出版物的销量有限，读者有限，传播面有限，其社会影响就不大，社会影响不大自然意味着社会效益较差。经济效益很差的出版社必然存在生存危机，所以它能创造的社会效益也必然是有限的、短命的。

因此，社会效益和经济效益从内部逻辑上看其实是一致的。社会效益是经济效益的保证，追求社会效益是为了更好地获得经济效益；而经济效益是社会效益的条件，有了经济效益才能更好地实现社会效益，只有双效的出版物才会有强大的生命力。

三、怎样协调两个效益

1. 认识其重要性

出版工作不同于其他工作，有其特殊性。300 年前，英国哲学家培根说过一句名言："知识就是力量。"其实，培根还说过另一句话："知识的力量不仅取决于其本身价值的大小，更取决于它是否被传播，以及传播的深度和广度。"这句话深刻阐明了出版工作的重要性，因此出版工作者要牢记自己肩负的特殊使命。

中华人民共和国国务院令第 343 号《出版管理条例》（2001年 12 月 25 日）第四条规定：从事出版活动，应当将社会效益放在首位，实现社会效益和经济效益相结合。党的十六大也指出，发展文化产业要把社会效益放在首位。这是党对出版工作的最基本的要求。出版工作者一定要从思想上认识到这一要求的重要性，充分认识自己肩负的社会责任和历史使命，按照胡锦涛总书记所要求的：认真严肃地考虑精神文化产品的社会效果，力求把最好的精神食粮奉献给人民，在这一前提下努力实现社会效益和经济效益的统一。牢记社会效益第一的原则。在此基础上追求经济效益，获得两个效益的丰收。社会效益决定出版业的性质和方向，经济效益为繁荣出版业、实现其社会效益提供物质基础，二者缺一不可。

2. 统一领导，创设良好的出书环境

新闻出版署应该从宏观上控制选题。审批选题时，减少重复出书，不批差选题，少批平庸选题，多批优秀选题。将有限的出版资源合理利用，真正出一批好书，以弘扬民族文化，提高全民族思想道德素质和科学文化素质，正确引导社会舆论，增强我国的综合国力和民族凝聚力。

3. 完善约束激励机制

建立完善的约束激励机制，对优秀的书要补贴，而对平庸书以及坏书要惩戒。政府应以适当方式对暂时经济效益不明显而社会效益显著的书进行政策倾斜或者补贴，以作为出版社不把经济效益当作首要追求目标的补偿。比如，对部分

出版项目直接进行补贴等。

　　而对一些为追求经济效益不顾社会影响的做法要给以罚款来补贴优秀书的出版。

参考文献：

　　1. 全国出版专业职业资格考试办公室编. 出版专业理论与实务 [M]. 上海：上海辞书出版社，2002.

　　2. 周彦文. 对疯狂的引导：中国出版业的经济观照 [M]. 北京：中国经济出版社，1991.

　　3. 尹建国. 大学出版社企业目标与管理目标的反思和重塑 [J]. 大学出版，2001（1）.

　　4. 王永章. 文化产业社会效益与经济效益的关系 [N]. 光明日报，2003 － 07 － 08.

　　5. 罗紫初. 出版学原理 [M]. 武汉：武汉大学出版社，1999.

　　6. 梁宝柱. 出版经济学导论 [M]. 北京：中国书籍出版社，1991.

书展的思考

参加书展多了，有一种厌倦感。书市越来越大、越来越乱、越来越像个集贸市场，书展的视觉冲击力、听觉冲击力不断加强……参加书市归来，累不堪言，所获甚少，直到有一天……

这天，走入书市一角，一色的蓝色旗袍，一色的笑脸迎人，展台人员亲切、平和，一杯香茗，几把椅子，待你坐定，她们便伴着音乐、随着手语轻言细语，款款传递着、展示着一种文化——静思文化。

把浮躁的心境转换为柔和，把柔和的心境再转换为爱，如此，这个世界将日益完美。

待人退一步，爱人宽一寸，在人生道路中，就会活得很快乐。

信心、毅力、勇气，三者具备，天下没有做不成的事。

……

像和风，似细语，灵魂在接受洗礼，不由你不震撼，不由你不感动，不由你不爱她们，不由你不关注她们所传播的文化，不由你不看她们的书。

她们的书很美，装帧考究，内容精美。让你不忍释手。所有的书，都在宣讲着一种文化——静思文化。

原来，书展最能吸引人的并不是那花花绿绿的大幅展板，不是那大肆播放的广告语，不是琳琅满目摆满展台的各种面目的图书，当然更不是那冷不丁吓你一跳的活动广告。而是一个和谐的团体，一种先进的文化，一些唱响该文化主旋律的书。

走出这个展区，你得到的是十分钟身心的彻底休憩和一个塑料水杯，上书"要用心，不要操心、烦心。——证言法师静思语"，留待以后不时看到，慢慢品味，细细咀嚼。

后来，走入一条书的长廊，红色的地毯，两旁高壁上陈列着书和相关的人物照片，这里全没了书市的喧嚣和凌乱，三三五五的人且走且看，心慢慢静下来，终于可以欣赏书了，这是华夏出版社的一个展区。

两个不一样的展区让我看到了书市的未来和希望，相信不久书市就会摒弃那种表面的繁荣热闹，真正成为一种文化展示、传播、交会处。

其实我们都知道，大大小小的书展因其目的不同，是有区别的，但不管是国际图书博览会也好，全国图书订货会也好，参加的人员不外是图书经销商、出版人员、读者。这三类人员的素质都比较高，可就是不知道为什么书市会办得越来越乱、越来越糟？乱七八糟、毫无主题的一堆书，给经销商赠送的与书毫无关系的纪念品——皮带、剃毛机……上面找不到出版社的一点信息，可笑之至！不知出版社要通过这样的东西达到什么目的？是送礼吗，未免太不合时宜了。是宣传自己吗，未免太离题了。更有甚者，对书商一副面孔，对读者一副面孔，搞不清他是在干什么？

不知是出版社看轻了经销商和读者，还是经销商和读者误导了出版社，以至年复一年、乐此不疲地办着这样的书展。

醒醒吧，各位出版社的同仁们，在书展上，你们要将自己的精华展示出来，从而展示自己的文化。而不是将家中所有东西摆出来沿街叫卖。更不是只要贿赂书商就能立身存命，书展的目的是交流、是展示自己，使书商看到出版社的形象、特色产品，从而记住你的产品，而你的产品，应传递一种文化，只有文化的生命力才是强大的。凭那些礼品是无法拯救自己的。

这里面最重要的，是要细分图书市场，找准自己的定位，找准自己的特色，找到一种文化，一种细分的文化。这样，在书展上才能独树一帜，出奇制胜。

愿下一届的书展，是一个各有特色，取长补短，百家争鸣，安静美好，充满文化气息，以及有真正的文化品位的好书的书展。

学术著作的编辑出版

——以《经济社会可持续发展思想文库》为例

　　红黄蓝绿紫，《经济社会可持续发展思想文库》一套五本（《经济思想批评史》《管理思想批评史》《清洁生产与循环经济》《地方政府治理的创新》《福利经济学派伦理思想评价》）散发着油墨的清香亮丽地摆在面前，它们是一套学术著作，从不同的角度，基于生态文明建设、可持续发展思想对相关理论问题作了独特的思考与创新性探讨。作为丛书编辑，我轻抚着这一大摞书，欣喜之余感慨良多。这套文库从动议到结束，几经艰难，两年磨一剑，欲说已忘言。学术著作的编辑出版自有其独特个性，从这套文库的诞生大抵可以窥一斑而见全貌。

一次聊天，文库源起

　　一个学术著作编辑，身边大抵会有一群优秀的学术人才，他们也许是权威机构的研究人员，也许是高校的杰出导师，也许是企业管理者，也许……总之，这些人会经常狂热地聊起本研究领域的动态，新的发展、新的观点、新的需要，聊着聊着有时就会产生选题——《经济社会可持续发展思想文库》就是在和山西省社会科学院研究员晔枫聊天时动议出版的。

其时，中共十八大报告首次单篇论述了生态文明，将生态文明建设纳入建设中国特色社会主义的总体布局中，体现了我国对生态文明建设自觉性的增强，同时也标志着我国对中国特色社会主义建设规律的认识达到了新高度。这个时候，组织一套丛书，从多角度来反思新自由主义风行导致的种种与生态系统法则相背离的理论问题，来响应和落实十八大报告强调的生态文明建设相关规定，无疑具有重大现实及理论意义。晔枫老师提议请清华大学的陈劲教授担任丛书主编来牵头设计组织这套文库。陈劲教授欣然同意。起初丛书定名为《基于突破与超越的经济管理学思想文库》，后来，几经斟酌，几易其名，最终确定为《经济社会可持续发展思想文库》。想起来，选题申报都更改了好几次，让负责的同志烦不胜烦，怒目而视。

系统工程，优化流程

以陈劲教授为主的编委几经设计与论证，最终确定了丛书框架，然后约请作者。作者队伍阵容庞大，博士、教授、研究员……都在相关领域有所建树。考虑能力的同时，还要作者有写作的时间与热情。有的是几位作者共同承担一册的撰写任务。作者确定后，作为丛书编辑，我按照学术著作出版规范做了《丛书规范》，规定了篇幅，统一的标题形式，章节设置，引文、注释、参考文献、索引等的格式，图表形式，附件形式，公式形式，专栏形式，对一些易混用的字词作了统一规定，如其他、唯一、想象、账簿等。将规范发给各个作者，并与作者签订合同，约定交稿时间。

按合同约定，到了交稿的时间，但因为各位作者工作繁忙，突发情况不断，稿子总是交不了，从此，催稿成了编辑的常规工作。桌上的催稿日程表标画得满满的。

终于陆续交稿，认真严谨的主编和我加班加点地通读了全部稿件，对书稿的内容和结构作进一步的把握和调整，务必使其达到设计初衷。有不当处提请作者修改。同时对每一本书的篇幅作了初步的把握，既然是丛书，不能参差不一，要大体相当，控制在25万字左右，其中《清洁生产与循环经济》篇幅超出预期10多万字，后经与作者商量，去掉案例部分，从而保持丛书的均衡。

定稿后，为每一本书指定具体的责任编辑。根据初稿情况，我又做出《校对须知》，连同《丛书规范》一并下发责任编辑，几个编辑分头作出工作流程表，需要统一的事项及时沟通，做到大家心中有数。分头看稿，分头与作者联系解决疑问，按时间安排分头做书。

同时，统一安排了封面设计，将每本书的基本资料、设计要求提供给美术编辑。并与美编作了内容上的沟通和设计上的交流。

精雕细琢，力求完美

两个月后，每个编辑手中的稿子都看过了，稿件中的疑问解决了，拿到了最后的清样。几个编辑检查清样，每本书自成一体，又合成一体；每个编辑各自负责，又互相负责，要检查自己的清样，对每一级标题、眉文、目录、图、表、注释、参考文献、专栏、公式等各个项目逐一检查。务要使每一项目准确正确、整齐划一。还要交叉检查其他几份清样，看看别人编的和自己编的有什么地方不一致或者处理方法不同，或者有没有什么遗漏的问题。

比起其他书稿的编辑，学术著作的编辑费时又费力，项目多，不仅要保证每一个项目的准确性，而且要保证每一类项目的一致性，例如引文，要保证每一条引文引用得必要，对本书稿观点确有支持作用，还要查资料以保证引文的准确性。另外，还必须详细完整地注明出处。标明出处的格式还要全丛书统一。人的注意力是有限的，每次对清样的检查，只能针对一个项目。这样一来，一部书稿的检查会多达十几次。尤其是作为丛书编辑的我，倍受折磨，个中滋味，苦不堪言。丛书统一涉及的内容又多又杂，不像单本书那样简单。

最后，将五本清样连同封面、扉页，一字排开，放在一处，请人挑毛病，编辑自己更是不时地看一看，想起了什么细节就看一看。有时候是随机拿出一本来看，有时候又是挨个地看，互相比较、务求一致，经过一段时间的丛书统一检查，实在是挑不出什么毛病了，才可以办理付印手续。

宣传营销，扩大影响

文库印好后，不能养在深闺人不识。要让它走向读者，走出影响。这样才不枉我们出版的初衷、编辑的辛苦，才能体现学术丛书两个效益的重要价值。

一是借助作者的力量。五本书交到作者手中时，他们开心又满意，立刻献计献策。有的说，我们学校研究生要用这套书作教材；有的说，我们单位要买一部分，作为学校交流使用；有的说，我推荐给某研究机构，他们需要这方面的书；还有的说，学校图书馆要采购。因为是学术著作，读者面窄，针对性强，作者最了解本领域的需求情况，因此，借助作者的影响力，多听作者意见，不失为一条有效途径。

二是全方位的广而告之。召开相关的研讨会，发书讯，发书评，微信平台发布……因为它是学术性的，因此，书评和书讯要发在专业性的报刊上，诸如《经济研究》等。本丛书在《经济研究》发了丛书和单本书的评论。

三是借助便捷的网上销售。保证读者能在当当、卓越等平台上方便地买到。

四是不可小觑的馆配。各省社科院的图书馆、各高校的图书馆都对这套文库有不同程度的需求，我们要做的就是将书讯和书及时地送到他们手中。

五是版权输出，有个外译机构负责人激动地说，这套书我们都负责翻译推广。

这套书圆满出版了，宣传营销工作也在持续进行中，陆续收到不少好评，希望它早日传播开来，不但走到需要它的读者手中、心中，更要促进学术发展，推动我国生态文明建设。尽管学术著作的出版充满艰辛，但什么事都是成比例的，成功后的喜悦也是加倍的。借此希望独具特色的学术著作繁荣发展，迎来出版业的春天。

生态人类学视域中的编辑成长环境

编辑的成长环境主要是指编辑从事编辑活动所处的周边环境。编辑活动指市场调研、组织稿件、加工整理、整体设计、市场营销、反馈思考等围绕图书出版的一系列行为。围绕这一系列活动的人和事构成的背景即编辑成长环境。

编辑成长环境分内部环境和外部环境。内部环境即编辑自身的特质、个人品位、鉴别能力、情绪反应、做事的条理性、决断力、投入的热情、温柔的关爱等编辑个人所具有的特点。

外部环境指编辑所处的环境，即各种资源和各种管理手段完善与协调的程度等。可以说环境是编辑生存的土壤，它既为编辑的活动提供条件与发展的机会，同时也对编辑活动起到制约作用。

本文在生态人类学的视域下分析编辑成长的内外部环境，以及环境对编辑的影响，并提出有利于编辑成长的有效建议。

一、生态人类学的基本观点

在文化人类学当中，生态人类学学派的学者们为研究人类群体与环境之间的相互关系和作用，从生态学那里移植了

"生态"概念，并将自然界看成由相互依赖的各种因素所组成的网络系统，抑或生态系统。该学派认为：一个生态系统就是一个由生物体组成的社会——植物和动物以及其他的物质和能源在生态系统不同的组成部分（非生物的、生物的）中不断地流动，并且以有组织方式流动所出现的相互依赖的系统。这个系统从两个方面对文化人类学现象的研究发挥作用：其一，可被广泛应用于任何环境的分析与讨论方面；其二，可有助于探索生物体及其物质环境之间的动态互动关系。因此，生态人类学将从各种互动的关系抑或生态系统关系中提供理论上的依据。在下文，我们将要讨论的"生态人类学视域中的编辑成长与环境的关系"，将依据生态人类学理论所提供的基本思路分析编辑成长环境问题。因为这种思路既有助于管窥生态人类学视域中的编辑成长环境特征，又可借此"历史文化DNA"厘清编辑成长环境生态传承的基本状况，连同其源流和依据。因此，生态人类学的理论观点，适合于编辑成长环境的讨论和认知。

二、生态人类学视域中的编辑成长与环境的关系

就编辑成长的内部环境来说，一个人与生俱来的各种特点会随着编辑工作的强化集中体现于编辑适合何种职业特质上。而这些特质又进一步促进编辑工作。诸如鉴别能力、情绪反应、做事的条理性等会随着编辑工作时间的迁移而得到

强化。

但编辑精神特质更多地、更显性地体现在其与外部环境的互动关系方面，就体现在包容精神基础上的和谐相处与共同促进上。从生态人类学角度说，编辑的社会生态，可以说是一幅具有共生性动态互动关系特征的画卷。在这幅画卷中，每个阶段都历经历史文化的积淀而形成一些和谐相处的习惯并将之加以定式化，甚至成为某一特定环境中某些编辑的集体无意识，也即成为一种编辑基因。

在编辑的发展中，即使会有一些新的因素融入，也将会因受此环境的影响而形成进化论生态学上的同化现象，亦即哈佛大学理查德·李等人学说理论意义上的"同一现象—适应"的结果。应该说，某一些编辑之所以能够持续性成长，从很大意义上说，就是环境包容精神的历史文化原因，或者"历史文化 DNA"传承与影响的结果。

生于淮南则为橘，生于淮北则为枳。可见物种随着环境的变化会发生变化，人类亦如此。编辑的成长和发展，同样是受内外多种因素制约的极其复杂的社会现象。

一个积淀多年历史文化的环境，诸如三联书店、商务印书馆等一些老牌出版社，其所拥有的"历史文化 DNA"对编辑的影响是不可估量的。不仅在市场调研、组织稿件、加工整理、整体设计、市场营销、反馈思考方面会有一种良好的传承和手把手的教育，在作者的团队建设上，在图书的渠道建设上，也有一个一脉相承的模式，有一个和谐生态环境的共生状态。不同层次的编辑有不同的分工与合作，有不同的成长空间，在这样的环境中，编辑的成长可以说水到渠成。相反，在一个积淀很少的出版社，或者领导三年两换，换外行，换官僚，工作死水一潭，老编辑停滞不前，新编辑毫无机会。这样的环境无异于一种历史文化DNA的变异，何谈编辑成长？

三、环境之于编辑成长的重要性

美国哈佛大学教授威廉·詹姆士研究发现，在缺乏激励的环境中，人员的潜力只能发挥出一小部分，即20%—30%，刚刚能保住饭碗即止；但在良好的激励环境中，同样的人员却可以发挥出潜力的80%—90%。因此良好的环境是优化编辑、促进编辑成长的理想状态。何谓良好的环境？不外乎科学的竞争标准，合理的规章制度，积极公平良性竞争。这是良好编辑成长环境的标准，意味着完善激励机制，使个人价值通过业绩能充分表现，从而激发其积极性。

只有任人唯贤、各尽其才、和谐共生，形成一个良好的生态环境，才能促进编辑健康成长、良好发展。同样，编辑的健康成长可以促进环境的良性发展，促进"历史文化DNA"优化。

参考文献：

1. 卢华根．浅议编辑人才的成长环境 [A]．见：编辑人才论——

中国编辑学会第十一届学术年会论文集 [C]. 长沙: 湖南人民出版社, 2006.

2. 张颖平. 优化人才成长组织环境的重要性 [J]. 云南电大学报, 2004 (9).

3. [美] F. 普洛格, D. G. 贝茨. 文化演进与人类行为 [M]. 沈阳: 辽宁人民出版社, 1988: 105.

附《第 17 届国际出版学术研讨会论文集》日文版、韩文版.

生態人類学ビジョによる編集者の成長環境

李慧平　山西経済出版社、編集室主任、編集審査

【摘　要】　生態人類学ビジョにより、編集者成長の外部環境を分析することで、編集者の成長と環境との相互関係を述べ、環境が編集者の成長に対する理論的意義と価値を論考します。

【キーワード】　生態人類学　編集者成長　環境　共生

　編集者の成長環境とは、主に編集者が編集行為に従事している周辺環境のことを指します。編集行為とは、マーケティング、原稿整理、添削、仕上げ、全体的なデザイン、マーケティング営業販売、フィードバック思考などに関連するシリーズ的なアクションのことを指します。このシリーズ行為に関わる人や案件からなる背景は、つまり編集者の成長の環境です。

　編集者の成長環境は、内部環境と外部環境に分けられています。内部環境は、つまり編集者自身が備える特質、個人品位、分析能力、情緒反応、行動論理性、決断力、事業への情熱、優しさ思いやりなどの編集者個人的な特徴を指します。

　外部環境は、編集者が所在している環境を指し、つまり、様々な資源や各種類の管理手段の改善と調整能力などです。環境を編集者の生存する土壌に喩えられ、これは、編集行為に対して条件をつくり、成長する機会をもたらすと同時に編集行為に対して、制約の意味もあると言えます。

　本文は、生態人類学ビジョのもとで編集者成長に関する内・外部環境並びに、環境が編集者に与える影響を分析することで、編集者の成長が効率的になることを提言します。

1. 生態人類学の基本観点

　文化人類の中で、生態人類学学派の学者たちは、人類グループと環境との相互関係や役割を調べるために、生態学の分野から「生態」のコンセプトを参考にして、自然界を相互依存の種々の要因から構成されるウェブシステム、または、生態系システムと見なしています。この学派からは、一つの生態システムは、一つの生物体の社会である植物と動物及びその他の物資やエネルギーが生態システムにおける異なる構成部分（非生物的、生物的）の中において絶えずに流動しており、組織方式で流動するうえで、相互依存的なシステムであると考えられています。このシステムは二つの面から文化人類学の現象を調べ

るうえで役立ちます。まず、環境のいずれかの態様を分析と検討に広く使うことができます。第二に、生物体及びその物理的環境との間の動的インタラクティブな関係を調べるのに役立つものと見られています。従って、生態人類学は様々なインタラクティブな関係あるいは生態系関係より、理論上の根拠を出すことになります。次の文章で、私どもは「生態人類学ビジョによる編集者の成長と環境との関係」を論考します。生態人類学の理論による基本的な思考に基づいて、編集者の成長の環境を分析します。というのは、このような思考では、生態人類学ビジョによる編集者の成長環境の特徴が見られるので、「歴史・文化DNA」を参考にして、編集者の成長の環境・生態伝承の基本状況、その起源と根拠も合わせて明確にすることもできるからです。だから、生態人類学の理論観点が編集者の成長環境の検討と認知に適していると思っています。

2. 生態人類学ビジョによる編集者の成長と環境との関係

　編集者の成長の内部環境のみから言えば、編集者一人の生まれつきの様々な特徴が編集作業を強化することで、編集者が職業に適する特質の上に集中的に現れてくるもので、これらの特質は更に、編集作業を一層促進するものになります。例えば、分析能力、情緒反応、行動論理性などは、編集作業の時間経つとともに強化されるようになります。

　但し、編集者がもっている精神的資質は、それ以上に外部環境とのインタラクティブな関係のうえでより明らかに現れてきます。包容的精神のうえで、調和的人扱いと共同促進の面に反映してきます。生態人類学の観点から言えば、編集者の社会生態は、共生的なインタラクティブな関係の特徴がある絵だと喩えられます。この絵の中で、各段階においても歴史・文化が蓄積されたことで、調和的相互関係における習慣が形成され、また、それを定型にされつつあり、更にはいくつかの特定の環境において、ある編集者達の集合的無意識になって、編集者遺伝子になるものと考えています。

　編集者が成長していく中で、いくつかの新しい要素が浸透されたとしても、これらによる影響があったことで、進化論生態学における同化現象も形成されてきます。つまり、ハーバード大学のリチャード・リーらの学説の理論の「同一現象である順応」という結果になります。実際には、ある編集者らが持続的に成長できる理由として、大きい意味では、すなわち、環境包容的精神の歴史・文化の原因であり、或いは、「歴史・文化DNA」より伝承及び影響される結果だと言えるでしょう。

　同じ蜜柑でも淮南に産出すれば蜜柑と言い、淮北に産出すればオレンジと言われています。だからこそ、環境に変化が出れば植物種類も変わるので、人類も同様のことが言えます。編集者の成長と発展は、同じように内・外部の様々な要素より制約を受けて、極めて複雑な社会現象となっています。

　長年にわたり、蓄積された歴史・文化の環境、例えば、トリプル、ビジネスプレスなど古参出版社としては、そこしかない「歴史・文化DNA」が編集者に対する影響は計りきれないものだと思います。市場調査で、原稿整理、添削、仕上げばかりでなく、全般的なデザイン、マーケティング、フィードバック思考において良好的な伝承やハンズオン教育方式もあります。著者のチームづくりのうえで、圖書のルートづくりにおいても同じ系統の伝承パターンがあり、調和がとれた生態環境のある共生状態があります。異なるレベルの編集者には、それぞれの分担や協力があり、それぞれの異なる成長スペースがあるので、このような環境の中で、編集者の成長は自然の成り行きで当然の結果が出ます。逆に言えば、蓄積の少ない小さい出版社では、或いはリーダーが三年間に二回の人事異動が出て、素人や官僚に変わったりして、作業の雰囲気に活気がなく、古参編集者は成長できなくなって、新しい編集者にも全然チャンスもない、このような環境は、まったく一つの変異された歴史・文化DNAに等しいから、編集者の成長はどうするかまでの議論はできるものだろうか?

3. 環境の編集者の成長への重要性

　米国ハーバード大学教授であるウィリアム・ジェームズがの研究によると、刺激が欠乏している環境においては、人間の潜在力はわずかに小さい一部分しか活かせない、つまり20%~30%であり、ぎりぎり自分の仕事を維持できるまでにとどまっているとされています。その反面、良好的激励の良い環境においては、同じ人でも潜在力の80%~90%が活かせることがわかりました。従って、良好的な環境が編集を最適化し、編集者の成長を促進するうえでの理想的な状態となります。では、良好的な環境とは何でしょうか?科学的な競争、合理的な規則や規制および積極的に公平・健全な競争のほかにはありません。これが、成長のための優れた編集成長の環境の基準であり、激励メカニズムを改善して、編集者がパフォーマンスを通じて個人の価値感達成が実証できることを意味して、熱意をインセンティブするようになります。

　能力主義、編集者各々の才能を活かして、調和的共生ができ、良好的な生態環境を形成してはじめて、編集者が健全な成長と良好的な発展を促進することができます。同様に、編集者が健全な成長することで、環境の良好的発展を促進し、「歴史・文化DNA」の最適化を促進することになります。

参考文献

　[1] 蘆華根、「編集者人材の成長環境にあたって」。参考：編集者人材論―中国編集学会第11回学術年会論文集。長沙、湖南人民出版社2006。

　[2] 張穎平、「人材成長の組織環境を最適化にする重要性」。雲南テレビ放送大学2004（9）。

　[3] （米国）F. PuluoGe、D.Gベイツ「文化の進化と人間行為」、瀋陽：遼寧省人民出版社1988、105。

생태 인류학의 시각으로 보는 편집의 성장환경

리후이핑(李慧平), 산시(山西)경제출판사, 편집실

【요 약】 생태인류학의 시각에서 편집이 성장하는 외부환경을 분석하고, 편집의 성장과 환경간의 상호 영향을 설명하면서 환경이 편집의 성장에 대한 이론적 의미와 가치를 제출한다.

【키워드】 생태인류학 편집의 성장 환경 상생

편집의 성장환경은 편집의 편집활동이 처한 주변환경을 가리킨다. 편집활동이란 시장 조사연구, 원고 수집, 정리, 전체 기획, 마케팅, 피드백 등 도서 출판을 둘러싸고 진행되는 일련의 행위이다. 일련의 활동을 둘러싸고 사람과 일이 만들어낸 배경, 즉 편집의 성장환경이다.

편집의 성장환경은 내부환경과 외부환경으로 나뉘어 진다. 내부환경은 편집 자체의 특징, 개인의 품위, 안목, 정서적 반응, 업무에 임하는 일관성, 결단력, 투입하는 열정, 따뜻한 배려 등 편집 개인이 갖고 있는 특징이다.

외부환경은 편집이 처해 있는 환경을 가리킨다. 즉 각종 자원과 각종 관리수단의 개선과 조율의 정도 등이다. 환경은 편집이 성장하는 토양이라고 볼 수 있으며, 편집의 활동공간을 위해 조건과 발전의 기회를 마련해 줄 뿐더러, 편집활동에 대해 제약역할을 일으킨다.

본 논문은 생태인류학의 시각에서 편집이 성장하는 내외부 환경, 내지 환경이 편집에 대한 영향을 분석하고, 그리고 편집의 성장에 대해 유리하고 효과적인 제안을 제기한다.

1. 생태인류학의 기본적 관점

문화인류학에서, 생태 인류학 학파의 학자들은 인류군체와 환경간의 상호관계와 역할을 연구하기 위해 생태학으로부터 "생태"라는 개념을 도입했으며, 자연계를 상호 의존하는 각종 요소로 구성된 인터넷 시스템 혹은 생태 시스템으로 보았다. 이 학파는 다음과 같이 주장한다: 하나의 생태 시스템은 생물체의 사회-식물과 동물 및 기타 물질과 에너지가 생태시스템의 다양한 구성부분(비생물적인, 생물적인)에서 지속적으로 유동하고, 조직적인 방식으로 유동하면서 나타난 상호의존의 시스템이다. 이 시스템은 문화인류학 현상에 대한 연구에 두가지 역할을 일으켰다: 첫째, 임의 환경의 분석과 토론에 광범위하게 적용될 수 있다; 둘째, 생물체 및 물질환경간의 다이나믹한 연동관계를 탐색하는 데 이롭다. 때문에 생태인류학은 각종 연동관계 혹은 생태 시스템 관계에서 이론적 근거를 제공한다. 이제 토론

하게 될 "생태인류학 시각으로 보는 편집의 성장과 환경의 관계"는 생태 인류학 이론이 제 공하는 기본적 사고방식을 근거로 편집의 성장환경을 분석할 것이다. 이런 사고방향은 생 태인류학 시각에서 보는 편집의 성장환경특징을 탐색하는데 이로울 뿐더러, 이와 같은 "역 사문화 유전자"로 편집의 성장환경의 생태적 계승에 대한 기본적 상황 및 그의 뿌리와 근 거를 살펴볼 수 있다. 때문에 생태 인류학의 이론적 관점은 편집의 성장환경에 대한 토론 과 인지에 적합하다.

2. 생태 인류학 시각으로 보는 편집의 성장과 환경간의 관계

편집이 성장하는 내부 환경에서 보면, 한 사람이 태여나서부터 갖고 있던 각종 특징 은 편집업무의 강화에 따라 편집이 적합한 직업의 특징에 구현된다. 또한 이런 특징은 편 집의 업무 향상에 이롭다. 예로, 안목, 정서적 반응, 일관성 등은 편집의 연륜에 따라 높아 지게 된다.

하지만 편집의 정신적 특질은 외부환경과의 상호작용 관계에서, 포용을 바탕으로 한 화 합과 상생에서 분명하게 보여진다. 생태 인류학 시각에서 보면, 편집의 사회적 생태는 공생 적인 동적상호작용 관계의 특징을 가진 두루마리 그림을 말 할 수 있다. 편집은 이 두루마 리 그림에서 단계별로 역사문화를 겪으면서 조화롭게 지내는 습관을 들이고 정식화해 가 고, 심지어 특정된 환경속에서는 집단적 무의식 즉 편집의 게놈으로 되기까지 한다.

편집의 발전에 새로운 요소가 추가된다 할지라도, 이로부터 환경의 영향을 받고 진화론 생태학의 동화현상, 즉 하버드 대학 리차드·리 등의 학설 이론적 의미에서 보는 "동일현상-적응"의 결과를 가져오게 된다. 일부 편집들이 성장을 거듭할 수 있는 것은 환경포용정신의 역사 문화적 원인 혹은 "역사 문화 유전자"의 승계와 영향력 때문이라고 크게 볼 수 있다.

회하 남부에서 자라면 귤이고, 이북에서 자라면 탱자가 된다. 물종은 환경의 변화와 함 께 변화하고 인류 역시 마찬가지라는 것을 알 수 있다. 편집의 성장과 발전 역시, 내부와 외 부 다양한 요소의 제약을 받는 매우 복잡한 사회적 현상이다.

역사문화의 깊이를 갖고 있는 삼련(三聯), 상무(商務)등 전통이 있는 출판사의 경우, 출 판사 자체가 보유하고 있는 "역사 문화 유전자"가 편집에게 미치는 영향은 어마어마하다. 시장조사, 원고수집, 가공정리, 전체적 기획, 마케팅, 피드백 등에서 모두 양호한 승계와 몸 소 전수하는 교육이 있다. 작가팀의 구성, 도서 채널의 구축에서 모두 일맥상통한 모델을 보유하고 있고, 화합을 이룬 생태환경의 상생 상태를 갖고 있다. 편집들은 등급별로 다양한 업무분장과 협력이 있고, 다양한 성장공간을 갖고 있다. 이런 환경속에 있는 편집은 성장을 하지 않을 수가 없다. 반대로, 노하우가 쌓이지 않은 출판사의 경우, 경영진이 하루가 멀다 하게 바뀌고, 비전문인사나 행정경력의 간부가 임명되는 경우가 비일비재라서 업무는 썩은 물처럼 고여있고, 경력편집은 발전이 없으며, 젊은 편집은 미래를 볼 수 없다. 이런 환경은 역사 문화 유전자의 변이와 다를 바 없고 편집의 성장은 더욱 운운할수가 없는 환경이다.

3. 환경이 편집의 성장에 대한 중요성

미국 하버드 대학의 윌리엄·제임스 교수의 연구에 따르면, 동기부여가 부족한 환경에서 인간의 잠재력은 아주 적은 부분인 20%-30%만, 즉 밥그릇 유지 가능 정도로만 동원이 된다. 하지만 양호한 동기부여환경에서 똑같은 사람들이지만 80%-90%의 잠재력이 동원될 수 있다. 때문에 양호한 환경은 편집의 능률화, 성장에 힘을 실어줄 수 있는 이상적인 상태라고 할 수 있다. 양호한 환경이란, 과학적인 경쟁표준, 합리한 규정제도, 적극적이고 공정한 양성경쟁이 가능한 환경을 말한다. 이것은 편집이 성장하는 양호한 환경이 표준이고, 동기부여 체제를 완비시키고, 개인의 가치가 실적을 통해 충분히 보여지면서 그의 적극성을 유발시키는 것을 뜻한다.

덕과 재능에 따라 인재를 등용하고, 모두가 그 재능을 다하여 화합과 상생의 양호한 생태환경을 조성해야 만이 편집의 건전한 성장과 양호한 발전을 촉진할 수 있다. 마찬가지로, 편집의 건전한 성장은 환경의 양성발전을 촉진하면서, "역사 문화 유전자"의 개선을 촉진할 수 있다.

참고문헌

[1] 루화건(盧華根), "浅议编辑人才的成长环境", 《编辑人才论——中国编辑学会第十一届学术年会论文集》, 창사, 湖南人民出版社, 2006년

[2] 장잉핑(張穎平), "优化人才成长组织环境的重要性", 《云南电大学报》 2004 (9).

[3] (미국)F.플로그, D.G.베이츠. "文化演进与人类行为", 선양, 辽宁人民出版社, 1988.105.

现代编辑领军人成长初探

人才是先进生产力和先进文化的重要创造者和传播者。古往今来，安邦治国也好，企业竞争也罢，唯人才是重。同理，要实现社会主义出版强国的伟大目标，离不开人才，尤其离不开现代编辑领军人。

一、概念

现代编辑领军人是指这样一群人，他们是出版单位和编辑策划机构的负责人，如复旦大学出版社社长贺圣遂、生活·读书·新知三联书店总编辑李昕等；他们是打造编辑团队卓有成效的编辑室负责人；他们是承担重大出版物，取得良好效果的负责人；他们是具有创新精神、优秀出版物的策划人……总之，他们敬业、敏锐、博学、创新。他们是文化的发掘者、传承者，他们业务知识扎实，理论素养深厚。在出版领域颇有建树，他们是新闻出版业的领头羊，他们以自己的不懈努力撑起了中国出版业的大厦。

二、成长之道

1.必备素质

尽管现代编辑领军人各有各的成长之道，但无一例外，他们都对编辑工作热爱至狂，对编辑业务烂熟于胸，耐得住寂寞，吃得了苦，在编辑工作领域寻寻觅觅、于上下求索中有所为有所得。

（1）热爱，是做好任何一项工作的前提。

做好编辑工作尤其需要满心热爱。编辑工作面对的书是人类文明、文化、思想、道德等一切修养的结晶，如果没有一种对文明天性的憧憬和信仰，没有一种对文化非功利的、非实用的敬仰和热爱，没有一种对思想的虔诚和感动，怎么能做好编辑工作？更不用说能做出大的成绩。举凡优秀的现代编辑领军人对编辑工作都是有着一种近乎偏执的热爱，因此，他们百般努力、不离不弃，终至于有所成。

（2）现代编辑领军人必是坚韧的。

"坚韧是成功的一大要素，只要在门上敲得够久够大声，终会把人唤醒的。"面对编辑工作的琐细繁杂，如果没有一种锲而不舍的追求，没有一种始终如一的坚持，面对人类浩瀚的文明成果，没有一种沙里澄金的耐心与执著，是不可能几十年如一日地坚持下来，而编辑工作必得有这一份坚持与积累，否则，只会在门外徘徊，难得其中一味。

（3）娴熟的业务水平是现代编辑领军人的看家本领。

编辑家贺圣遂说，编辑工作是门手艺活，这个行当是要有动手能力的人才能做的。编辑工作的技术性非常强，对文字加工、图表的处理、知识准确性的把握以及对版式、美术设计、纸质材料的选择，都要有熟练的技能，而这又非一日之功，是需要长期的不断学习、不断积累与探索的。

（4）要成长为现代编辑领军人，还要不停地在工作中思考创新。

去山西人民印业有限公司参观，这家公司在全国百名印刷厂排名中位，列20名左右，邀请做出很多漂亮活的工艺室的主任介绍经验时，他轻描淡写地说了一句话：我也没什么，主要是时间长一点，自己也爱琢磨点东西。这句话最让我感动，时间长一点，就熟能生巧了，爱琢磨，也就是思考钻研，简单一句话，揭示了一个深刻的道理，做好任何工作都一样，都需要积累和思考。也就是带着脑袋不停地干，什么工作都能干好。

编辑工作也一样，没有思考和创造力，怎么能从知识海洋中挑选出最好的成果，怎么能将其以独特的方式呈现传播给世界，怎么能得到欢迎和认可？

所谓思考，不是师傅传授什么就是什么，还要明白为什么，如果常常止于是什么，不明白来龙去脉，只是浮在表面，没有深入下去，这样不追根究底，很难摸到编辑工作脉络，更谈不上了解。只有穷尽细微，不仅知其然，还要知其所以然，才能不断进步。

所谓创新，不破不立，就是在固有的基础上学习新的知识和技能。编辑出版工作不断有新的规定和形势要求，需要不断学习创新。

2. 良好传承

传承，传是指编辑人才培养的一种方式；传帮带，承是承接，承上启下，环环相扣，不可断链。

编辑工作是门手艺活，所有手艺活都有一个特点，师徒相授。图书出版是一种具体的操作性的精神劳动，是经验性的产业。靠的是经验，而经验获得的快捷途径是师傅带徒弟，代代相传，生生不息。只有良好的传承，后来人才能在前辈的基础上，加上自己的努力，成为现代编辑领军人。

某地方出版社，社小人少，经过建社 20 多年的发展，在当前出版不景气的局势下，生存命脉不关乎编辑，而是维系在已有教材的维护上，资源依赖的同时也受到了资源诅咒。越来越不重视编辑工作，老编辑退休了，年龄大的编辑也得不到重视，尽管也意识到了人才的重要性，从高校招进一批年轻的研究生，但年轻人初入行，没有老师手把手地教，任其自由成长，可以预见，新编辑成长为现代编辑领军人的概率太小了。长此以往，人才成长缓慢，社将不社。

反之，复旦大学出版社的编辑工作室是分房间的，一个房间两个人，一位老编辑和一名年轻编辑，年轻人跟着对面的老编辑学，看他怎么编稿，有问题开口就问，看他怎么回答。

有这样一种良好的传授机制，当然可以手把手地培养出好的编辑，有这样一个有效的编辑成长机制，也就难怪上海复旦大学出版社发展得顺风顺水，日新月异。

3. 适宜的环境

《晏子春秋·杂下之十》："婴闻之：橘生淮南则为橘，生于淮北则为枳，叶徒相似，其实味不同。所以然者何？水土异也。" 环境对于人才的成长非常重要，可以说起着决定性作用。同样，现代编辑领军人的成长也离不开适宜的成长环境。

环境包括企业文化氛围和人才的培养、使用机制。只有营造一个尊重知识、尊重编辑的文化氛围才能孕育出现代编辑领军人。

培养的重要性显而易见，这一点相对来说也容易做到。各出版单位也是争相效仿，各出奇招，为了留住人而努力。但使用就不那么好办了。因素比较多，如果大的环境不好，那么很难做到合理使用人才，现代编辑领军人的成长也便困难重重。

三、案例与结论

山西经济出版社是一个小型地方专业出版社，尽管是小社，但因为特色鲜明，第一代社长陈宇华是一个优秀的策划出版人，他策划了《当代中国经济学家文丛》，带领着一批严谨认真的老编辑共编辑出版了 59 种，几乎将当时有影响的经济学家尽数囊括其中，不啻在经济学界竖起一座学术的丰碑。其中《孙冶方选集》《薛暮桥选集》等书为出版社赢得了连续三届国家图书奖，有品牌书立社，有杰出的出版人才支撑，山西经济出版社在业届和经济学届产生了一定的影响，赢得了良好的口碑。

但随着形势发展、机构变革、人员变动，山西经济出版社如今渐渐被历史湮没。

首先是缺乏陈宇华社长那样的现代编辑领军人，其次是缺乏一种氛围，山西经济出版社编辑地位屈居行政之后，编辑们工作不安心，摇摆不定，眼睛盯着行政岗位。一有机会，就想到行政岗位。目前，一位编辑到了质检中心，一位编辑到了样书室。列席社委会的有办公室、财务科、编办，均是行政部门，所以行政部门风生水起，编辑部门忍气吞声，逆来顺受。日久，形成恶性循环，编辑工作更无起色。大家只好八仙过海，各显神通，能调的调走，调不走的调整岗位。建社二十多年得到良好传承的老编辑走失殆尽，于是，人才面临青黄不接的困境。也有那样一个编辑，出身编辑世家，从小怀揣着编辑梦，满心欢喜、满腔热情投身编辑职业，在发行部工作一年，又经过校对训练，同时又得到良好的传承，二十年如一日地坚守着做编辑的梦想，凭着那份坚韧，兢兢业业地编辑出版了 300 多种书，获得了各种奖项 100 多种，但最终还是被山西的大环境和出版社的小环境所伤，得不到合理的使用，面临着流失。

　　这只是一个个案，不能代表什么，但是窥一斑而见全豹，从中可以看出现代编辑领军人的重要性，真是成也萧何，败也萧何。只有优化环境，重视现代编辑领军人的培养，才能拯救出版社，才能挖掘传承优秀文化，才能出版传世之作。而现代编辑领军人的成长，需要适宜的环境，需要良好的传承，需要具有编辑特质的优秀人才。

　　在当今新的时代，我们同样以满腔热情呼唤着创设一个良好的环境，期待着成长一批现代编辑领军人，盼望着出版业的兴盛发达。相信，这不只是一个梦想，终究会成为现实。

对编辑培养模式的调查与建议

出版行业的重要使命是传播社会主义先进文化、助力社会发展，而编辑是出版行业的文化主体和创意主体，编辑强则出版兴。编辑只有经过培养，才能成为实力强大的编辑。可是，怎样培养编辑才能使之强大呢？本文通过对几种培养模式的调查、比较与分析，提出建议，以期对编辑培养工作有所启迪。

一、编辑培养的三种模式

笔者调查了三个出版社的编辑机制及培养情况，综述如下。

模式一：

A出版社，对新编辑实行批量培养，责成义务的培养人——一个中层干部，负责新编辑的培养工作。集中学习，集中培训，半年后集中上岗。培训的知识都是一般编辑知识和企业文化等。新编辑和中层干部的工作几乎不搭界，各做各的工作，各编各的书。另外，社内老编辑获得编审资格的，可以退居二线，不再按一线编辑考核，而是相对轻松地专事审稿或者抽检稿件质量，是谓编审委员。编审委员和编辑会有更多的交流，如果新编辑主动去请教，会得到某种程度的传承。但没有专人专事培养年轻编辑的机制。

模式二：

B出版社，对编辑培养实行导师制。有编审资格的编辑可以做导师，导师会减免一定的考核任务，在无后顾之忧的情况下全力培养新编辑。新编辑被指定的导师带领着，一对一，面对面，手把手地教，脚踏实地地一步步学起。同时，新编辑根据不同的情况有不同的任务指标。考核中新编辑的任务完成情况与导师挂钩，以激励导师全方位地使出浑身解数地教授徒弟。新编辑在主动被动地感受着、学习着编辑知识与企业文化。

模式三：

C出版社，新编辑直接上岗，出版社直接压任务、定指标。新编辑直接走上一线，着手编辑图书，组稿、编辑、营销，事事在懵懵懂懂中摸索着亲力亲为。在一线边干边问边学，干中学，学中干，跌跌撞撞地成长。新编辑和老编辑工作完成不搭界，而且是竞争的关系。老编辑任务很重，为完成自己身上的任务，只好守住自己的资源，做自己的书。取得编审资格，任务便是最重的，但没有机制让他们走下一线，他们只好守着自己的资源，做着力所能及的事。无论编辑知识，还是企业文化，根本谈不到传承。

二、共同做法与特色比较

三种培养方法，共同的做法是都有新编辑的培养方式方法，新编辑都要经过学习，经过努力，最后成为出版社的生产力。

不同的是：

A 出版社的批量培养，优点是可以在短时间得到大量的生产力，可能给出版社以暂时的成绩。但是培养不能因人而异，因材施教，编辑培养过程中的统一性又有一定的局限，容易导致编辑工作中形成个人短板。承担培养任务者的单一性也易致编辑得不到全方位的培养。况且培养者本身有任务，力不从心，不能全力以赴。这种方式容易使新编辑千人一面，所获编辑知识面狭窄、有缺陷、有偏颇。

这样的出版社看似有一定的培养机制，实际上还是有所偏失。新编辑无法触摸到太多具体的编辑内容，对于不同书稿的处理，对于组稿的种种情况，对于宣传营销的不同方案，对于编辑工作方法不会有太多的积累，工作中会力不从心，有所失误。他们的成长道路会坎坷不平。

这样的环境下，老编辑在退居二线后，工作没有压力了，在审稿或者抽检中发现问题，会愿意与新编辑交流，会对新编辑有所指导。单位拥有这样一些编审委员，是业务权威，是答疑解惑者，某种程度上对新编辑来说是一种幸运。

这样的出版社，相对比较和谐，新老编辑基本上各安其位，各尽所能。企业文化能得到某种程度的传播和优化，但对于出版社的发展还是利弊参半的。

B出版社的导师制，导师言传身教，编辑耳濡目染，可以得到扎实的编辑知识和工作方法，从而形成良好的工作作风。而且，编辑工作是个手艺活，手艺活的传承特点是要师徒相授的。从组稿来说，导师会将他的作者关系传承下来；从编稿来说，导师会将各种不同的处理书稿的方式方法传授下来；从宣传营销来说，导师会将他的渠道和人脉关系传承下来。另外，工作方法、工作态度都会有一种良好的传承。一位编辑毫无保留地给年轻编辑传授他的一切，这里面固然有对于导师的合理的待遇机制在起作用，有对导师的尊重及价值认可在起作用，但更多的是一种传承，一种对于编辑专业的精神传承和业务传承。这样一代代地传承，会使已有品牌得到维护，会使企业文化得以强化，会助力企业发展。

这样的新编辑是幸运的，他们能得到悉心的呵护，耐心的培养，全面的传授。他们会浸润在优厚的出版文化中，享受其积淀，并进一步加深其积淀。按部就班，掌握编辑知识，培养自身的工匠精神，他们的成长道路会一帆风顺。假以时日，他们会成长为优秀的编辑。

这样的老编辑价值是得到承认的，有一个舒畅的环境，得以运用自己的积累去创造更多的效益，为企业、为行业做出更多的贡献。

这样的出版社是和谐的，新老编辑融洽相处，长幼有序，形成了良好的社风。有一种好的企业文化，有一个好的工作环境，有一群努力工作的人，无疑，出版社会得到长足的发展。

C 出版社的直接上岗，短期内看，好处很多，节省了培训成本，直接可以看到效益，但是拉下的课总是会补的，这样的新编辑得到的知识总是一鳞半爪，工作中会漏洞百出，四处埋雷。业务知识不系统、不扎实，而且没有一种良好的传承，全部是新开拓领域，工作中会有交叉，会在内部产生不良竞争。老编辑有的是资源，有的是经验，少的是精力和体力，但这种体制与机制让他们无法发挥优势，只能勉为其难地为完成任务而坚持。新老编辑之间是割裂的，无论是新编辑还是老编辑，生存状态都不好，都无法扬长避短。

这样的新编辑是最苦最难的。他们的成长之路也会是畸形的，为了完成任务指标，他们像没头的苍蝇一样四处去找包销书，拣到篮子中便是菜。根本不会考虑市场、不会考虑图书内容、不会考虑自己的方向，而只是沦为一个加工匠，但还培养不起加工匠的精神来，只能说是一个初级加工者。他们有疑问，无处去问；他们有难处，无处去说；他们有不解，无处可解。终日绕在这个初级加工的怪圈中打转转，转得晕头转向，一无所成。所出版图书质量不高，效益不好，问题百出，整天穷于应付。

　　这样的环境下老编辑也是最苦的。他们空有一身本领使不出来，空有一肚子资源不愿传承。为了完成任务，他们守着自己的资源，直到退休的那一天，任务指标都会压着他们。在压力大的情况下，他们不会有积极性，不会想太多，不会有太多的贡献。

　　这样的出版社目光短浅，员工关系不和谐，资源得不到传承，没有长远的发展，企业文化更是无从谈起，长此而往，企业会无立足之地。

三、启示与建议

　　上文给我们的启示是，不论社会怎么发展，不论行业竞争和企业竞争如何激烈，不论出版社生存环境如何恶劣，都要有长远的发展眼光，都要根据行业特点来有的放矢地制定新编辑的培训机制，并用配套的措施来保证培训机制的实现。务使各层次的编辑小有所学，老有所教，各安其位，和谐共处，务使好的工作方法与优良传统得以有效传承，务使编辑品牌文化得到全面发展，务使出版企业文化得到全方位的发扬光大，从而使出版社形成良好的生态环境，得到繁荣发展。根据以上的分析，本文提出以下建议：

　　1.根据编辑工作特点，创建传帮带的培养模式

　　这样的模式下，让老编辑心无旁骛地、毫无保留地传授工作方法、编辑知识、品牌文化、企业文化，让新编辑充满

激情、充满敬畏、开心快乐地在全面学习中成长、成熟。

2. 建立人才培养长效机制

让年轻编辑有成长的阶梯和路径，让老编辑有传承、有待遇。各安其位，各尽所能，各有发展。

3. 出版企业文化的传承是根本，是工作的黏合剂，是人与人的凝聚力，不可小视

企业文化搞好了，企业才会有大发展；反之，企业文化得不到发展，企业也便失去了根和魂。在编辑培养环节，更要注重出版企业文化的传承和发扬光大。

编辑培养最终的目的是得到编辑人才，发展出版企业，以人才保证企业的发展，以企业成就人才的成长。因此，探讨编辑培养的有效有益体制机制，具有重要意义。

出版传承之路

一、理想的种子

走上出版之路，有 30 年了。早在 1978 年，在小学生作文《我的理想》中，我便郑重其事地写下：我想当一名编辑。其时，对编辑的概念仅限于对爸爸的印象。

爸爸是一名编辑，当时还拥有记者证，别人对爸爸仰慕的目光深深刻在我心里。小时候，爸爸和妈妈两地分居，我们随妈妈生活在老家，而爸爸大学毕业后便分配在山西人民出版社当编辑。中秋、过年一年二度的相聚，爸爸在我心目中是神一样的存在，他总是穿着蓝色的中山服，风纪扣扣得紧紧的，挺拔干净。他总是笑眯眯的，他会读书，他会讲故事，他会让我们猜谜语，他会带回来红红绿绿玻璃纸包着的糖果，会带回来香甜软糯的草纸糕，更会带回来《少年儿童》《苦菜花》等很多的书。那些年、那些书，在我面前展开了一个新奇的大世界，让我痴迷不已。不多的几本书，我总是爱不释手，翻来覆去地看。于是，很小，我就想做像爸爸一样的人，我想当一名编辑。

二、职业的追随

1992 年大学毕业，其时，出版社规模渐大，逐渐分出许多的专业出版社，各个出版社也正需要人。爸爸在开会的间隙同当时山西经济出版社的社长陈宇华先生说，女儿大学毕业了，能不能来你们社当编辑？陈社长问："就是那个不睡觉的姑娘？""是的。""那好，来吧。"这里面有个缘由：我家同陈社长家对楼而居，我的卧室窗口和他的书房窗口相对，每当他审稿至深夜，总是看到我的窗口亮着。有一次他奇怪地问我爸，你家谁了，半夜都不睡觉？爸爸说，大女儿喜欢看书，睡得晚。我从小嗜爱书，随爸爸落实知识分子政策进城后，如饥似渴地看书，基本都是楼上最后一个关灯的。有时候甚至会看到天亮。那时候，山西出版界出版的图书我都要过一遍，还将零花钱全部拿去书店买书。因此，在很多人的眼中我便成了"不睡觉的姑娘"。陈社长便是看着我"不睡觉"，看着我考上重点高中，看着我考上大学，因此，他甚至都没考虑，更没有经过现在的考试、面试等环节，便一口应承。第二天我便到山西经济出版社报到了，如愿以偿地成为一名编辑。

三、成长的轨迹

终于实现了自己的愿望，从事了自己心仪的工作，我真的是欣喜若狂，同时又诚惶诚恐，小心从事。我要给接受我的陈社长脸上争光，我要给爸爸脸上争光。

每天早上不到上班时间便进了办公室，打扫卫生，打好水后便赶紧坐下来看稿子。编辑室主任分配的校对任务，我怕自己做不好，便加班加点悄悄地看两三遍，然后去交任务，谎称说，我只看了一遍，如果看得不好，我再看。这样，常常得到表扬："看得很细。"于是，便在一阵窃喜中干劲更足了。回家后，缠着爸爸请教，怎么校对，怎么组稿？更有爸爸的同事、身边的叔叔阿姨，他们总是视我如同己出，倾囊相授自己的经验和工作的办法。

我是幸运的，可以站在前辈的肩膀上前行。爸爸会给我讲组稿的经历，会给我介绍作者。同时，在单位，没稿源，陈社长会给我介绍作者。不知道怎么去组稿，李国维总编辑告诉我，要同相关专业的研究机构多联系。一次，要组织一部吉祥图案的书稿，李总编告诉我去找群众艺术馆，我去了省群艺馆办公室，递上名片，说明来意，办公室一位同志说，我们这儿有一个人特别爱写，也有很多的资料，你等等，我帮你介绍。后来，一个胖胖的女同志进来了，"吕宏，这是出版社的，你们去谈谈。"于是，吕宏将我领到她的办公室，我看了她积累的大量资料，又聊了我的想法，一部书稿就这样约好了，后来，她成了我的好朋友，也是我的重要作者。

当然，更多的是失败的经历。有一次去山西财经大学，兴冲冲地组织回来《经纪人丛书》，社里一讨论，不出版，只好再灰溜溜地去退稿。还有去省会计学会，不予接待。真的是走得路多了，什么风景都会看到。但什么都阻止不了我火一样的热情，去见作者，门外一等就是三小时；去改稿子，一不小心天便亮了，看着陪着我的排版人员，很感动。

还要面对生活和工作的二难选择，随着结婚生子，生活琐事多如牛毛，尽管有爸妈的支持和帮助，仍然经常面对许多纠结的时候。孩子过六一儿童节，可我正在赶稿，会议用书在即，分秒必争。只好将孩子托付给同学，托付给同事，面对意兴阑珊的孩子，我总是心存愧疚。但面对心爱的工作，又总是故态复萌、死不悔改。

四、出版的传承

30年过去了，也不过回首一瞬间。初心不改，依然热爱着，不觉时已到了领导岗位，应该放慢脚步。但仍然想着选题，做着书，开着发布会，在书香中忙碌不息。尽管有时候，回首看，工作几十年，几乎没有休息时间，全部用在了工作上，似乎单调，但编辑了很多的书稿，认识了很多的优秀作者。谈笑有鸿儒，往来无白丁。自己也修成了文化人气质，一切的付出总是值得。走过了"衣带渐宽终不悔，为伊消得人憔悴"的阶段，步入了"蓦然回首，那人却在灯火阑珊处"的欣喜境界。每年会有很多的获奖书，每年经济效益第一，每年年终总结站到集团的领奖台上，可以坦然面对下面坐着的父辈们。

听到老编辑感慨：你生下来就是为了出版工作的。好像这话也对，爸爸生我就是为了这样一种传承，出版界一代一代的也是在不断传承，不断发展。

这时候，做一辈子出版工作的父亲退休经年了，我便动念给父亲出一本书。为了表达对父亲的爱，为了展示他的成绩，为了表达我们一脉相承对出版的爱，为了使出浑身解数做一本漂亮的书，以检验一下自己的编辑水平。为了留存经验与教训以资借鉴，为了留存一段回忆。同时，也回应了俄国著名诗人普希金的话：人人都应该写一本属于自己的书。书出版了，索书者众，销售尚可，受到各方好评的时候，我也很欣慰，终于不再惶恐地害怕为父辈们丢脸。

30 年，经历了出版社从事业到企业的转变，经历了出版社分分合合的动荡，从少不更事的小编辑成长为出版社的领导，从助理编辑走到编审，但不管什么情况下，不变的是对于书的热爱，对于文化传承的热衷，对于工作的执着。

最痛苦的时候是，大家一窝蜂地关注经济效益，而社会效益的书因为周期长，费劲，显效慢，备受冷落，但我已经形成了自己的书稿判断标准，习惯了这种思维方式，依然做着文化积累的工作，即便因此而经济受损也依然乐此不疲。好在，现在回归了，社会效益成了首要的考核指标，我关注的图书受到了重视，宣传文化发展专项资金来了，国家出版基金来了，走出去项目来了……我劲头更足了。

一早上，收到作者微信："在您的精心编辑下，我对出版的书很满意。特别是对您的文字功夫、敬业精神感佩颇深。我们还会合作的。"这样的作者很多，其实，我更感谢他们提供了心血之作，让我在编学相长中，总是沉浸在提升的愉悦中。

　　始终认为，出版工作是天下最美的职业。而要做好这项工作，要有不改的初心，要有不断的学习，要有执着的追随，要有不减的热情。

　　出版人当从入职培训开始，培养对职业的热爱；从业务培训开始，培养做好工作的能力；从工作模式入手，形成一种传承机制，让出版的接力棒，一代一代往下传。在传承的基础上，不断提升，不断优化。

优秀编辑成长初探

新中国成立70年，风起云涌，出版的变化、编辑工作的变化让人目不暇接。但万变不离其宗，优秀人才是任何时候都需要的，发展更是呼唤人才。另一方面，人才常有，而伯乐不常有。尤其在当前面对百年未有之大变局的情况下，出版编辑人才更会前赴后继，不断涌现。引领行业者有之，潜心研究者有之，行业要发展，离不开人才，离不开引领者，也离不开筑基者。下面，通过对案例的介绍，分析编辑人才成长的特点，总结规律，为人才培养提供借鉴。

一、案例

编辑A，编审，某出版社副总编辑，山西省四个一批人才。1992年入职，一直坚守在编辑岗位上，编辑出版图书500多种，获奖100多个，包括中华优秀出版物奖、全国畅销书奖、原创出版工程，承担国家出版基金项目、规划教材等，省内重点项目更是每年都有。

她出生于编辑世家，从小就有着对编辑职业的憧憬。在她心目中，父亲那样的编辑职业好体面、好神气，一身蓝色的中山装，风纪扣总是系着，轻言慢语，笑眯眯的，什么问题都能解决。他带着记者证出去工作，常常引来别人艳羡的目光，俨然是知识的代表。父亲还会带给她很多好看的书，为她打开一个神奇的世界，于是，在她心里种下了想当编辑的种子。小学时便在作文中写道：长大了，我要当一名编辑。1992 年，她大学毕业。其时，经济编辑室从总社分出来，成立了山西经济出版社，社长是宿舍院对面楼上的陈宇华先生。A 房间的窗户对着陈宇华先生书房的窗户，A 每天做完作业要看闲书，得父亲工作的便利，省内各出版社出的书都要拿来看，因此，A 从来不会早睡。陈宇华先生看稿也往往到深夜，大概总看到对楼 A 家有一个窗户亮着，有一次问 A 父亲，你家那是谁，半夜都不睡觉？ A 父亲说："大女儿喜欢看书，睡得晚。"后来随着 A 考上省城重点高中，大概在 A 父亲的同事们眼中，A 属于那种爱学习的人。大学毕业在即，A 父亲问陈宇华社长，"女儿毕业了，能不能去你那儿？"陈社长说："就是那个不睡觉的姑娘？""是的。""那好，来吧。"就这么简单，A 走上了梦寐以求的工作岗位。这种用人机制似乎有些草率，但不可否认，这也是一种特殊方式。A 非常珍惜这份工作，因为这是 A 多少年心心念念的梦想。另外，害怕给引领 A 进出版社的陈社长丢脸，害怕在低头不见抬头见的父辈面前丢父亲的脸，自工作后便始终勤奋努力，转眼就是 30 年。连年年底表彰会上，披上大红绶带为的是让台下的父辈们看，为的是让他们自豪。其时，平时加班的苦和累，工作的煎熬都被他们欣慰的神情掩盖了。

A入职后，先去下乡扶贫一年，体会到了农村生活和工作的不易。农村工作的复杂性，也锤炼了她对环境的适应能力和对问题的处理能力。回到单位做编辑，比在农村舒适多了，便更加珍惜这份工作。坐在办公室看主任安排的稿件，加班加点，一遍又一遍，反复地推敲琢磨，会偷偷看好几遍，然后告诉主任，她就看了一遍。主任会手把手地教怎么改稿子，怎么处理问题。她如鱼得水，积极地汲取着编辑知识、耐心地看稿子，积累着自己的工作经验，增强着编辑力。其时，出版社是企业管理的事业单位，对编辑考核经济效益，年终有超额奖金。编辑既要策划好的书稿，还要考虑发行码洋。入职后最初的几年，A是没有年终奖金的。虽然郁闷，但技不如人，除了努力，又能奈几何？苦也罢，累也罢，钱少也罢，从没想过要放弃，因为喜欢的事自然可以坚持，不喜欢的怎么也长久不了。

当时上班时间没铃声，也没规定，A看大家都不早到单位，早饭后，也不着急。但一辈子生活节奏感强的A父亲不干了，一到7点半，就催A"赶紧走，干啥就要有个啥样。不要管别人，你每天要按时上班。"逼着A养成了一辈子按时上班的习惯。每天等A打扫完卫生，同事们陆续来了，打个招呼，各看各的书稿。单位偶尔会有业务培训，但很少，也不固定。基本上就是"前辈教＋自己学"摸索着做工作。

人家说，鸭子的儿子会浮水。其实是一有时间A就请教父亲编辑工作，而父亲自然是不遗余力手把手地教。为 A 介绍作者，讲解编辑案例，改稿子给 A 看。再加上自己喜欢这份工作，就这样，A 涵泳其中，不能自拔，加班加点，不眠不休地工作着。好强的 A，孜孜矻矻，就是为了保持每年社会效益和经济效益社内第一。但工作 8 年后，为成立集团作准备，2000 年小社并入大社，人事基本不动，包括 A 在内的年轻人没有机会走上新的平台。直到 2007 年又分开，A 才走上了中层岗位。紧接着，集团用人导向有问题，A 便在主任岗位上一待就是 11 年。她兢兢业业，十年如一日地对待自己的工作，努力让编辑室就像一家人，保持着先进编辑室的荣誉。直到集团董事长被抓，拨乱反正后，A 才走上了副总编辑岗位。

自此，A 如鱼得水，将编辑业务管理得风生水起，一手抓编辑培训，一手抓业务工作。成效显著，有口皆碑。

二、成长之因

1. 由衷的喜欢

兴趣是一个人最好的老师。尽管优秀人才各有各的成长之道，但无一例外，他们都对所从事的工作热爱至狂，耐得住寂寞，吃得了苦，在编辑工作领域寻寻觅觅、于上下求索中有所为有所得。

热爱，是做好任何一项工作的前提，更何况是编辑工作。

编辑工作面对的书是人类文明、文化、思想、道德等一切修养的结晶，如果没有一种对文明天性的憧憬和信仰，没有一种对文化非功利的、非实用的敬仰和热爱，没有一种对思想的虔诚和感动，怎么能做好编辑工作？更不用说能做出大的成绩。举凡优秀的编辑对工作都是有着一种近乎偏执的热爱，因此，他们百般努力、不离不弃，终至于有所成。

案例中 A 如果没有对编辑工作的热爱和憧憬，又怎么能耐得住寂寞，始终如一，坚守编辑岗位呢？尤其在编辑岗位上 15 年原地踏步尚能热情不减，始终如一。

2. 良好的传承

传承，传是指编辑人才培养的一种方式；承是承接，承上启下，环环相扣，不可断链。

编辑工作是门手艺活，所有手艺活都有一个特点，师徒相授。尤其看重传承。图书出版是一种具体的操作性的精神劳动，是经验性的产业。靠的是经验，而经验是师傅带徒弟带出来的，代代相传，生生不息。只有良好的传承，后来人才能在前辈的基础上，加上自己的努力，成为优秀编辑。

在《著名美籍华裔科学家的来源、构成及原因初探》中提出，一个学者需要一个家庭或家族数代人、上百年的接力，且多数人需要父系、母系双方的接力。这种接力，既是经济的积累，更是文化的薪传；既是先天、遗传的，更是后天营造的，包括人脉的构建。

在 A 的编辑生涯中，不可否认 A 父亲的领路作用，这种作用既有业务上的传承，又有精神上的传承，这种传承的作用因素是多方面的、全方位的。从多个支撑点上起到薪火相传的联系。包括理想的树立、职业的追寻、方法的引领等。

3. 适宜的环境

《晏子春秋·杂下之十》："婴闻之：橘生淮南则为橘，生于淮北则为枳，叶徒相似，其实味不同。所以然者何？水土异也。"环境对于人才的成长非常重要，可以说起着决定性作用。同样，优秀人才的成长离不开适宜的环境。

环境包括企业文化氛围和人才的培养、使用机制。只有营造一个尊重知识、尊重编辑的文化氛围才能孕育出优秀编辑人才。

如果 A 能得到很好的使用，大概其发挥的作用要大得多。某种程度上说，培养的重要性显而易见，但这一点相对来说也容易做到。难的是对人才使用，所以伯乐才显得难得而重要。凸显人才重要性，保持人才培养相对稳定的环境，是一个企业可持续发展的根本保障。

三、结论

在人才的引进上，不需要强求唯学历论，尽管人人都知道，但是这是一条操作性很强的指标，因此举凡出版社招人，很少有像之前用人，觉得需要就用，而是设置一系列条件，要走一系列的程序，这样招来的人并不稳定，留人是个很大的问题。现在的领导哪个人还有这样的魄力，看中就用，恐怕这样的领导凤毛麟角了。这样用人是有风险的。为了明哲保身，就需要一系列程序作保，程序走到了，即便有问题，也可推责。事实上，程序之下，也有很大空间运作。更何况，唯条件、唯程序用人本身就有所偏颇。

在人才的培养上，大家都希望拿来就用，很少有自己培养人的耐心和准备，因此人才显得用时不足。好多地方、单位都是需要人才了，才去千方百计挖，开出各种优惠条件，形成恶性竞争。但这样挖来的人职业忠诚度并不高，因此很难留得住。长效机制的不足、考核机制的短期效应都是问题。如果在人才的培养上，也能够像选题计划一样，有机制有规划，相信人才的培养使用会好很多。十年树木，百年树人。右玉树木，尚且需要十几任县委书记一任接着一任干，久久为功。树人，更需要一种持久的机制与耐心。

在人才的使用上，之前更多的是论资排辈，后来提倡使用年轻人，仿佛年龄控制是风险最小、可操作性最强的一种办法。什么时候真正能以成绩论英雄，发展也就不成问题了。窃以为，要建立人才使用梯度机制，不断激发其工作热情，同时，让每个人在不同的更适宜的岗位最大限度地发挥自己的作用，才会产生最大效益。

出版行业发展到今天，编辑的职能一直在变化，以至于职业的荣誉感降低了，尽管是大势所趋，但优秀的编辑因子应该得到传承和发扬。而优秀编辑总是稀缺资源，就像大熊猫一样应该得到呵护，需要从环境、机制、培养、使用等各方面精心对待人才。这样，才会迎来人才成长的春天，才会迎来出版的蓬勃发展。

如何打造国家级重大出版项目

——以《中国长江流域经济发展研究》为例

国家级重大出版项目，区别于一般出版项目，它有自己特定的含义和特殊的要求，有不同的出版流程、不同的出版重点，因此，在编辑出版工作中，具有特殊性。因为它的重要性，做好国家级重大出版项目值得多加探讨。

下面，我将以自己策划出版的国家出版基金项目《中国长江流域经济发展研究》为例，探索如何打造国家级重大出版项目。

一、何谓国家级重大出版项目

国家级重大出版项目，是站在国家的高度，关乎国家文化发展的出版项目，是和中国特色社会主义伟大事业紧密联系的。

国家级重大出版项目具体包括几类：一是国家重大规划项目，如"十三五"重大出版规划项目、新闻出版产业发展项目库项目、国家重大专项出版工程等。二是重大奖项备选项目，如国家出版界三大奖及各类重要专项奖等。三是各类基金支持项目，如国家出版基金项目及其他基金项目等。四是重大时间节点献礼项目，如迎接十八大、十九大献礼项目，其他重要时间节点重要项目，改革开放 40 年、新中国成立 70 周年等。

二、国家级重大出版项目的出版流程

国家级重大出版项目，从选题、组稿、编辑、印刷、宣传营销方面都与一般图书有所区别。

（一）选题策划

在选题策划中，要关注新闻时事，对国家重大政治、经济战略要熟悉了解。当我看到《促进中部地区崛起"十三五"规划》中"三大战略"——"一带一路"建设、京津冀协同发展、长江经济带发展时，便想到"一带一路"建设刚刚起步，而长江经济带发展得很有成效，这时如果能总结长江经济带发展的方法和措施、经验和教训，就可以为"一带一路"建设提供借鉴。出版一部《中国长江流域经济发展研究》应当说是适逢其时，这样的选题属于重大出版项目，可以考虑申请国家出版基金资助。

（二）组稿

选题确定后，就要找作者。关于长江流域经济研究的作者，先查类似的选题，查找到了国内外第一部长达142万字的《中国长江下游经济发展史》，曾风行一时，版权输出到英、美等十几个国家。作者张学恕先生长期致力于长江经济研究，有"长江立传第一人"之称。这应该是最合适的作者，有高度有深度，得到业界认可。只是，时过境迁，他应该高龄，不知道能不能胜任这部书的写作工作。查资料得知，他是江苏省委党校的教授。于是，找我认识的江苏省委党校的作者介绍。就这样，找到张学恕先生。一番深聊，相见恨晚。张先生一生研究长江经济，积累了很多的资料，退休后仍然活跃在研究一线，并且不断有相关长江经济研究的文章发表，同时也在构思准备出版这样一部著作。我们一拍即合，确定了张先生是此书的最佳人选。同张先生商定了此书分上中下三卷，对古代、近代、当代长江经济流域作一个全方位系统的研究。三部书稿尽量篇幅一致，但要对长江流域发展的突出时期浓墨重彩。

作者专心写稿，成熟一部，给我一部。厚厚的手稿寄给我，先录入，再校对，然后开始申报各种项目，请教授写推荐意见。工作紧锣密鼓地进行着，最终一切顺风顺水，如愿以偿，申报得到国家出版基金资助。工作的每一个环节、每一点进展都要及时地与作者沟通，有问题共同商量，有成绩共同庆祝。

（三）编辑

国家出版基金项目要求比较细，需要成立项目组，分工合作，完成项目要求的工作。项目组成员包括责任编辑、美术编辑、校对人员、财务、印制、发行营销人员等。

1. 制定相关制度

诸如《关于国家出版基金资助项目〈中国长江流域经济发展研究〉廉洁保障制度》《关于国家出版基金资助项目〈中国长江流域经济发展研究〉资金使用管理办法》《关于国家出版基金资助项目〈中国长江流域经济发展研究〉的项目进度质量保障措施》等。

2. 指定责任编辑

一书一责任编辑。三位责任编辑还要有良好的沟通协调。需要交叉看稿子，以对整套书有一个良好的整体把握。同时可以避免一人看稿易产生习惯性错误、易力不从心的情况。

3. 安排装帧设计

将书稿基本内容的简介、封面上用的广告语一并提交美术编辑。

4. 安排校对人员，以保证校对质量

作为策划者，作为组织者，我要全面整体协调每一个环节每一件事，但同时，我也要审稿，为的是把握书稿的内容质量，为的是发现处理一些共性的问题，为的是更好地指导责任编辑完成编辑任务。

　　我在审稿的过程中，发现存在一些问题，需要着力加以解决：

　　一是涉及大量历史纪年，后面括注公元纪年时，经常有错。

　　二是引用资料很多，有的会有大段重复，需要删除；有的个别前后引文不一致，要修改一致。

　　三是有造字，需要核实。确保造字不丢不错。

　　这些问题及时传达给每一位编辑，请大家多加注意。

　　鉴于书稿内容重要、篇幅较大，编辑环节三位责任编辑各守一书，同时交叉看稿，校对环节增加校次，以此保证编校质量。

　　对于书稿中的疑问，集中问题后我去找作者一同修改了好几天，吃饭在张先生家，我负责做饭。每当工作结束时，张先生都要用白色的工程线将书稿捆绑一下，我奇怪地说，饭后我们马上就要接着看，为什么要捆绑呢？张先生说，有一次好不容易写的稿子，一顿饭的功夫，不见了，急坏了，后来就形成了这样的习惯，每次看完就捆起来，看它还能往哪儿跑。这样的习惯让我忍俊不禁。但同时也可以看到一位学者的严谨。

　　美术编辑的设计初稿，每一位责任编辑都提了意见，几经修改，方得定稿。

　　5. 确定印制人员

　　印制人员要安排选料，确定印刷厂。选料要与责任编辑和美术编辑有良好的沟通，互相提意见。与印刷厂就工序、工期进行具体的确定。在印刷过程中，要及时检查印制情况，以免产生问题。印刷封面时，在特种纸上印刷颜色有偏差，后经美术编辑调整，才印出漂亮的效果。

6. 宣传营销

确定营销方案。在传统媒体和新媒体上同时展开宣传营销，并要有专门的发行人员负责。每位责任编辑对自己的书稿要撰写书评、简介、推荐语，由发行营销人员安排发表。在微信平台上发布消息，撰写编辑花絮，撰写作者故事等，展开全方位的宣传。

三、国家级重大出版项目的重点工作

国家出版基金项目涉及工作很多，其中有的要多加注意。

项目有自己的制度，在项目进行过程中，要严格按照制度执行。尤其是关于资金的使用，要在项目过程中合理安排，做到钱尽其用。在《中国长江流域经济发展研究》出版过程中，关于作者的稿费问题，关于用料问题，关于编辑加工问题，每一个环节都要核算费用，和财务有良好的沟通，确保费用的合理使用，与预算尽量吻合。

鉴于项目较大，沟通协调和交叉审稿便成了重要问题。

四、几点体会

做一个编辑，一个打造重大出版项目的编辑，首先要不断地学习，在各方面都要有丰厚的积累。打铁需要自身硬，如果自己没有过硬的本领，工作起来会处处掣肘。关键是，也很难做出好的项目来。

一是在策划选题和组稿过程中，要有洞察力。对国家重大问题有敏锐的感觉和很好的把握。如果不是长期的关注和向专家的学习，这一点是很难做到的。

二是在与作者交往中，要有亲和力。尤其在与重大项目的大咖级作者交往时，你要用实力说话。只有能自如地交往，表达自己的意见，才会得到认可。因为《中国长江流域经济发展研究》作者年逾八旬，与作者的沟通要靠写信，每次我都亲笔书写信件给作者。一次，张先生说，从你的信可以看出你文化底蕴很深厚，我很高兴将书稿交由你来出版。有了这个基础，后面的交往可以说是非常顺畅。处理问题时，张先生说，你比我还认真，有什么问题，你处理吧，我放心。

三是对作品要有鉴别力，确保作品的质量。《中国长江流域经济发展研究》当代部分内容薄弱，我建议张先生将最近几年发表的研究成果作为附录放在书后面，一是展示最新研究成果，二是丰富当代部分的内容。得到了张先生的认同，于是三部书稿都拥有了很重的分量和很高的质量。

总而言之，对于国家级重大出版项目的出版，离不开优秀的作者和优秀的编辑。

综观《中国长江流域经济发展研究》的出版，作者一生穷经皓首，研究不辍；孜孜矻矻，情注长江。不求著作等身，借宣传出风头；只是坐得冷板凳，悉心追求。积二十五年功力，一字一句，一笔一画，用工工整整的钢笔字书写了三尺高的手稿。这是久违的学人风范，这是难得的赤子情怀。编者认认真真，一丝不苟，多方筹划，努力不辍，终于铸成三卷精品。这是长江流域经济发展之幸，更是中国经济发展之幸。

重大出版项目与优秀编辑人才成长

重大出版项目对于优秀编辑人才的成长有不可忽视的重要作用。重大出版项目因其重要性，站位高，内容全，管理复杂，对促进优秀编辑人才成长是一种很好的措施和手段。而编辑人才在重大出版项目的历练下会成长得更快更好。

一、重大出版项目解析

（一）概念

对于重大出版项目，不同的机构、不同的项目有不同的定义，但公认的是区别于一般图书，重大出版项目是具有思想文化价值和历史文化特色的优秀文化成果，分量重、体量大、出版周期长，对内容和编校质量有更高的要求。

（二）分类

我认为，重大出版项目可分为三大类：一是国家设立的体现国家水平的重点奖项、项目规划、资助基金等。如"五个一工程奖""中国出版政府奖""中华优秀出版物奖"三大奖项，"十三五"规划项目，国家出版基金重点资助的项目等。二是省委宣传部根据省情确定的重点出版项目。三是各机构根据自己的实际情况和出版优势设立的重要项目。

（三）特点

重大出版项目从内容上和运作上来讲，具有其自身鲜明的特点：

1. 优秀文化成果的积累

一个重大出版项目，必是某一方面的高水平体现，不乏文献的全面使用，观点的独到创新，表述的准确精当，涉及的内容很多，涉及的领域很广，表现形式多样。

2. 综合性强

重大出版项目，因内容庞杂，编辑工作中会涉及大量史料的核实，图和表格的处理，英文名字的核实，特定名词的核实，繁体简体的使用等。

3. 系统工程

重大出版项目，体量较大，非一个编辑可以完成，因此会涉及一个合作团队，会涉及其他部门，会涉及交叉工作的协调配合。

二、优秀编辑人才成长探讨

（一）成长规律

优秀编辑人才有其成长规律，不可能一蹴而就。一个编辑要熟悉工作流程，要熟悉业务知识，要提高自己的学识水平，要提高思想政治水平，这一切的一切都需要遵循规律，需要学习，需要掌握。

1. 教育规律

十年树木，百年树人。人才成长是个漫长的过程。教育是重要环节。记得一位老前辈说，编辑工作是手工活，要一代代地传承，要手把手地教。编辑成长没有捷径可言，因为他做的是文化的工作，而文化都是有一个漫长的过程的。我理解，文，古同"纹"，引申为规律，"化"是过程、文化，就是使一切积累变得有规律、有意义，从而丰富精神生活，提升内心世界，提炼人类生存的价值所在。

2. 实践规律

编辑的能力是在实践工作中提高的。实践锻炼是编辑人才成长最重要的途径。编辑工作是一个需要细心的工作、考验耐心的工作，编辑需要在大量的实践中一点点地磨练才能成长。

综上所述，优秀编辑人才成长需要遵循规律，需要老师引领，需要实践磨练。

（二）成长条件

编辑成长是有一定的条件的，可以分为内因和外因。内因很重要，包括要有坚定的政治信仰，要有高尚的道德人格，要有合理的知识结构，要有执着的敬业精神，要有顽强的意志品质。

但是走上工作岗位后，外因更显得重要。

1. 要有好的老师教

编辑工作涉及的内容庞杂，不是系统学习可以涵盖的。有些编辑技巧，如果有丰厚积淀的前辈教，就会事半功倍，成长很快。

2. 要有同行的交流

良好的交流会促进加深记忆，会促进编辑知识的高效掌握。

3. 要有锻炼的机会

没有重大项目的带动，你永远不会知道，做一套书和做一本书的区别在哪里，合作编辑和一人编辑的区别在哪里，项目运作和一本书运作的区别在哪里。

也就是说，既要有理论，更要有实践，这样才能造就一名优秀编辑。

三、重大出版项目可有效提升编辑能力

重大出版项目的运作主体可能有两类，一类是为一个项目设立一个项目组。确定一个项目负责人，项目负责人招兵买马，管理项目的运作。另一类是出版社领导就是项目负责人，由领导来调动全社的力量来完成项目。我更倾向于成立项目组。因为，专人做专事才能专注。项目组的项目负责人可以全力以赴做项目，而不像领导有更多的事务性工作，这样，他就不能全力以赴，心无旁骛地致力于项目工作。

（一）提高个人素质

重大出版项目本身会水平很高，质量很好。编辑这样的图书，可从中学到很多东西。诸如，对于一个问题的研究方法、参考文献的启示、书稿内容呈现的知识，在与作者的接触过程中，在对书稿的编辑加工宣传过程中、编辑都会受益良多。例如，出版国家出版基金资助项目"中国长江流域经济发展研究"的作者，青灯黄卷，25 年磨一剑，写成厚厚的手稿，成就了这样一部著作，他的学问精神让所有编辑感动不已。

（二）提升处理问题的能力

重大出版项目，就像黏合剂一样，将项目组的人紧紧地连在一起，为着一个共同的目标而努力。

项目负责人，应该是一个编辑经验丰富的编辑，他处理任何编辑问题都游刃有余。有方法，有耐心，有魅力，可以

以身作则，高效调动每一个人，可以合理安排每一件事，可以认真检查每一项工作，并将检查结果反馈，使具体工作的人从反馈中得到启发和提升。通过合力做事，身处其中的每一个人都会提高处理问题的能力。

例如，在编辑《中国长江流域经济发展研究》一书时，项目负责人根据书稿情况，做出工作流程图，详细的时间安排，编辑注意事项，包括提示每一个案头编辑，一要注意资料的核实，每一条引文核实后另外记录，以备后面再出现时，要前后一致。二要注意核实历史纪年和公元纪年，并列一个表格，前面用到的和后面出现的互相检查。三要注意繁体字的检查，因为使用史料比较多，出现很多繁体字，作者写作过程中，有的字写错，有的字保留繁体字，这些字都要一一查字典核实。四要核对脚注的形式和内容。五要检查表格内容和行文内容的响应，单位和数量的合理性，等等。编辑碰到具体问题的时候，随时会提问，随时会得到解答，这就是一种手把手的教，是一种高效学习方法。

（三）提高管理能力

包括提高自我管理能力和管理书稿能力。

自我管理能力，就是依靠主观能动性，按照一定的目标，有意识、有目地对自己的行为进行管理的能力。在重大出版项目运作中，表现为任务安排、时间进度控制，带动每一个人在潜移默化中提高自我管理能力。

管理书稿能力，是指对书稿的内容加工、编辑能力。在重大出版项目运作中，编辑项目负责人会将共性的问题统一处理，如项目图书总序的撰写，后记的补充，封面方案的确定，相关加工的统一规定，如此一来，组内编辑会从中学习到很多的方法和内容。

（四）提高团队协作能力

重大图书出版项目会有一个团队，团队中的每一个人都很负责地良好协作，才能保质保量按时完成项目。

例如，一校稿看出的问题及时解决，保证不留给下一校次，每一校次都对自己的校次负责，同时，从下一校次中可以得到学习，对自己遗漏的问题在今后的工作中进行改善。

同一个出版项目，共性的问题会很多，大家可以加强交流，在对问题的处理中得到提升，得到别人处理方法的启示，如加工《中国长江流域经济发展研究》一书时，有一个编辑发现东吴赤乌二年，书稿录入时成了"赤鸟"，于是提醒大家，看到"赤鸟"时多看两眼，这样就会避免问题的存在。另一个编辑提出，稿中有一处是"塌毛登毛"，不知道什么意思，大家讨论后也不所以。于是作为问题留置，多方寻求答案。问题集中后，项目负责人反复查证原稿，忽然一念闪现，会不会是两个字写成四个字了，作者手写体拉得比较开，依照此思路，一查《辞海》，果然，有这个词条，"氍毹，原为天竺国在西汉时传入中国的毛毯"。大家非常高兴，又学了一招，以后搞不明白的，看看是不是一个字分开两个，又或者是两个字合成一个。后来，项目负责人让每一位编辑总结问题，互相交流，这样，发现的个性问题就成了共性，可以提高看稿效率，有效减少差错。

综上，重大出版项目离不开优秀编辑人才，编辑人才在重大出版项目的运作中会得到磨砺和锻炼，更其优秀，策划更多的重大出版项目，二者相辅相成，形成良性循环，共同推动出版事业的繁荣。

精品编辑打造精品力作

在人类发展历史的长河里，那些能让人记起的精品力作，仿佛浪花朵朵，勇立潮头，精美，有力，影响着某一方面的发展。而这样的精品力作离不开精品编辑的把关修改、规范润色、锦上添花。

一、概念界定

（一）精品编辑

精品编辑是能打造出精品力作的编辑。大凡精品编辑都有共同特点：喜欢，有激情，认真，有能力，精益求精的完美主义者。

喜欢是一种情结，或由于某个契机，或由于某些经历，总之，结下了喜欢的情结。唯其喜欢，才能不离不弃，永葆激情，持之以恒，才能有丰厚的积累，也才能大浪淘沙，慧眼识珠，打造出精品力作。

认真是一种稀缺品质，世界上最怕认真二字，唯其认真，才能精益求精，经受住种种考验，打造出立得住、留得下的精品力作。

在喜欢和认真的特质基础上，不断地追求，形成工匠精神，久久为功，便有了足够的工作能力，精品编辑便能打造出精品力作，服务大众。同时也造就了自己，成为精品编辑。

（二）精品力作

所谓精品力作，即精心完成的功力深厚的完美作品。这种作品有恒久的生命力，从内容到形式散发出从内到外的精致的美，它是有灵魂的，它浸润了人类思想的光华，承载了人类历史传承的重任。

精品力作首先是原创选题，是体现先进出版理念、传播和积累对文化创新有重要意义的知识的图书。

其次，精品力作必是经过精耕细作、精雕细刻的。从形式到内容，浑然一体，协调美观，没有瑕疵的。

如《孙冶方选集》，体现了孙冶方的经济研究思想，对于经济发展有指导作用。精装出版，有恒久的生命力。很多经济学专业的学生是读着这本书成长起来的。

（三）息息相关

精品编辑与精品力作是相辅相成，互相成就的。

精品编辑皓首穷经，悉心做嫁衣裳，不遗余力打造着精品力作。同时，又是赠人玫瑰，手有余香。在打造精品力作的过程中，精品编辑也在不断地历练成长。这也就是为什么会产生精品编辑精品不断的马太效应。

而精品力作是精品编辑的载体，它也会以其恒久的生命力，予以精品编辑长久的光环。尽管这光环很有限，但名编辑在书业历史的长河中仍然会熠熠生辉。

没有精品力作，无以成为精品编辑；同样，无精品编辑，精品力作无以面世。二者息息相关，缺一不可。如邹韬奋先生，《生活周刊》等成就了先生，先生亦凭其热爱、真诚，鞠躬尽瘁，死而后已，在业界树立了自己不可撼动的地位。

二、精品编辑如何打造精品力作

（一）持久关注，寻寻觅觅

精品编辑基于一种情结，会如痴如醉地专注于某方面的图书出版，追踪业界动态、相与业界精英、葆有渴求激情。独上高楼，望尽天涯路，众里寻他千百度。这样一种状态假以时日，便成为精品编辑的生活常态，成为精品编辑的特质。

在寻觅的过程中，精品编辑葆有强烈的书感。时时处处，时时事事，嗅觉发达，敏感度高，同样一件事，他能从中感知到价值所在，挖掘出闪光点。同样一本书，他一看便知道好不好，是谓书感强烈。

有时，是一个念头，与业界精英讨论，商量，能一拍即合，皆大欢喜。即便不能，也是一次练兵。

有时，是一份书稿，如何调整结构，修改内容，是一场争论，基于共同的目标，终会握手言欢。

当然，更多的时候，是痛苦的抉择、反复的取舍。毕竟，精品力作是稀缺资源，可遇而不可求。

（二）如获至宝，严阵以待

当终于有一部书稿可以让人眼前一亮时，便是为之而奔走呼号，写方案、报选题、说服各路人马。

面对这样的书稿，是小心翼翼、充满敬畏的，非焚香沐浴不能读也。及至看稿，不时会有喜悦涌动，非一口气读完不能罢手。连下笔改动也是斟酌再三，推敲不定。看稿的同时，会生发很多的想法，于是，会情动于中而形于言，会有下笔写书评、写推介、写延伸的想法。同时，常常会暗自窃喜，如获至宝。

这样的书稿，往往看一次不过瘾。要再看一次两次三次……

一步步地进入出版流程，三审三校，一丝不苟，核对资料，规范标准，修改不当处，奉作一件神圣的事，再三地不厌其烦地介绍给每一个阶段的相关工作人员，仿佛这本书有多么了不起，仿佛这本书点亮了精品编辑的生活。

要付印了，万般忐忑，害怕有哪个地方有疏忽，害怕有哪个地方有遗憾，在桌头放久久，时不时地看，时不时地翻。反复再反复，仿佛神经质。

对于设计环节，也是百般挑剔，一套方案不行，换一套，总是觉得难以有水乳交融、相得益彰的感觉。直到相关人员烦到不行时，直到自己也觉得太难说话时，才能确定。

考虑印制材料时，实在不想考虑成本，只想任性一回，心爱的书只能用最好的材料，理论上计算有最佳选择，实际上精品编辑很难理性对待，幸亏有很多环节制约，容不得编辑任性，而只能在理性的框架中发挥。

（三）悉心培养，不离不弃

书出来了，百般欢喜。宣传是必不可少的。在这个无效供给充盈的时代，酒香很怕巷子深。广而告之，好书出笼了，相与的作者送一些，媒体的人士送一些，微信、微博，书讯书评，发布会，渠道商，书店，图书馆……好不热闹。

唯一的想法就是让它立得住世，传得久远，唯一的愿望是好书共赏，好思想共同分享。

三、时代呼唤精品力作

（一）要有正确的导向

时代呼唤精品力作，精品编辑责无旁贷。但是要基于正确的导向，要弘扬主旋律，提倡多样化，聚焦中国梦主题，努力讲好中国故事、弘扬中国精神。

精品编辑也是人，人就有经济性，如果说，像某出版社规定的有钱出、没钱不出；如果说，做怎样一本书都是同样的考核机制；如果说，做书不做书同样对待；如果说，编辑不如行政人员待遇好；那么，精品编辑也是脆弱的、易受打击的，长此而往，精品编辑也就难出精品了。

只有正确的导向，确实重视精品编辑，重视精品力作，给其应有的位置与待遇，给其应有的尊重与重视，给其更多的呵护与爱护，才能引导出更多的精品编辑及精品力作。

（二）要有宽松的环境

打造精品难，成为精品编辑难上加难。时代呼唤精品力作，就要有宽松的环境，让精品力作顺利出炉，让精品编辑自由发挥，让文化繁荣、让祖国昌盛。

宽松的环境涉及编辑的培养机制、考核机制、使用机制。

1. 关于培养

编辑不可能是拿来就用的。十年树木，百年树人。精品编辑也是要假以时日，耐心等其成熟的。急功近利，只图眼前，是没办法等到精品编辑的。要有长远的培养计划，要有阶梯式的成长空间，要有专门的渠道，要有专业的机制。这样，才能等到精品编辑。

2. 考核机制是一种激励，是一种鞭策，但同时也是双刃剑

科学的考核机制，对精品编辑会有促进作用。反之，不利于精品编辑发挥作用。考核精品编辑，不能只考量其显性劳动，还要考量其隐性劳动，考量其工作之外休息时间进行的一系列智慧活动——这难以量化，但又应该属于编辑劳动

的一部分。不能只考量其常规性劳动，还要考量其创新性劳动。

3. 关于使用

人人都知道人才的重要性。但是到了使用的时候，考量的总是名目繁多的指标。可能是学历、投票、推荐、交际……这样的使用标准到底能不能打造出精品编辑，且让实践说话。精品编辑稀缺的现状倒逼我们思考选人用人的标准。

许多地方致力于改革。改革是好事，改革也是难事。某地方出版集团厉行改革，事业改企业，推崇重视职务，轻视职称，于是规定编审比照副科级待遇。也许在专业性不太强的某些工厂，这样的规定无可厚非；也许知识密集度不太高的行业，这样的规定顺理成章；但是，这是在文化产业，这是在知识企业，这样的规定怎么能不让人瞠目结舌。提出者言辞振振，听者立即执行，不分青红皂白，苦的是一线编审，影响的是出版生态环境。

精品编辑大多是编审。编审如果如此不值钱，精品力作也就不值钱了。既然这么不值钱，谁又会去投身其中呢？产生不了虹吸效应，精品编辑怎么生存，精品何以产生？个别编辑如飞蛾扑火般追逐着自己的梦想，但这是竭泽而渔、短期效应。

精品编辑成长难，使用期相对可以加长，有余力的精品编辑，可以设置一定的平台，诸如名家工作室等以使其发挥所长。

　　当然，也有发展得好的出版社，不拘一格用人才，设置了机动灵活的机制，给精品编辑以成长环境、发展空间、发挥平台。幸甚至哉！

　　希望阳光普照，全国一盘棋，对于符合一定条件的精品编辑，诸如，获得什么奖项、做过什么项目等，可以设置国家层面的交流和使用平台。建立一套使用编审机制，诸如专项申报等。让精品编辑这样一种稀缺资源不至于蒙尘，得到有效使用，使其凝心聚力，撑起中国出版大厦，树立中国出版自信。

科技编辑人才的成长路径探析

——以晋商人才成长为例

科技兴则民族兴，科技强则国家强。建设科技强国，离不开科技知识的普及，离不开优秀的科普读物，离不开优秀的科技编辑人才。建设科技强国，科学技术的出版是重要部分，因此科技编辑的加强是题中应有之义。探讨科技编辑人才的成长路径尤其具有普遍意义。但与之形成鲜明对比的是，科技读物并没有出现繁荣景象，科技编辑人才成长并没有良好的路径。随着出版单位转型为企业，实行企业化管理，科技编辑也要从事业单位的窠臼中走出来，人才的培养更要吸收多方面的养分。在这里，我以晋商为例，探讨晋商对人才的选拔使用管理，期待为科技编辑人才的成长路径探索提供有益借鉴。

一、科技编辑人才

（一）概念

这里的科技编辑人才是指从事科学技术类图书编辑工作

的人才。

（二）重要性

一个好的科技编辑会对科技知识的传播产生重要影响。有一个编辑经常带孩子去古生物博物馆，去多了，孩子兴趣大增的同时，她也兴趣大增，职业使然，就想着出一本书将古生物科学介绍给大众，然后她找了古生物科学的院士，面对院士专业性很强的表述，她硬是一点点地啃，泡图书馆查资料，了解相关知识，然后转换成通俗的表述。经过一年的努力，一本图文并茂、通俗易懂的科普读物出版了，得到院士的肯定，受到读者的喜爱。被评为中国好书，获得科技成果奖，掀起了大众对古生物、对仿生学的热情，可谓是影响深远，意义重大。如果没有这位编辑，读者又怎么会有幸接近艰涩难懂的古生物呢？可见，一部好的科普作品能点燃读者心中知识的火种，从而影响其一生的发展。

（三）区别

科技编辑不同于社科编辑，科学技术类图书专业性很强，而且有很多领域是有限定的，如地图、医学类图书的编辑是需要具有专门资质的编辑的。因此，这个领域的编辑并不多，能做好的更是凤毛麟角。但同时，科技编辑是很重要、很严肃的，科学来不得半点马虎。作家叶永烈说，科普限于东拼西凑就完了。而科普编辑是把关人，要保证内容的原创性、趣味性、准确性。

二、晋商的人才成长路径

中国历史"三大商帮"之一的晋商发展到清代，已成为国内实力最雄厚的商帮。世界经济史学界把他们和意大利商人相提并论，给予了很高的评价。商业的发展不仅给人们带来了财富，而且也改变了当时人们多少年"学而优则仕"的观念。

当年晋商因为自己独特的管理方式，创造了商业神话，晋商纵横商界五百年，创下了辉煌业绩，而骄人的业绩离不开人才，考察晋商人才成长路径，探究其成长秘诀，可以获得启发。晋商代代出人才，有一种人才脱颖而出的机制。东家，不拘一格用人才，不屈才不浪费人才；掌柜的，培养人才，奖掖后进。于是，小才变大才，形成了良性的人才机制：锻造小才，小才变大才，大才派大用。人才不用，埋没人才是一种极大的浪费。人才，处大位谋大事成大业，处小位谋小事成小业。切不可使大德大能者处小位，而小德小能者处大位。这样，一方面屈了人才，另一方面又误了大事。晋商就是不拘一格知人善任，人尽其才，方得发展壮大。

（一）培养人才，严选苦练

商号对新招的伙计严格挑选，相貌、身材、口才、文化、家庭背景等都有要求。学徒进号，先警告：要嘴稳，不翻别人的闲话，要手稳；不是自己的东西不拿。接着给劳动工具，五壶四把（茶壶、酒壶、水烟壶、喷壶、夜壶，笤帚、掸子、毛巾、抹布）——最下等的活儿也最磨练人的性情、品格和商业基本功的活儿。买卖人就是投顾客的喜好，会伺候掌柜了，也就会伺候顾客了。三年的学徒期，干的活计是最苦最累最脏也最没面子的，挣的工钱却是最微薄的。这可以说是学徒最好的人生锻炼。经过这三年，做得好的，基本就锻造成了小才。

（二）使用人才，奖掖后进

掌柜的不遗余力对伙计的培养，使小才变大才。掌柜本身就是大德与大才兼备，因此不必担心掌柜有武大郎开店的小人习气。掌柜都是积极培养，力推人才。复盛公的马公甫本是一个吃劳金的小伙计，没有顶一点生意。由于他主动积极工作，还很有想法，能创造性工作，很能干，小荷才露尖尖角，掌柜的就破格让他去向东家汇报情况以结识东家，崭露头角。

（三）不拘一格，提拔人才

屹立商界 150 年之久，创下商业神话的晋商乔家，对于人才总是破格选拔。前面提到，大掌柜派马公甫到祁县乔家向乔致庸东家汇报经营情况，结果，他不仅把经营情况汇报得井井有条，点滴不漏，还提出自己的许多见解，乔东家觉得他是个人才，当下给他顶 8 厘身股，后来任用为复盛公的大掌柜。马公甫不仅把复盛公经营得有声有色，还把整个复字号都带动了起来，乔致庸这次破格用人，给包头商界留下了一句谚语：乔东家破格用人，马公甫一步登天。

马荀是复盛西字号下属的一个粮店的小掌柜，大字不识一个。但他经营有方，连年盈利。而复盛西总号却连年亏损，把粮店的盈利都贴进去了。马荀向乔致庸鸣不平，乔东家认为他说得有理，于是，给了他资本，让他独立经营，一字不识的小掌柜摇身一变成了大掌柜。其后，复盛西粮店大为盈利。当时商界能写会算的人比比皆是，小财东都不会用一个文盲当掌柜，偏偏财势显赫、人才济济的乔家就这样用人。

胆识过人的阎维藩是平遥蔚字号福州分庄的经理，因与总号意见相左，辞职还乡，乔致庸听说后，派儿子从半路上将其接回乔家，待之以上宾之礼，聘38岁的他为大德恒票号总经理。后阎维藩使大德恒票号成为金融界的一匹黑马。以当时商界惯例，本号知根知底的人也要经过几年的德能考察才可委以重任。偏偏乔家总是出乎意料地用人。

晋商乔家称雄商界150年，离不开人才，而人才的成长离不开乔东家的慧眼识珠。正是，人才常有，而伯乐不常有。人才要靠伯乐赏识和使用。作为管理者，要不拘一格用人才，早在道光年龚自珍就发出了"我劝天公重抖擞，不拘一格降人才"的期待。实际上，人才降生的概率是一定的，关键是看识人才用人才的本领。

（四）利用身股，一利俱利

晋商以身股制调动员工积极性。员工除领取伙食费、衣服和工资外，有一定资历和功劳的员工还要按股参与字号的分红。字号的经营成果——红利一部分按银股分给东家，另一部分按身股分给员工。而字号的经营亏损由东家承担。也就是说，赔了是东家的，赚了是大家的。这种分红制度极大地调动了员工的积极性，从掌柜到伙计无不殚精竭虑，尽心尽力，从而提高了山西商号的经营水平和竞争力。

这种身股制在山西商号中普遍实行，但银股和身股的比例不同。从八比二到五比六不等，身股比例越大，员工的积极性越高。这缩短了员工动力到员工利益的距离，减少了动力消耗，体现了"近让小利，远收大益"的商业规律。

（五）用人不疑，放权收利

晋商管理商号，一旦选准掌柜的，便对其大放手大放权，给其绝对的经营自主权。平时不干预号事，东家不能去号里问长问短，说长道短，只是到了账期（一般是三年），东家才可以去号里考察经营情况，听掌柜汇报，并商量定夺一些大事，然后拿走分红。直到下一账期才能再来。这种办法使掌柜在一个账期内大权独揽，能够从容地调度人财物，无拘无束地发挥其才能，从而达到最高的经营水平，取得最佳的经营成果。东家的信任和放手，促成了掌柜的积极和发挥，不得不说，这种疑人不用、用人不疑的效果很好。

三、科技编辑人才的成长路径

无疑，晋商对人才的培养是卓有成效的，因此，成就了五百年基业，尽管最后走向衰落，但更多的是发展趋势和经营方向出了问题，究其人才培养还是独有其道的，值得我们借鉴。从晋商对人才的选拔使用和管理，我们得到一些启示，科技编辑的人才成长路径应该有以下几点：

（一）学习培训

目前，很多科技编辑一入职便走上编辑岗位，跌跌撞撞自己摸索着去工作。编辑工作其实是项手工活，讲究的是手把手地传承，尤其对于专业性强的科技编辑来说，更需要一种一脉相承的传承，因此，对于新的编辑，应该像晋商一样，由师傅带着，从最基本的工作做起，这样逐步成长起来，才会有扎实的工作基础。目前，集中培训比较多，单独带人比较少，最好是在实行师徒制的基础上再集中培训，效果会更好。单纯的集中专题培训总是差强人意，培训结束后能真正学以致用的并不多。

（二）选拔使用

在有资质的情况下，力戒论资排辈，要不拘一格提拔使用人才，既不能求全责备，更不能一个标准。只要科技编辑能抓出好书，就可以提拔任用，而不能看资历、风评等莫名其妙的指标。要真正将有闪光点的优秀编辑提拔到重要岗位。让他在更大的平台发挥更大的作用。

（三）考核评价

对于科技编辑的考核评价要有开放性指标，而不是像现在这样固定的指标，只有开放性指标才能百花齐放，各展其才，而不是千军万马往一处走。目前这种固定死板的考核方法适用于机械性的工作，而不是创造性的工作。科技编辑从事的是专业性很强的创造性脑力劳动，需要相对灵活的考核方法，才能对人才公平，促进人才成长。可以考核专业技能，考核出版技能……总之，对不同的人可以有不同的考核指标，宗旨只有一个：有利于科学出版的发展。

只有适当的考核评价机制，才能调动每一位科技编辑的积极性，才能给优秀科技编辑创造宽松的争先恐后成为人才的环境。

后 记

一

　　书稿完成，终于可以写后记了，心中充满完成大事后的感动、感激。入行很久以来，仰望出版璀璨星空，前辈林立，我不敢动笔，颇有"眼前好景道不得，崔颢题诗在上头"之感。尽管常常块垒于胸，但也是悄悄写一写而已，从不敢堂而皇之拿出来。直到事业遇上瓶颈，我要找突破口。这时候看到中国编辑学会征文，我便参加征文比赛，结果获奖，参加中国编辑学会年会，听到高见，见到同行，为我打开了全新的广阔的视野。从此一发而不可收，连续获奖参会，甚至论文被译为韩文、日文，我受邀登上国际出版论坛作学术交流。中国编辑学会成了我的精神家园。郝振省会长盛赞我是山西笔杆子，乔还田秘书长总是坚定地帮助支持我，可以说，这本书离不开中国编辑学会和学会领导，对他们的感激言之不尽。其实，编辑是需要动笔的，没有笔力，何以影响作者，编出好书？不动笔，何以将实践上升到理论层面？而没有理论指导实践，这个行业的生命力就不强。

　　郝振省会长说，编辑应该逐步成为自己本学科、本领域的专家、学者。不只是具有一般科学理性之品格，而且应在本学科、本领域中有深湛的研究与长期的积累，有一定的话语权。

要达到这个目标，笔力是基本功。因此，编辑要多动笔，我于中受益匪浅，特荐给编辑同人。希望我们不但能编出精品力作，还能写出漂亮文章，建构出版理论体系，理论与实践互促互进，从而繁荣出版事业。

以此共勉。

书潮阵阵，绵延不断；书浪涌涌，心随浪高；书香朵朵，馨香四溢。

图书在版编目（CIP）数据

致·成长：给孜孜矻矻的编辑 / 李慧平著 . — 太
原：山西经济出版社，2021.6
（守望图书系列；2）
ISBN 978-7-5577-0883-2

Ⅰ . ①致… Ⅱ . ①李… Ⅲ . ①图书出版 – 中国 – 文集
Ⅳ . ① G239.2-53

中国版本图书馆 CIP 数据核字 (2021) 第 122588 号

致·成长 . 给孜孜矻矻的编辑 zhi·chengzhang.gei zizikuku de bianji

著　　者：李慧平
策　划 人：陈彦玲
责任编辑：申卓敏
装帧设计：王明自

出 版　者：山西出版传媒集团·山西经济出版社
地　　址：太原市建设南路 21 号
邮政编码：030012
电　　话：0351-4922133（发行中心）　0351-4922085（综合办）
E－mail：scb@sxjjcb.com（市场部）
　　　　　zbs@sxjjcb.com（总编室）
网　　址：www.sxjjcb.com

经 销　者：山西出版传媒集团·山西经济出版社
承 印　者：山西出版传媒集团·山西人民印刷有限责任公司

开　　本：880mm × 1240mm　1/32
印　　张：13.5
字　　数：258 千字
版　　次：2021 年 6 月　第 1 版
印　　次：2021 年 6 月　第 1 次印刷
书　　号：ISBN 978-7-5577-0883-2
总 定　价：78.00 元（全 3 册）

山西省宣传文化系统『四个一批』人才培养资助项目

守望图书系列

品·书香

在佳作与评论之间

李慧平 —— 著

山西出版传媒集团　山西经济出版社

总　序

一

2019年7月，我很荣幸地入选山西省宣传文化系统"四个一批"人才工程。更荣幸的是，可以申报资助项目。于是，我以经年发表的三部分文章（编辑论文、编辑手记、书评）为基础申报出版《守望图书》，结果省委宣传部资助经费下来，项目名称改为《守望图书系列》，我喜出望外，不但可以出版书，而且可以出版一个系列。经询问，才知道根据项目申报内容，宣传部认为出版一个系列更好，我为部里这样务实的作风而感动。

到今天，在编辑岗位上伏案工作30年，不曾有一日懈怠、一时苟且，编辑图书600多部，获奖100多项，复审、终审书稿亦有600多部，手中眼中经过这1000多部书，看每部书，都是万般亲切，自有心血在其中。

还记得，梦寐以求，踏着父亲的足迹走上工作岗位，说不尽的珍惜，说不出的欢喜。如饥似渴地学习编辑前辈著作，每每有所收获，对前辈的为人为文充满了感激与崇拜。不断地追寻，为了这样一个光荣的称号——编辑；不停地

努力，为了这样一份光荣的事业——出版。

《守望图书系列》某种意义上是一种交代，对自己心爱的工作的交代，对前辈和后辈的传承交代。在历史的长河中，我们都是接力者，从前辈手中接过接力棒，竭尽所能地跑好自己这一棒，让中华优秀文化在编辑手中选择、优化、传承、传播……从而助力出版业的高质量发展。

《守望图书系列》分三部：《编辑论述》《编辑情怀》《编辑评书》。《编辑论述》是围绕编辑工作的思考，包括对编辑人才成长的探索，对生态人类视域下编辑成长环境的分析，对编辑培养使用模式的探讨等。《编辑情怀》是编辑手记，包括编辑过的印象深的一部分书，是自己经手的一个个实操案例。《编辑评书》是推介图书的文章，那些图书都让人有所感、有所思，让作为编辑的我心有所动，不发不快，希望能为后学者提供一点参考与借鉴。

成书之际，闺蜜知音、本书策划陈彦玲女士建议改书名为《致·成长——给孜孜矻矻的编辑》《说·情怀——

从策划和组稿讲起》《品·书香——在佳作与评论之间》，我自是改过不吝，从善如流。

　　三部书是我编辑工作的句号，同时也是新的开始。在出版领域孜孜矻矻而从不厌倦，每一部书都会激起一番斗志和喜悦的涟漪。有人说，编辑工作是为他人做嫁衣裳，但我始终认为，在成就好书、好作者的同时，编辑也在成就和完善着自己。努力不止，唯愿无愧于编辑这一称号、无愧于出版这一事业。

李慧平

2021.6.22

前　言

一

陆陆续续，会在编书之余，写写书评，颇有风静听溪流之感。回头来看，长长的一串串的书名，其实这只是我所编辑图书的冰山一角，编辑的每一本书说起来都如数家珍，从封面到内文到用纸用料，每一个字、每一个标点都曾认真对待，不曾有一时疏忽与苟且，都浸满了心血和时间。犹如自家孩子，只希望能得到更多人的关注，能惠及更多的读者。

将这些书评以时间为序编排在一起，其实也想反映自己的编辑轨迹。一步步走过近30年，编辑方法、编辑思想连同对图书的认识也在苟日新，日日新，又一新。

清朝纪昀《阅微草堂笔记·槐西杂志二》：**"天下未有心不在是事而是事能诣极者，亦未有心心在是事而是事不诣极者，心心在一艺，其艺必工；心心在一职，其职必举。"**我深信不疑，也不懈努力，但终是有所遗憾，不能做到更好。出版是一种遗憾的艺术。不断求索与努力，惟愿遗憾少一点，再少一点。

书评，对读者来说很重要，它会起到引导阅读、表明态度、深化思想、丰富知识、价值判断的作用，等等。书评是作者和读者之间一道夺目的彩虹桥。

编辑写书评，既身在其中，又身在其外。与单纯的读者评书是不一样的，终究是会带有一些敝帚自珍的情感。但另一方面，因为编辑一遍遍的深度阅读，更能一针见血地指出书的好与坏，给读者提供一些阅读的参考及书内书外的信息。当然，做书时，是使尽浑身解数追求完美的，但这毕竟是一种遗憾的艺术，当书出版后，风静听溪流，感觉又不一样。拿到新书，少有没有遗憾的时候。以至于，新书到手，呼吸着那种清新的油墨味，心里是忐忑不安的，近书情更怯，不敢翻开，生怕面对那些大大小小的遗憾。

不知道有哪个编辑没有在午夜梦回时，想起书中的遗憾，从而夜不成寐。编辑的压力在于无时无刻无止境的全身心投入。但愁也图书，乐也图书。编辑的幸福和喜悦也在于当读者交口称赞所编辑图书时，那种自豪与满足又无与伦比。

如果读者能从这些书中有所思、有所获，那就是编辑编书撰文的终极目的了。

品·书香

目 录

一

书名
《吴敬琏自选集》

主编
吴敬琏

出版
山西经济出版社

开本
889mm×1194mm　1/32

印张
21.625

字数
541千字

日期
2003.12

"我个人的生命是同中国的改革事业联系在一起的"

——《吴敬琏自选集》编后感

　　这是吴敬琏先生在其 70 岁生日纪念会上说的一句话。欣闻他获得首届中国经济学杰出贡献奖时，这句话又浮现在脑际。诚如他所说，他的生命确实是同中国的改革事业联系在一起的。

　　同时，我也想到了中央电视台评选的"2001 中国经济年度十大人物"颁奖词："他是一位无私的、具有深刻忧患意识的社会贤达，一个纯粹的人，一个特立独行的智者，一个把中国老百姓的疾苦当作自己疾苦的经济学家，一个睿智和良知兼备的中国学者。他体现了中国知识分子'先天下之忧而忧，后天下之乐而乐'的高贵品质，是年过七旬仍然能保持童真直率的经济学家。"我觉得，这是很恰当的评价。

　　我了解吴老，是在有幸编辑他的专著《吴敬琏自选集》时，在整整一年交流沟通、修改书稿的过程中，对他为人为文的谦逊、认真，对他做学问的严谨、刻苦，对这种学人风范无比佩服，对中国经济学家有了更深的了解和认识。

他是忙碌的，做着经济学家，思考着中国的改革；做着教授，带着研究生，不时安排讲课；做着顾问，为企业的发展殚精竭虑……

尽管如此的忙碌，他对于所要出版的书稿，仍要逐字逐句，圈点修改。大到封面、照片、定价，小到标点符号，他都一一过目。甚至，到第三校时，因有一篇文章改动较大，需要重新排后 50 多页，这时吴老的学术助手柳红老师写信给我：吴老师又想起一个办法，不用重印后 50 余页，我们再找一篇相似长短的文章，填在该位置上，这样可以减少损失。做编辑久了，见过太多的作者，值时下学风浮躁，有几个能如此认真，如此谦逊？于是，感动之余，我亦学习、拜读着其书稿，在聆听改革足音的同时，感受着吴先生春风细雨般的教诲。

这部书收集了作者从 1980—2003 年发表的近 300 篇文章中精选出来的 60 篇文章，按内容分为 9 个部分：（1）市场化改革的基本理论；（2）改革战略和方案设计；（3）发展战略和宏观经济管理；（4）促进民营经济的发展；（5）国有企业的公司化改革；（6）金融体系的改革和发展；（7）发展高新技术产业；（8）论社会政治问题；（9）思想文论。

全书浓缩了吴敬琏先生这位参与中国改革的经济学家的学术思想历程，可代表其经历 20 余年思想学术上的追求和努力

所达到的高度。本书也可以看作是中国经济改革思想史的重要
文献。

一部四十余万言的书，从改革开放以来的经济形势，到每
一步微小变化，进亦或退，他都孜孜以求，上下求索，倾心关
注，并思考着、呼吁着，像一位老中医，紧紧把着中国经济改
革的脉搏，同呼吸，共命运。

在《建议确立社会主义市场经济的提法》（1992年4月）
中，他明确阐述了确立"社会主义市场经济"提法的建议。

在《关于"经济增长方式"及其转变》中认为经济结构的
改善、经济效率的提高和增长方式的转变依存于经济体制的转
变，因此出路在于认真推进改革。

在《股市七题》中，他清醒地指出，泡沫经济对中国是灾
难性的。

……

凡此种种，诚如他在《前言》中所言："在文化大革命后
期对过去的经历进行反思的时候，我就曾下决心吸取自己以前
的由于惟上、惟书竟至违背科学良知的教训：一方面要从善如
流，知错即改；另一方面，当还没有证明自己的认识是错误的
时候，也不因上面讲过或书上讲过或者某种流行的观点的压力
而轻易改变。所以我总是本着这种理念提出自己的主张。哪怕
它不被认可和接受，也决不轻易放弃。"

《把社会主义的理论创新提高到一个新的水平》（1997

年 5 月），是吴老提交给中共中央总书记江泽民和国务院总理朱镕基的一份意见书，对确立我国的基本经济制度和国有经济布局有进有退的战略调整做出了贡献。

《全面建设社会主义市场经济体系》（2001 年 11 月）是吴老向中共中央总书记江泽民主持召开的理论座谈会提交的书面发言稿，建议完善社会主义市场经济体系。

《以改善宏观控制为目标，进行三个基本环节的配套改革》（1986 年 1 月），是吴老向国务院领导汇报改革设想，建议加强宏观控制，并提出三个环节的配套改革。

……

凡此十几篇，正实践着他在《前言》中所说："我从来认为，上书言事是知识分子表达自己的主张、推动中国的改革与进步的一种方式。我认为，经济学家的职业身份和写作方式并不是对他的社会作用做出评价的标尺，只要坚持作为知识分子天生应当具有的独立立场和批判态度，无论身在体制内还是体制外，表达形式是学术论文还是政策建议，都能够对推动社会进步起一份作用。"

这是一位优秀的经济学家的研究成果，这是一部中国改革经济思想史，这是一部精雕细琢的精品，捧着它，犹如捧着中国经济改革思想的长卷。每一次开卷，都有所教益。

大寨书·大寨情

2000 年 5 月，我初登虎头山。在充分领略大寨如画美景之余，参观了大寨展览馆，琳琅满目的展品和内容使我为这个华夏名村的辉煌历史所震撼，想不到这个不起眼的小村庄居然藏龙卧虎。

回单位后编辑出版了《山西旅游风景名胜丛书——大寨》，这本书以朴实的面貌示人，介绍了大寨 10 个旅游景点和相关轶闻趣事，并附有名人咏题、格言选录、大事记、交通导游图、大寨鸟瞰图等。这本书在当时是一本不多见、实用又方便的导游手册，受到众多游客的青睐。

2003 年 5 月，我又编辑出版了《山西旅游风景名胜丛书——大寨》的升级版本《三晋揽胜——大寨》，与前一本书比较，该书形式与内容都有很大变化。随着大寨旅游业的发展和景点的开发，本书在内容上由介绍 10 个景点扩充到介绍 16 个景点，增加了大量精美的图片，减掉了轶闻趣事、大寨大事记，增加了服务指南，更适合游客使用。形式上变为大 32 开，全部采用铜版纸彩色 4 色印刷。保证了图片质量，增加了观赏性，提

书名
《山西旅游风景名胜丛书——大寨》

著者
孔令贤

出版
山西经济出版社

开本
850mm×1168mm 1/32

印张
6.625

字数
52千字

日期
2000.06

升了书的品位，可以说全方位展现了大寨的壮美。

如果说，第一本书是以文导游，那么第二本书更多的是以图导游。

2005 年 3 月，我又推出了《大寨沧桑》，这本书以小说形式全景式对大寨的历史、现实、未来作了介绍。对当时人和当时事力尽其详。封面在大红底色上突出大寨铁姑娘队的群像，很有特点。一个华夏名村解放以来六十年的历史传奇，三代中国农民追求富裕幸福的艰辛路程，当代政坛风云在基层农村的折射回响，各个历史事件的来龙去脉、隐情秘闻，众多台前幕后的恩怨情仇、聚散生死……真实的史料，客观的记述，理性的解读，是本书的重要史学价值所在；人文视角，文学架构，散文风格，则令本书具有较高的艺术品位，好读、耐读、值得品读……

三本书可谓步步深入、层层出彩。第三本书出版后，我三上虎头山。去景点送书销售，亦去看那个熟悉亲切如第二故乡的小村子。

三本书的编辑，让我有幸走近它、了解它、认识它、亲近它……每去一次，都要见见宋立英老大娘，她很健谈，说起过往，如数家珍。她是大寨发展的见证者，又是这一方土地的守候者。

这是一个伟大的村庄，曾有多少伟人驻足；这是一个辉煌的村庄，承载了厚重的历史昂首走向未来；这又是一个神奇的村庄，其创造的人文精神熠熠生辉。

大寨，一个本毫不起眼的小村庄，在中国这个农业大国的农业史中书写了重重的一笔。不由我们不刮目相看，不由我们不关注，不由我们不为它自豪、为它喝彩，为它的繁荣尽一份绵薄之力。

我编辑过的大寨书，仿佛一串璀璨的珠串，映射着大寨的历史与现实，闪烁着大寨的光辉与成就，为大寨增辉、为大寨添彩。

我会以全部热情仔细地把这条珠串穿下去，编更多的大寨书，将一个全新的大寨及时展现在大家面前，让不了解它的人了解它，让了解它的人不断充实那份美好的记忆。

一套有创新的佳作

——推介《首届中国经济学杰出贡献奖获得者丛书》

中国经济学奖历经十年坎坷，终于由 133 位经济学家组成的专家委员会，经过三轮投票评选出了首届获奖者，他们是薛暮桥、马洪、刘国光、吴敬琏。首届中国经济学杰出贡献奖是中国经济学奖，同时是目前国内第一个也是唯一一个授予经济学家个人、对个人长期成就进行奖励的经济学奖项。奖励对象是自 1978 年以来，将经济学理论与中国实际相结合，对发展和改革中重大政策制定作出杰出贡献的经济学家。

中国经济学奖是中国目前规格最高的经济学奖项，其评奖方式是依照诺贝尔奖设计的，故又被誉为中国的"诺贝尔经济学奖"。这个奖的出炉确实是中国经济学界的一件大事、盛事。

山西经济出版社适时地出版了《首届中国经济学杰出贡献奖获得者丛书》。这套丛书共分四册：《薛暮桥专集》《马洪专集》《刘国光专集》《吴敬琏专集》。每册专集均由获奖者按照首届中国经济学杰出贡献奖授奖理由提到的、选取本人最有代表性的文章组成，具有很高的权威性和重要的现实意义，

书名
《首届中国经济学杰出贡献奖
获得者丛书》

著者
薛暮桥　马洪
刘国光　吴敬琏

出版
山西经济出版社

开本
787mm×1092mm　1/16

印张
85

字数
1417千字

日期
2005.11

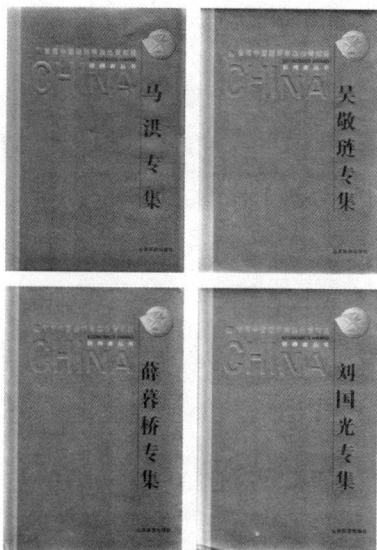

旨在让更多的读者进一步了解获奖者的杰出贡献，借鉴学习他们研究问题的理念和方法，为促进中国经济理论的繁荣和政策制定水平的提高、为中国经济的健康发展做出贡献。

《薛暮桥专集》遴选了 41 篇文章，分 7 部分：经济体制的改革、市场取向的改革、生产资料所有制、劳动工资和收入分配制度、宏观经济管理、地区发展战略、科学社会主义。薛暮桥是我国老一辈马克思主义经济学家的杰出代表，是我国改革开放进程中经济决策咨询工作的一位卓越的开拓者和组织领导者，是坚定地倡导和积极推动市场取向改革、提倡和坚持国民经济稳定协调发展的著名经济学家。他从事经济研究的最大特点是理论联系实际，善于在实践中形成、发展和坚持正确的观点，并勇于在实践中修正错误的过时的观点。特别值得一提的是，本书选取了薛暮桥同志在我国经济改革的几个重要关头给邓小平、李先念的一封信、给中共中央政治局常委的建议，从中可看到作者的胆识和远见。他的著作是光辉璀璨的改革和建设历史进程的规律性探索，有益于中国经济社会进步。

《马洪专集》遴选了 23 篇文章，分 7 部分：社会主义市场经济、改革开放与发展、经济发展战略、经济结构调整、新技术革命与对策、企业改革与企业管理、开创社会科学研究的新局面。马洪是当代中国最有影响的经济学家之一，是进行跨学科研究并取得全面成就的学者，是经济学、管理学理论研究的先行者，也是我国改革开放进程中经济决策咨询工作的一位卓越的开拓者和组织领导者。本书还以《脚踏实地求真知——我的治学之路》为代后记，总结了他60年的学术活动。文章内容曲折感人，富有启迪意义。

《刘国光专集》遴选了34篇文章，分5部分：计划与市场、商品经济与市场经济、经济体制模式与经济发展模式的转换、稳中求进 抑制通胀、"软着陆""治理通货紧缩""中性宏观调控"。刘国光是当代中国最有影响的经济学家之一。书中编入了刘国光同志在中国经济学奖颁奖大会上的答词，他提出："我以为要做到这点，只有在大力发展生产力的同时，更加重视社会公平，努力构建社会主义的和谐社会；我总以为马克思主义经济学的立场，劳动人民的立场，多数人民利益的立场，关注弱势群体的立场，是正直的经济学人应有的良心，是不能丢的。"鲜明地反映了一个正直的经济学家的立场观点。

《吴敬琏专集》遴选了32篇文章，分6部分：发展基础理论推动市场取向改革、在20世纪80年代中期提出适时转变到整体改革战略、规划国有经济布局调整和国有企业改革基本路径、发展民营经济实现多种所有制经济的共同发展、倡导建立以法治为基础的现代市场经济、在缜密分析的基础上提出宏观经济政策建议。吴敬琏是当代中国最有影响的经济学家之一，他对中国经济学的理论发展和经济社会政策的制定作出了多方面的贡献。他在专集中编入的获奖答词中说道："我把这一奖励看作是对我国经济学家群体对改革作出的贡献的肯定和表彰。"充分体现了一个经济学家谦逊平和、高风亮节的治学为人风格。

这套丛书不仅内容质量高，反映了改革开放以来中国经济研究的最高水平。而且，装帧设计也独具匠心，令人耳目一新。内容与形式得到很好的统一。尤其值得称道的是，本丛书突破了以往学术著作的老面孔，在形式上大胆创新，如扉页由三页合成，似一幅美术作品。扉页之后是授奖理由、获奖答词，尽可能突出中国经济学杰出贡献奖。最后是作者近照和工作照、手迹、学术小传等，从侧面丰富了图书内容，呈现了立体的经济学家形象。目录采用双跨单形式，别出心裁。内文用双色印刷，脚注单双页以双色加以区别。

这套丛书出版后，受到社会各界的好评。中国社会科学院学术委员会顾问、中国社会科学院原副院长、中国社会科学院当代城乡发展规划院理事长汝信和中国社会科学院当代城乡发展规划院院长、中国县镇经济促进会副会长傅崇兰说：**这套书适应了社会经济发展的需求，有利于经济社会科学的发展，有益于人民。**中国社会科学院研究生院原副院长和博导、经济管理出版社原社长兼总编辑、国家行政学院经济学部教授和教学顾问、《中国经济年鉴》总编辑汪海波认为，**这套丛书的问世，为研究中国经济史和经济思想史提供了重要资料。**是出版界的一件大事。著名经济学家梁小民教授说："《首届中国经济学杰出贡献奖获得者丛书》是近年来少有的经济学精品著作。"山西社会科学院原副院长、研究员陈家骥说，这是一套 20 世纪以来国内出版的同类经济学读物中最具主流创新特色的精品佳作。

（原载于《中国新闻出版报》2006.3.23）

一本研究农村财政的必备书

——《中国农村财政理论与实践》推介

日前，山西经济出版社出版了《中国农村财政理论与实践》。这本书不仅对农村财政中的相关问题进行了总量分析研究，而且以大量案例作补充和验证，形成了对中国农村财政问题研究的基本分析框架和体系，成为一本研究农村财政的必备书。

自 2000 年开始推行税费改革以来，农村财政问题日益成为大家关注的焦点。但纵览林林总总关于农村财政的书籍，不外乎两大类。诸如《减轻农民负担问题研究》《县乡财政与农民负担状况》《农民负担与国运兴衰》等就农村财政中某一方面的问题（如农民负担、乡村债务等）进行研究。另一类是通过案例研究来描述和分析中国农村财政的总体情况。如《中国农民流动观察》《中国农民调查》等。而对农村财政的研究一直缺乏一个系统的总量的分析。《中国农村财政理论与实践》填补了这种缺憾，它具有如下特点：

一是系统性，本书系统地介绍了中国农村财政问题的来龙去脉，这一点可从本书的架构上看出。书中讨论了县乡政府管

书名

《中国农村财政理论与实践》

著者

朱钢 贾康 等

出版

山西经济出版社

开本

787mm×1092mm　1/16

印张

18.5

字数

318 千字

日期

2006.01

理和财政体制及演变、地方分权理论与乡镇财政职能问题，考察了我国县乡财政支出结构，讨论了农村公共产品的筹资机制，农村税收制度改革，我国农村税收体系、总量和结构，我国农村非税收入问题，农村税费改革，乡村债务问题以及构建公共财政框架的主要内容等。以一条线串起了农村财政的诸多问题，并整合在一个框架内加以分析研究，使读者有一个清晰的认识。

二是权威性，首先是作者权威，作者是中国社会科学院农村发展研究所的研究员，从事农村财政研究多年，有深厚的学养积淀。其次，在其所掌握的大量关于农村财政的调查材料基础上，他们做了艰苦的分析和研究，保证了所引用资料的真实性与权威性。再次，本书作为一项重大研究成果，得到诸多专家学者的认可，并得到中国社会科学院出版基金的资助。

三是创新性。本书建立了一个全新的、完整的分析框架与体系。从供给的角度分析和研究中国农村财政制度问题。并在此基础上，提出解决"三农"问题、统筹城乡发展、建立和谐社会，需要明确制定一系列对农村发展强有力的财政支持政策。

四是可读性强。本书行文轻松，通俗易懂，并不似其他学术理论书的艰涩难懂，加之有很多身边的案例，进一步提高了本书的可读性。

特别值得称道的一点是，本书对一直缺乏学术规范的农村财政这一概念作了界定与阐释，厘清了一些似是而非的认识，提高了本书的准确性和科学性。

尽管本书尚有不尽如人意处，诸如缺乏从需求角度研究相关问题等，但到目前为止，不啻为一本研究农村财政的必备前沿精品书。

一个了解大寨的窗口
——《大寨沧桑》读后感

大寨——这个本毫不起眼的小村庄，因种种原因，居然成了全国的农业典型，居然走出了一位国家副总理，由此受到了举国上下的关注。但是，后来突然从媒体中销声匿迹。这究竟是怎么回事呢？现在大寨怎样了呢？

一些投身"农业学大寨"洪流的人，一些儿时耳边彻响着"农业学大寨"口号的人，心中画了一个大大的问号。

纵览林林总总的书籍，找不到一本能答疑解惑的。直到看到山西经济出版社新近推出的《大寨沧桑》。这本书用文学笔法，记述了大寨近60年的风风雨雨。无论是当年被评为农业典型的经过，还是陈永贵进入中央的曲折，或是后来的事态发展，以及改革中的大寨，都有详尽描述和客观理性的分析。

这本书特色鲜明，值得细细品读。

第一，具有权威性和纪实性。首先是作者权威。作者孔令贤先生即昔阳人，曾在大寨工作过，始终关注着大寨，随大寨的变迁而不断思索着。写作本书之初，他曾向大寨的当家人郭

书名
《大寨沧桑》

著者
孔令贤

出版
山西经济出版社

开本
889mm×1194mm　1/32

印张
13.125

字数
325 千字

日期
2005.08

凤莲建言："趁这些亲历者和见证人还健在，应该把大寨真实的历史如实记载下来，告诉世人，以免造成遗憾。"并由此在写作中得到了郭凤莲的大力支持。孔先生收集了大量第一手鲜活的史料，保证了对历史事件描述的客观和公正。他又是山西省作家协会会员，出版过多部著作，有着深厚的文学功底，保证了本书的写作水平。其次是该书出版后获得了权威人士很高的评价。2005 年 12 月 31 日，山西经济出版社在太原召开了由各方专家和各新闻媒体参与的《大寨沧桑》出版座谈会，与会专家从多个角度给予该书以极高的评价。著名作家二月河在本书序言中评价该书读后有一种大寨版史记的感觉。山西省社科院杨晓国研究员说："本书作者责任感很强，取材好，写作技能高。尤其是大寨在转型后的内容占了全书五分之一强，很吸引读者。"北岳文艺出版社副总编辑李建华在文章中说该书"书写了中国知名度最高的村庄的传奇故事"。山西日报记者翟翠明说："作者的人品、文品、官品均值得称道。"山西省文联的李再新说："该书史料翔实，气势恢弘，叙述生动，描写细腻，客观公正，有理有据。"各界人士都对这部书发出了不同的感慨。

本书纪实性很强，描写了大寨近 60 年的发展史，几多兴衰荣辱，几度沧桑变幻。作者以文化视点切入，紧紧围绕大寨精神塑造了一群不屈不挠的父老乡亲，展示了一幅艰苦奋斗、自力更生的建设图景。书来可歌可泣，读来可感可钦。

第二，具有可读性。本书语言生动贴切，生活化。而且应用了多种文学手法，竭尽描绘、勾勒之能事。尤其是细节描写，生动逼真。全书读起来轻松、有趣、亲切，欲罢不能。

比如在第二章有自报土地产量的一段描写。陈永贵坐在旁边凳子上埋头吸烟。……陈永贵听出是贾正元，忍了忍，没说话。……陈永贵停住抽烟，脸上浮现一种似笑非笑的表情。……心里说道：哄鬼去吧，你那地最多打30石！脑子在快速转。片刻，他站起来将烟锅在凳腿子上磕得山响，提高嗓门说："承让，记我的吧。13亩地，产28石。……陈永贵虎着脸，执拗地说：'28石就是28石，谁也不能改！'"这段笔墨将一个精明的当家人描写得活灵活现。诸如此类细节描写为本书注入了鲜活的生命力，恰当地表现了主题，增强了说服力，提高了阅读性。

全书用了生活化的大寨语言，诸如，人勤地不懒，火车跑得快全凭车头带，先治坡后治窝，搬山填沟造平原，千里百担一亩苗……这就是大寨特色语言，是别处所没有的。同时，这些朴实的语言正是大寨精神的真实写照。

第三，形式新颖活泼，方便阅读。全书在每一小节下都做了提要，读者尽可以挑选感兴趣的内容来读。诸如，24节中"行行业业学大寨的来龙去脉"，27节中"中央批转山西省检查报告"，都有针对性地解开了有关大寨的一些疑点和曲折。读者尽可根据兴趣来选读。

第四，装帧设计别具匠心。封面采用夺目的红色作底，揭示了大寨那辉煌的成就。下面是铁姑娘队群像——大寨精神的代表人物。上书郭沫若写的"大寨"二字，揭示了这位著名诗人、历史学家与大寨的不解奇缘。

当然，本书仍有尚待完善处。比如对陈永贵的描写，还可以更细、更深入，发生在他身上的一些事，尽可依实写来，其是非功过，任由后人评判。另外，对细节还可以做进一步的挖掘。尽管如此，综观全书，这仍是第一本详细描写大寨历史的纪实文学，全面、细致、可信、可读。本书不啻为一个了解大寨发展历史及现实全貌的窗口。

（原载于《山西经济日报》 2006.1.13）

书名
《樊纲自选集》

著者
樊纲

出版
山西经济出版社

开本
880mm × 1230mm　1/32

印张
6.3

字数
168 千字

日期
2006.06

经典垫底做学问
——评论《樊纲自选集》

记得梁小民教授说过，每门学科都有自己的经典，没有几本经典垫底，做学问就底气不足。我读完《樊纲自选集》，就有这样一种强烈的想法，这真是我们国内经济学界的经典。于是便将它放在手边，常读常看常受益。

这本书之所以说是经典，一是它的原创性，所收录的文章在独创性方面是公认的。二是它规范性，文章采用的研究方式遵循了经济学研究的基本规范。这本书仅收集了 9 篇文章。想樊纲作为当代经济学大家，不说文章等身，也是数量相当可观，我查了一下，他有十几部专著和近百篇文章，而让他从这浩如烟海的文章中精挑细选出 9 篇，也真是取舍不易。可见，这些入选文章的代表性应是当之无愧的，充分展示了一位经济学大家的经典研究。

这本书很特别，特别在它不光收集了经典文章，诸如《灰市场理论》等一些当年让大家耳目一新的观点，而且附有作者新近撰写的自述，作者谈了他的这一成名作当时是如何"向中国读者展示了现代经济学的魅力", 让大家明白"可以如何用现代经济学的视角和方法来分析我们中国的各种问题", 并且进一步就当时未尽的想法作了拓展, 解答了"灰市场理论"与"寻租理论"的关系。

又如, 他在书中所收的第一篇文章《论公有制经济中各种利益目标、利益矛盾和经济行为》的自述中谈道, 这篇文章是他在哈佛期间就一边学习一边思考的问题, 直到"相信自己可以将中国的特殊问题, 分析提炼成一些特殊的理论模型, 做一点在当时还算是独到的事情", 于是回国后, "迫不及待"地写了这篇文章, 这是他在"经济学理论研究上真正上路的起点"。

这本书读起来很轻松。小开本, 200 页, 区区十几万字, 相比于当前动辄几十万字的长篇大论, 正应了那句流行的话, 浓缩的就是精华。

一日不意在当当网上看到有读者评论说, "樊纲是现在中国经济学界难得的经济学人才, 哈佛的背景, 对于问题的看法总是以一个独特的观点分析, 很不错的人, 很经典的书"。很有同感。这样一本经典的经济学书是值得多读多看的, 是可以用来垫底做学问的。

来自基层的研究

——《"三农"问题的实践与思考》推介

久做编辑，尤其是长久关注并编辑很多部有关"三农"问题的图书后，这部书稿的出现还是令我激动不已。

它出自一位县域领导之手，它是一个有悠久传统的农业县太谷的有着浓厚农业情结的领导的不息探求与思考的结晶。书稿所收集文章分阶段性，思考并解决了农村出现的一些实际问题，是一个县级领导对农业政策的执行与领会乃至再创造的实践过程，反映了一个农业研究者对农业问题思考与解决的轨迹。

对"三农"问题30多年的跟踪调查思考，让作者写出了《农业农村发展的十大问题》，文中，作者以改革开放30多年的农业和农村发展作背景，以大量第一手调研资料为依据，中肯地提出农业和农村发展中存在的问题，洞悉内情，切中时弊，揭示了农业和农村发展的艰巨性和长期性。为更好地发展农业、繁荣农村作了大量基础性的思考与调查研究工作。

基于对太谷县农业长久的关注与热爱，作者写出了《全力打造山西最富活力的农业生态县》《全力打造山西最富活力的高效农业园和生态休闲园》《太谷县苗木花卉产业的回顾与展望》《太谷县红枣产业发展的调查报告》等一系列文章，从各个角度对太谷县的发展出路作了调研与思考，在此基础上提出一系列可行性的建议与对策。

基层的鲜活实践与理论的深度思索有机结合在一起，作者产生了对"土地承包经营权流转"（《关于农用土地权属概念的探讨》）等提法的质疑，在此基础上，作者对农用土地权属概念作了清晰界定，厘清了对常用概念的区别使用。由此可看到，作者对"三农"问题的思考是立体的、多层次、多方面的。

文章的精辟与书稿的独到，与作者陈春生的不懈追求与辛勤努力是分不开的。

他嘴里谈的最多的是"三农"，心里想的最多的是"三农"，三句话不离"三农"。说起"三农"问题他如数家珍，兴奋不已，口若悬河，滔滔不绝。正如他在本书的自序《难止的农业生涯难了的农业情结》中所写的，"关注农民、关注农业、关注农村，成了我的一个天然习惯""关注'三农'之情更加浓醇，做点事的欲望更为强烈，看来自己的'三农'情结与生俱来，与生俱去"。在中国这样一个农业大国的农村基层，有这样的领导，有这样的干部，何愁我们的"三农"问题解决不好，何愁我们的农村发展不起来，又何愁中国强大不起来！

资深"三农"专家、国务院发展研究中心农村部研究员崔传义读过这部书稿后，欣然为本书写了序言《植根"三农"推进县域发展富民和体制创新》。他认为，"这类报告、文章，对指导"三农"工作的各级领导机构决策都是大有帮助的"。

"调研文集紧紧围绕研究解决农村改革发展中的实际问题，一些深得要领、切中要害的分析判断，理论结合实际的思考，深邃的见地，给人以真切感触和诸多启迪，对当前深化农村改革，推进县域发展富民和"三农"问题研究都有重要借鉴意义"。并提出"希望这样的领导者、工作者，这样的文化精品更多地在县市涌现，这将会在县域经济社会发展中发挥重大的作用，成为时代的光彩"。

确实，来自基层的鲜活文章，更值得基层"三农"工作者借鉴学习。

（
原载于《山西农经》
2010（5）
）

经济学术的丰碑

——《林毅夫自选集》读后

《林毅夫自选集》是山西经济出版社出版的《当代华人经济学家文库》丛书之一。受丛书宗旨"一本书是一座丰碑,求精不求多"的局限,本书仅选了 10 篇文章,但尽管如此,足以反映林毅夫先生成为一名经济研究大家的原因所在。

作者亲自挑选了 10 篇在其理论发展和思想认识中具有里程碑意义的论文,专门撰写了每篇论文的写作背景、基本思路、文献价值。文集内容少而精,反映了作者理论研究的前瞻性和规范性,对经济理论研究者有重要参考价值。尤其是对青年学生及经济理论工作者具有启发借鉴作用。

有别于一般意义上的自选集,本书的亮点不仅在于自选(作者在原文的基础上作了增补,内容上更丰富,可读性更高),更在于自评,即对所选文章在当前的现实意义及理论价值作一个客观的评价,并追溯其来龙去脉,包括文章的写作背景和基本思路、在文献中的贡献等内容。由此读者可学习到学术论文写作的一般方法,可了解到所选文章的生命力所在及其学术价值。

从内容上讲，10 篇文章串起一条主线，通过一个个自构的理论模型，可看出林毅夫经济研究构建了以经济发展阶段、要素禀赋结构、社会思潮、政府发展战略、企业自生能力、产业结构内生性、金融结构内生性和政府政策内生性为主要内容的前后逻辑自洽的发展和转型理论体系。这个体系的价值在于：一是可用以解释发生在中国的经济现象和问题。二是为分析其他国家的经济现象和问题提供了一个框架。三是推动国内经济学界用现代经济学方法来研究中国经济问题，并由此构建出新的经济理论。

就每篇文章来说，字字珠玑、篇篇精彩，并有代表性，正所谓，一篇文章是一座丰碑。其中包括首次将制度变迁区分为诱致性制度变迁和强制性制度变迁两种类型的《一个制度变迁的经济学理论：诱致性和强制性变迁》；包括被美国科学信息研究所评为 1980 年至 1998 年发表于国际经济学界刊物上被同行引用次数最高的论文之一、获颁"经典引文奖"的《中国的农村改革及农业增长》（1992 年发表于《美国经济评论》）一文，这篇文章也是被经济学诺贝尔奖获得者舒尔茨评价为"新制度经济学的经典之作"博士论文的深化与具体化；包括被经济学诺贝尔奖获得者詹姆士赫克曼评论《发展战略、自生能力和经济收敛》为"林的研究说明了过去 15 年来的新发展理论是没有价值的，根据他的研究甚至许多芝大教授的成果也是没有价值的"，等等。尤其值得称道的是第十篇《关于经济学方

书名
《林毅夫自选集》

主编
林毅夫

出版
山西经济出版社

开本
787mm × 1092mm   1/16

印张
21

字数
316 千字

日期
2010.09

法论的对话》，这是中国经济研究中心网站上点击下载最多的文档之一。通过这篇文章的自述，林毅夫先生不仅在经济研究方面提示了方法论的应用，而且提出了一种新的教学方法：对话。并指出这种教学法有三大优势：一是可以就一个问题层层展开，深入论述。二是可以将各家各派的观点、理论放在一起进行比较分析，相互辩驳。三是可以根据学生的理解反复诘问、相互切磋。

从这 10 篇文章中，不仅可以看到一个经济学家几十年来一以贯之的经济研究体系，而且可以看到他是如何通过对现象的分析、对问题的解决构建模型，从而上升到创建新的理论的高度。同时，他还在为人为师方面作了大量的思考，这是一种全方位的对问题的研究及探索。

从研究方法上讲，本书突显出三化：本土化、国际化、规范化。

本土化，10 篇文章均是就中国的经济发展中产生的现象和出现的问题来作分析及研究，从而提出有建设性的意见，读后你会由衷地感慨，林毅夫先生荣膺"中国高层智囊"的称誉是当之无愧的。

国际化，尽管针对的经济现象和研究的经济问题是发生在中国本土的，但是研究方法及观点却是国际的，作者是站在国际经济研究的前沿来作分析及研究并得出结论的，这与他的学术背景是分不开的：他是中国大陆改革开放后第一位从西方学成归来的经济学博士，第一位登临国际经济学界顶级讲坛——剑桥大学"马歇尔讲座"的中国学者，第一位成为世界银行高级副行长兼首席经济学家的中国人，迄今为止中国在国外经济学期刊发表论文最多的经济学人……

规范化，"研究对象的本土化十分重要，但是研究本土经济问题本身还远不足以推动中国经济学研究成果的国际化，还必须要有规范化"，这是林毅夫先生多年来一直呼吁和倡导的。只有规范化，才能纳入国际研究话语体系。他以身作则，其文章从形式到内容都是非常规范的。可作为经济专业学生写作规范化学术论文的典范。具体表现在：一是形式的规范，包括提出自己对某一问题的论点前先整理文献，归纳别人对这一问题已有的研究成果；引用别人的观点必注明出处，从本书参考文献篇幅占 12% 就可看出，林毅夫先生是非常注重知识版权的。二是理论创新的规范。注重对逻辑关系的分析和推导，形成新的逻辑体系，进而构建新的经济学理论，区别于我国经济学者构建新经济学理论时用个人判断、他人观点、比喻等代替推理和逻辑分析。三是在方法论的规范上，对分析问题的大小前提、假设、推论均有明确的表述，并构建有数学模型。既注重内部逻辑的一致性，又对推论与经验事实的一致性作了检验。

从本书的装帧上看，为使这样一本经典书达到多读多看后仍能长期保存的目的，采用了精装的形式。使内容与形式相得益彰，充分体现其厚重性。其实最初林毅夫先生不同意做成精装。他说，如果做成精装，定价就会高，会让学生购买困难，要让学生能买得起，读得到。于是，最终尽管用了精装，但是定价定得很低，基本上是按照一个印张一元钱定价。对于出版社来说，这种定价是罕见的，但为了真正能让学生买得起、看得到，走近大家，学到一点经济研究的真谛，从而推动中国的经济发展，那么，少赚点钱也是值得的。另外，版式及内文设计很简单，烘托了研究的朴素和实用性。

综观整部书可谓处处运匠心，开卷处处皆学问，不仅是中国经济问题的解决、现象的剖析、方法的引导，而且有做师为文的探讨。更重要的是，本书对于当前中国经济中面临的 CPI（消费者物价指数）居高不下等诸多问题和现象的解决与探讨有重要的借鉴意义。

（ 原载于《中国图书评论》 ）
2011（5）

恰似天上一颗星

——有感于《编辑如是》

　　真正的好书，恰似天上一颗星。尽管是一丝星光，但暖暖地，执著地，穿透亘古，照进未来。

　　譬如《诗经》《春秋》《左传》《国语》《战国策》《尚书》《论语》《楚辞》《离骚》《吕氏春秋》《史记》《汉书》《唐诗选》《宋词选》《元曲鉴赏辞典》《三国演义》《水浒传》……仿若群星灿烂，照亮天空，丰盈了宇宙，富足了人心。它们或思想深邃，或充满哲理，或给人启发，或引人向上……它们以其各具的魅力，构筑了人类精神文化的广袤星空，影响了一代又一代的后人。

　　我认为，《编辑如是》也是浩瀚星空中一粒小星星。它是山西人民出版社于 2012 年出版的一本随笔文集。作者是编辑前辈孙琇老师。印刷了 2000 册，至今销售千余册，很显然，它不是那种畅销书，那种流星般的畅销书，来时耀眼夺目，去时无影无踪，它只是一粒小恒星，始终暖暖地照进你心里，燃起一片星光。从拿到它起，从读过它始，它便成了我的枕边书，照亮我心中无数个夜晚。

　　说它是随笔文集，它专业性很强，探讨了期刊的定位、市场、出版物质量、图书的效益……就其理论和观点，完全可以打造成标准的学院式的论文，但作者孙老师说："论文的形式不是主要的，有无点滴自己的、有异于别人的、正能量的内容才是最重要的。现在论文泛滥，但新观点不多，这是尽人皆知的现象，我们无力改变，但可以不随波逐流。"他以自己的手中笔，鲜明地表达了自己的观点，身体力行与不谐风气作斗争。

　　说它是专业书籍，它充满温情和感性，趣味无穷。不论文章名，如《孩子·牌子·台子》，还是文章内容，抑或是文后追记，都含情脉脉、娓娓动人，丝毫没有生硬之感，读来如坐春风，让人在舒适的享受中备受教益。

　　全书分《聆听章》《絮语章》《深思章》《浅悟章》《章外》五部分，将做编辑的基本功——听、说、想、悟细细道来，听是指善于处理信息，说是指树立主体意识，想是要有创新精神，悟是要深度思考，探索规律。全书没有一点说教的意味，有的只是一位老编辑的经验和感悟。他以其智慧和热情，谆谆善诱，不厌其烦，耐心讲述着编辑三昧。

　　《聆听章》《絮语章》主要涉及编辑实务研究，《深思章》《浅悟章》主要涉及编辑理论研究。众多的文章，不论是对业务的研究，还是理论的探讨，都言之有物、言之有理、言之有趣。大量鲜活的事例，信手拈来，反映编辑功力的同时，不啻案例教学。

更有趣的是，每篇文章后面附有一篇追记，从现在的角度，介绍了文章写作的背景，并就文章内容发表了现在的看法。使读者不仅可以了解文章观点，还可以进一步思考文章观点的变化，让文章所谈问题处于动态发展中，契合了人对事物的认知规律：始终处在发展变化过程中。

这本书对于编辑的教益我觉得主要有两点：

一是总结了编辑工作特点。作为一项社会文化工作，编辑工作具有政治性、思想性、科学性、创造性、专业性的特点；而作为一种社会专门职业，编辑工作的专业性则体现为选择性、加工性和中介性等。关于选择性，书中的《选稿四弃》《选稿四取》，从正反两方面反映了编辑工作的取舍标准。关于加工性，《编辑改稿，有规律可"寻"》《站在地上的回应——再谈编辑改稿及其他》等文中指点了迷津。关于中介性，《编辑出版研究一二三》等文中作了探讨。理论与实践相结合，案例与讲解相交融，明白晓畅，通俗易懂。

了解掌握编辑工作的特点是做好编辑工作的基础。编辑工作是门手艺活，手艺活有个特点是"师徒相授"。新编辑需要编辑前辈的传承和教导，在社会节奏飞速加快的今天，手把手地教的条件很难具备，阅读这本书，便是得到了编辑前辈的悉心教导。

二是树立了编辑标杆。书中树立了"一位有赤子之心、有眼力、有功底的编辑人形象"。赤子之心，是指文章中充满了对编辑职业的挚爱与忠诚。但凡要做好一件事，离不开一种挚爱之情，尤其是编辑这样一种为人作嫁的工作，尤其需要一种不离不弃的热爱。只有这样一种爱，才能支撑编辑孜孜矻矻勤敏工作。有眼力，是指文章中提出的问题及对问题的剖析，准确敏锐，恰中肯綮。让人从纷繁复杂的编辑现象中抽丝剥茧，厘清背后的规律。有功底，是指文章中对编辑知识的把握，没有高深宏论，但对编辑知识条分缕析，言近旨远，让人有豁然开朗之感。这样一种编辑标杆，使人有清晰的目标，有奋斗的标的。

不论从哪个角度看，《编辑如是》都是一本有理、有趣、有内涵、有用的书。张伯海认为，这本书可以作为高校相关专业的选本。我则以为，这本书是新编辑的必读和老编辑的醒木。不论作为什么，它都不失为那样一颗星星，恒久地照进编辑人的世界，熠熠生辉。

一

追记：读书一时兴起，匆匆写就感想千字文。捎给孙老师过目，几日功夫，收到孙老师一封回应长信，洋洋洒洒两千余

言，读罢心中充满了感动感谢之情。一说成书缘由，二说他的
看法，教益颇深。一位功力深厚的编辑前辈竟然如此认真，如
此严谨，令我肃然起敬。

点燃成功的激情
——《心想事成》评介

　　《心想事成》封面以金黄色作底，星光四射，仿佛宇宙能量的大爆发，神秘中蕴藏着辉煌，典雅中蕴含着灵动。让人情不自禁想要翻开来，想要走进去，想要了解它。

　　展卷阅读，箴言录、祥云托起的小标题，还有那如珠玑般遍布全书的黑体字，无不让人目不暇接，让人受到触动，让人有所感悟，让人点燃激情，让人走向成功。最妙的是，俯拾皆是的名言警句、格言启示让人振聋发聩，让人不由警醒。

　　诸如，居里夫人说："我只惋惜一件事，日子太短，过得太快。一个人从来看不出做成什么，只能看出还应该做什么。"

　　大文豪欧阳修说："余平生所做文章，多在三上：乃马上、枕上、厕上也。"

　　……

　　当然，更多的是作者自己的精彩总结。"美丽的心情营造美丽的日子，所有美丽的日子串成美丽的人生。"

　　"最好的办法就是确立一种行为准则，害怕什么，就面对

书名
《心想事成》

著者
宁志荣

出版
山西经济出版社

开本
850mm×1168mm　1/32

印张
14.25

字数
382 千字

日期
2012.05

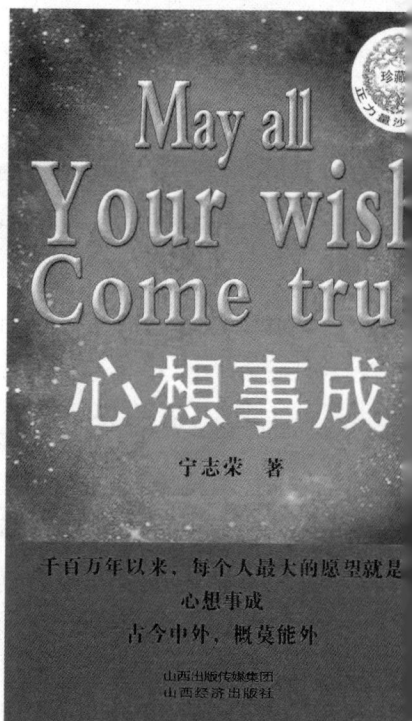

什么。"

"一个人优秀不优秀，要看他有没有养成得以优秀的习惯。"

……

最难得的是，很多的感悟，作者是在生活中真切体会，继而是认真的思索总结基础上得出来的，是原汁原味的感受，给人教益尤深。探索的艰难苦涩、奋斗的心路历程、成功的遥不可及历历在目，于无形中给人以莫大的启示。

读罢不由不感慨：《心想事成》是那种能让人一口气读完的书，这源于它流畅灵动的文字，更源于它一以贯之的一种激情。正像书的封底所录读者评论："它弘扬的积极向上、奋发有为、努力进取、百折不挠的理念，使我拥有了战胜的勇气和能量。"……这种积极向上，是一种正能量，能给所有读到它的人一种燃烧的力量，一种欲罢不能的感觉。

纵横捭阖的结构，大气磅礴的语言，酣畅淋漓的倾诉，美不胜收的文字……于欣赏之余受益匪浅。

掩卷静思，它分30章，既独立成篇，又相互呼应，自成体系。书中从树立目标、确立人生观说起，总结了成功的几大要素：定力、热情、抗力、习惯、毅力、口才、细节、情商、吃苦、坚忍、敬畏、吃亏等。对每一个要素，既有苦口婆心的谆谆教诲，又有古今中外的生动案例，寓理于事、寓情于景，持之以恒照章修炼，你至少会向成功迈进一大步，最终会心想事成。

而心想事成是我们每个人的追求，不论我们在做什么，不论我们处于什么境地，我们最终的目的是心想事成。作者以这样一个词作为书名，一方面寄予读者诸君一种美好的祝愿，另一方面教以可行可为的方法助读者走向成功。可谓良苦用心。

《心想事成》值得一读、值得一阅。俗话说，好书能改变一个人的一生。这本书，至少可以说，会改变一个人的状态，它会让你变得积极向上，变得激情燃烧，而这是成功的大前提。如若能辅以长期的修炼，那么心想事成唾手可得。如果说，成功需要一个契机，那么，本书便是一个很好的契机；如果说，成功需要激情，那么，本书便是点燃激情的火种。

（原载于《山西经济日报》
2012.9.8 ）

再现农村改革轨迹
——《我认识的杜润生》侧记

　　《我认识的杜润生》日前由山西经济出版社出版了，这本书从别人的角度记述了杜老在农村改革中的往事，再现了农村改革轨迹。全书分三部分。第一部分是回忆文章，作者们或者长期与杜老共事，或者在他领导下工作多年，相识已久，相知较深，他们深情回忆了那段往事，从不同的侧面，以多样的丰富笔触展现了一段农村改革轨迹，展示了一个真实的杜老，激起诸多读者的情感共鸣。书中还收集了许多珍贵照片，其中不乏领导人当年的风采。第二部分是书评，对杜老其人其书作了评介，杜老出版过九部书，可谓部部精彩，篇篇珠玑，都是对农村改革的思索与探讨，有着多方面的借鉴意义。第三部分是为了使读者从更广泛的角度了解杜老而收集的媒体报道。

　　2012年7月18日，在人民大会堂宾馆5层会议室开了首发式。白发皓首的老者、青春勃发的中青年，济济一堂，激情振奋，争先恐后，畅所欲言，借《我认识的杜润生》出版之机，回忆风起云涌的改革历程，讨论变幻莫测的世界局势，探讨农

书名

《我认识的杜润生》

主编

余展　高文斌

出版

山西经济出版社

开本

787mm×1092mm　1/16

印张

32.25

字数

480千字

日期

2012.07

村改革的热点难点，展望中国改革的大好前景……不啻为一场
中国农村改革的思想盛宴。

　　书出了，首发式开了，犹如一石击起千重浪，电话不断，
有的意犹未尽，觉得还大有可书之处，还大有可回忆之事，如
山西省社会科学院老院长陈家骥，致电表达了此意；有的提出
书中有待商榷之处，如国务院发展研究中心研究员潘国耀，首
发式后，他特意写给编者一封信："首先感谢你们为大家出了《我
认识的杜润生》这样一本好书。我浏览了 20 多篇，确实篇篇
都是好文章。但有一处应该为：1982 年农委撤销，成立中央
书记处农村政策研究室，中国农村发展研究中心。 中国农村
发展研究中心改称国务院发展研究中心，是分配 7 万辆汽车时，
那是 1986 年底到 1987 年初的事。这件事只有武少文副主任最
清楚，因为他是领导小组组长，张岳和我是具体工作人员，为
这事，武少文副主任专门请示过谢华副主任，最后领导们商量
的结果是之后就用新名称。此事被当时的副秘书长知道后，他
还在一次回忆文章中记录了此事。（建议此事到此为止，不用再在书中提起）
这里提起往事只是说明当时的名称，单位的同事都知道，之前
的工作证都是一个名字，后来并列两个名字时就用上国务院三
个字。时间问题，323 页郭平壮的文中是正确的，77 级同学是
1982 年初到农委报到，78 级同学是 1982 年 7 月至 9 月到中央
书记处农村政策研究室报到的。建议只把时间恢复为正确的即
可，名称统一用国务院农村发展研究中心也好。"他的信，厘

清了那段历史时期的机构名称。

《中国改革》月刊选载了书中的一些文章，还有一些网站争先恐后地登载此书中首次发表的一些文章。

意犹未尽也罢，有待商榷也罢，选载不断也罢，都说明这本书不失为一本好书，受到了大家广泛的关注。确实，单从它精美的装帧和独具匠心的设计就给人一种美感，封面上虚化的杜润生肖像寓意这位百岁老人的仙风仙韵，烫亚金的名字寓意这位老人所做的贡献分量之重。翻开扉页，一首小诗"忧国爱民奋斗终身，一身正气两袖清风，历经坎坷无怨无悔，心系三农血脉互动"概括了这位世纪老人的一生，单页侧边一枚精致的小章，刻了"杜润生百年诞辰"，与序言《世纪老人杜润生》遥相呼应，形成了一个水乳交融的整体。

待展卷一读，清新朴实的文字，将读者带回那个曾经的改革年代，不由不让人沉思，不由不让人振奋，这本书带给不同的人以不同的感受与体会，给经历过那段岁月的人以回忆，给未经历过者揭开历史的面纱，给读者从不同的角度提供了不同的借鉴。《我认识的杜润生》确实是一本不可多得的好书。

（原载于《山西农经》 2012（4））

阅读播绿者

——刘清泉

2013年3月的一个午后，太阳的余晖暖暖地洒在客厅，我和刘老热闹地聊着，已经出版的书和将要出版的书，以及他经历过的一些人和事。从他的回忆中，我感受着那一代林业人的执着与奋进、奉献与投入，谈话间不时响起他爽朗的笑声，哪里像90多岁的老人。那是我最后一次见他，对他的全部记忆就停留在那个午后的阳光中，那天的谈话也给了我很大的影响。

他说，他是个没学历的愚人。其实，他是位睿智的学者。他离休前是山西省林业厅厅长。他一生视林业如生命，几十年如一日，爱林、造林、护林和写林，成了林业系统一位传奇式人物。早在1998年3月，王庭栋就给了他很高的评价：千千万万个刘清泉式的"树迷"涌现出来之日，就是我国林业建设全面兴旺发达、自然生态走上良性循环道路之时！

他谦逊地说，他有自知之明。当上级组织要调他去林业部任副部长时，他推掉了："我能力有限，能将山西林业搞好就

书名
《晚晴集粹》

著者
刘清泉

出版
山西经济出版社

开本
880mm × 1230mm   1/32

印张
8.625

字数
210 千字

日期
2009.03

很满足了。"这让我感动又感慨。

认识、了解刘老,始自阅读他的书稿。2004 年 1 月 12 日,作为编辑的我首次去拜访刘老,准备给他编辑出版《走过的路》,自此一发而不可收。之后又编辑出版了《晚晴集粹》《林木生态歌》《泉声林韵》。由此,从一部部书稿的编辑阅读中进一步认识、了解了这样一位矢志不渝的播绿者。

《走过的路》是一本自传体著作,但并非个人自传,而是着眼于每一阶段每一地域的集体工作。该书记述了刘老 65 个春秋走过的一条绿色之路,一条代表人民利益、实事实干、实话实说之路,展示了他团结带领林业战线的同志,走遍山西的山山水水、沟沟坎坎,因地制宜地加快林业发展的历程,可以说是一部山西林业发展史。有思考、有实践,对从事林业工作者有诸多启迪与借鉴。

刘老是一位不折不扣的基层工作者。他说,"植树造林就像六月天买皮袄,是造福子孙的好事"。因此,他"满脑子是树"。早在 20 世纪 50 年代,在山西夏县创造了平川造林的典范,在运城和翼城使"四旁"绿化立竿见影,让乡宁的荒山长满松柏,使山西省的森林覆盖率大幅度提升。

刘老也是一位货真价实的林业专家。他说:"古老的山西……生长着许多珍贵树木,它们刻记着大自然的变化,记录着人类历史的兴败盛衰,它们是历史的见证、大自然的档案、古文化的象征、科学研究的宝库。但由于沧海变迁、风吹雨打、雷击人损，如今已所剩无几了。大自然留给我们的这些瑰宝，我们现在如不及时弄清楚，并记录在案，今后就再也找不到它们的踪迹了，这将是人类的一大损失。"于是，他在退居二线之后，用了两年多时间，走遍山西省 119 个县（市、区）的 544 个乡镇 772 个村庄，行程 1.5 万公里，共向 800 多人做了调查访问，获得了 1429 株（121 个树种）古稀树木的图文资料，近 40 万字，拍摄古树照片 5000 多幅，并采集了一些古稀树种和树木化石，出版了《山西古稀树木》一书。这是迄今为止我国第一部研究古稀珍贵树木的专著，填补了我国林业研究史上的一页空白。由此奠定了刘老作为一名林业专家的地位。

刘老是一座桥梁，将理论思想与实践操作很好地结合在一起，运用理论指导实践，成效显著；总结实践，形成理论，贡献莫大。

随后出版的《晚晴集粹》收录了他于 2004 年到 2009 年之间写的 145 首诗词、32 篇短文、112 封信件及 80 幅古树、花卉、风光照片。他自称是一个"下里巴人"，对祖国锦绣美丽的河山、生态环境优美的风光、经济繁荣兴盛的情景、文明和谐社会发展的趋势、古人植树今人守护的精神风貌、人与自然的相互依赖，以及书颂和悼念一些同志诗文的杂糅拼盘。究其实，无论是通过什么样的表现形式，全书都充满了对绿色的思考和关爱，从不同的角度诠释了他作为一名忠实的播绿者在不同时段的不懈追求，处处闪动着他维护生态建设的身影。古树照片资料详细，诗词杂咏围绕绿化，短文杂感思考生态，信来信往反映林业工作……这是一部对林业工作者有所启迪和教益的资料性图书。

《林木生态歌》以四言体 600 句 2400 个字，通俗朴实的文风，朗朗上口的语言，讲述了森林树木与生态环境相互依赖的关系，与工农业生产和人类健康相互制约的关系。书中反复强调，林业建设有利当前，造福子孙，为富永远。该书出版后，刘老先后去了运城中学、夏县中学、山西农大等很多学校赠书讲课，完成着播撒绿色理念的使命。

《泉声林韵》，收录了森林树木照片、评论书与人的文章、回忆林友事迹、调查工作日记、工作来往信件、诗词杂咏及农业谚语。刘老自称是以一条绿线串着一碗大杂烩。究其实，是刘老离职不离休，对林业工作时刻思考的方方面面的反映。

一部一部书稿的编辑和阅读，让我激荡于林业工作的重要与伟大，让我感动于播绿者的劳作与艰辛，让我感谢有刘老这样为着林业而生的人，他们为着林业执着努力，为着林业奉献不已，身体力行地保护着我们赖以生存的环境。

编辑书稿期间，多次去拜访他。对书稿中一些疑问进行交流探讨。每去一次，心里都会像被水洗过一样熨帖。

不管他是步履蹒跚，还是视物不清，他爽朗豁亮的笑声，总会让你联想起他年轻时的气度不凡，叱咤风云；总会让你看到他对世事的豁达，对书稿的严谨，对生活的热情；总会让你收获很多的教益。

有人评价他是五老（老专家、老教授、老革命、老党员、老领导）的代表人物，在我看来，他只是一位可亲可敬的学者。他慈祥，不停地招呼：你吃啊，喝茶吧。他宽容，给我书稿时说：不急，你抽时间慢慢看吧。他认真，反复叮嘱，把好校对关、印制关，不要出现问题。他虚怀若谷，有分歧时，他说：你定，你说啥就啥吧。他乐观，你这次来，我在，下次我不一定在不在了，这是自然规律。他谦和，责任感强，书稿交到我手中，总要反复问："从出版的角度看，质量怎么样？"他勤奋，每天读报、看书、写字、画画……

他是一名不折不扣、始终如一的播绿者。离休前，他奔走工作，走一处绿一处，处处播洒着绿色的种子。离休后，他笔耕不辍，写文著书，四处播洒着绿色的理念。正像他说的，"一个人进城办事不能是事没办，走到半路就折回来了。干革命也是这个理呀，既走了革命道路，就要为革命奋斗一辈子，不能干半截就不干了！我虽然老了……但我要自觉地寻找为革命奋斗的岗位。"这种执着的奋斗精神最值得我们记取和学习。

阅读播绿者，不啻于阅读林业建设历程，深深懂得了林业之于人类的重要，林业工作者播洒绿色的伟大与不凡，深深懂得了为林业而奔走努力的林业人的奉献与执着。

（原载于刘清泉著《泉声林韵》
山西经济出版社 2013 年版）

可持续发展思想的探讨

——《经济社会可持续发展思想文库》评介

　　《经济社会可持续发展思想文库》（包括五本书：《经济思想批评史》《管理思想批评史》《清洁生产与循环经济》《地方政府治理的创新》《福利经济学派伦理思想评价》，由山西经济出版社2014年6月出版）传达了这样一种可持续发展思想：环境问题和经济社会问题相互交融、密不可分，可持续发展具有能够应对人类所面临的各类基本挑战的潜力。这套学术著作从不同的角度，基于生态文明建设对相关经济社会理论问题作了独特的思考与创新性探讨，对于当前经济社会可持续发展战略思想作了延伸性探讨。

　　清华大学的陈劲教授在总序中梳理了经济社会发展方式的转变，强调了可发展战略思想在当前的重要性，陈述了本丛书编写出版的目的：为了积极响应和落实中共十八大报告着重强调的生态文明建设的相关规定，为了顺应联合国可持续发展战略的要求，同时也为了反思新自由主义风行导致的种种与生态系统法则相背离的理论问题。综观全套书，很好地体现了丛书

书名

《经济社会可持续发展思想文库》

主编

陈劲

出版

山西经济出版社

开本

787mm × 1092mm　1/16

印张

73.25

字数

1299 千字

日期

2014.06

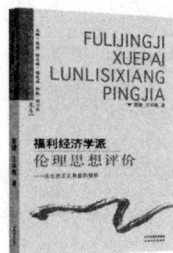

编写初衷：对于可持续发展战略思想作了深度探讨，有理论有实践，具有前沿性和学术价值。

在生态文明建设成为时代强音的背景下，推行清洁生产，发展循环经济，实现经济社会和环境的可持续发展，是建设生态文明的基本途径和必然选择。《清洁生产与循环经济——基于生态文明建设的理论建构》就是从清洁生产和循环经济这两条建设生态文明的基本途径入手，在全面梳理生态文明建设所涉及的相关理论问题基础上，论述了生态文明建设国家意志形成的过程及其学术疆域。探讨了循环经济的原理和发展、指标体系和评价、发展规划编制等相关问题，以及清洁生产的原理与应用、审核方法等内容。

《经济思想批评史——从生态学角度的审视》从生态学的角度对经济思想进行批判的分析，着重阐述了经济思想发展及其实践运用过程中对生态系统产生重大影响的理论方面，诸如经济增长理论、经济危机理论、外部性理论、人口理论、国际经济贸易理论等。在将马克思的经济思想与西方经济思想进行对比的过程中分析每一个理论，批判经济思想的生态缺失，同时从生态的维度重新认识马克思的经济理论，对解决当前我们面临的全球生态问题有重要的理论意义和实践价值。

《管理思想批评史——从外部性结构缺失看西方管理学理论短板》从可持续发展的绿色视角去回顾以往的管理思想，在系统阐述西方管理思想史的过程中，批判地分析了其所存在的外部性结构缺失理论问题，对西方管理思想发展史的各个阶段因其外部性结构缺失所导致的对生态环境的破坏性影响进行了审视。本书在研究管理科学史方面提供了一个参考视角，从批评史的角度来审视管理思想，具有开拓意义。

《地方政府治理的创新——基于资源型省域的探索与思考》采用案例的形式，以资源大省山西为例，以推动资源型经济转型为出发点，以治理的视角和方法，构建了资源型经济转型与地方政府治理相关性的分析框架，借以分析和研究地方政府管理模式创新问题，并通过梳理和评价影响因素，探讨和寻求管理模式创新的内容和途径，从而提出自己的见解，为推动转型实践提供借鉴与参考。

《福利经济学派伦理思想评价——从生态正义角度的探析》对以关照人的幸福而不只是财富为特征的福利经济学的伦理思想作了探讨，提出经济学不仅要研究财富的增长，也要研究财富的分配；不仅要关注财富的分配，还要关注人的全面发展；不仅要促进人的全面发展，还要促进人与人、人与社会、人与自然之间的协调发展。只有全面关注协调推进这几方面的发展，才能实现中国经济、政治、社会、文化、生态五位一体的发展战略，才能实现中国的富强梦、民族的复兴梦、人民的幸福梦。

综上所述，五种书围绕可持续发展思想，从生态文明、生态正义、生态学等视角，探讨了经济社会发展中的诸多问题，正如《我们共同的未来》报告中所言："生态学与经济学正在不断地相互交织在一起，局部、区域、国家和全球层次均有所涉及。"无论是过去还是现在，与解决环境、经济社会问题相关的各种探讨不可避免地融入可持续发展的思想之中。在可持续发展思想这个总纲下，纲举目张，会展开更多的经济社会问题研究，会有更多的成果不断问世，在这个意义上说，本套丛书无异于问路石。

这套丛书无论从涵盖面，还是从各自的学术领域，纵横两方面都有重要的参考和借鉴意义。当然，本丛书也存在一些不足之处，诸如，还可以引入更宽泛的研究，但终归是瑕不掩瑜，本丛书的出版对于可持续发展思想的实践应用、对于当前经济社会的发展具有重要助力作用。

（原载于《经济问题》2015（2））

书名

《你在秋天》

著者

陈彦玲

出版

山西经济出版社

开本

880mm × 1230mm   1/32

印张

7

字数

100 千字

日期

2014.08

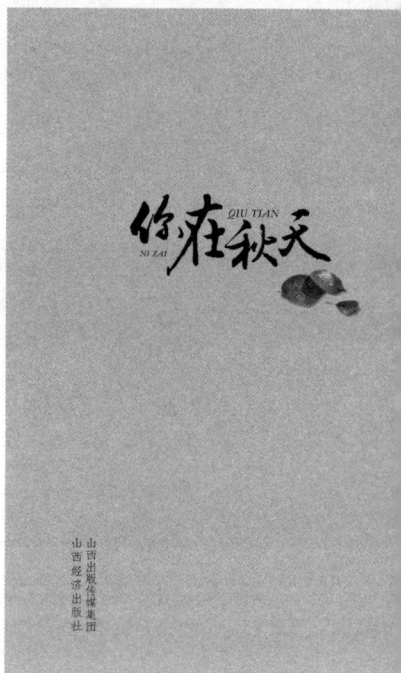

书香女人

——《你在秋天》代序

像所有的女人一样，她爱百合花，花香给了她不尽的灵气；像无数的文人一样，她爱品茶，茶香给了她绵绵的滋养；但她最爱的还是读书，她说：有好书读胜看花。

书香带给她的，是一种从内到外的独特气质。

因为书香浓浓，她智慧大气；

因为书香氤氲，她成果斐然……

她便是我心中眼中的书香女人。

欣赏她，不只因为她是我敬重的优秀出版人前辈陈宇华先生的女儿，更多的因为她是名符其实的书香女人，是和我一样的人——爱书、赏书、编书、出书、写书……须臾离不开书。

《你在秋天》是她的随笔文集。点点滴滴的生活、丝丝缕缕的情意、大大小小的感动……借涓涓细流般的文字，将亲情、友情、爱情演绎得异彩纷呈。

捧读它，不仅能感受到春的欣喜、夏的炽热、秋的丰满、冬的沉静，更能体味到亲情的感动、爱情的陶醉、友情的温暖，乃至于对人生的思考和感悟。

父亲的忽然离去、工作的坎坎坷坷，让她经历过很多，但正如张爱玲所说："在这个光怪陆离的人间，没有谁可以将日子过得行云流水。但我始终相信，走过平湖烟雨、岁月山河，那些历尽劫数、尝遍百味的人，会更加生动而干净。"我始终认为，书香女人其人其书便是生动而干净的一道风景。

阅读其人，熨帖舒适；阅读其书，如坐春风。

（原载于陈彦玲《你在秋天》
山西经济出版社 2014 年版）

激荡起一种奋起而积极面对人生的情怀

——《正力量》给你人生正能量

《正力量》一书，区区十几万字，一口气读完，弥漫全书的一种强烈的自我情绪、自我体验、自我奋斗扑面而来，如飓风般，立刻激荡起一种奋起而积极面对人生的情怀。书中没有嚼旧的成功案例，没有用滥的成功说教，当然，也没有当下励志书中千篇一律、千人一面的成功启示。有的只是一种酣畅淋漓的自我宣泄，作者鼓荡着生命的体验，将自我对人生的感觉和感悟一泻千里。全新的形式、丰富的内容、另类的表达，令人有所震动，亦有所收获。

《正力量》一书就是以一种自我体验导引着我们拥有正力量，强大自我，从而走向成功。

首先，作者认为，每个个体生命都包含有生长因素、智慧因素和能力因素，有待挖掘，因此，打破认知局限，认识自我，塑造自我，树立"我能行"的信念，是拥有正力量的出发点；其次，在平常生活中坚持不懈地破除我执、明心见性、寻找自我、塑造自我，是增强正力量的有效方式；最后，要树立远大目标，增强学习力和坚持力、自制力，拥有包容心、善心、爱心，去掉紧张心、攀比心、虚荣心、嫉妒心、猜疑心、恐惧心，不怕吃苦，采取正思维、积极思维、多角度思维、当下思维等，修身养性，讲求信用、善于思考、严于律己，这些都会有效助力正力量的增强。

在每一本书的背后都站着一个人，字里行间有他的影子，行文当中有他的思想，本书亦是如此。在这本书的《后记》中，作者宁志荣先生说："这本书写出了我有关人生的见解，有些应当是独到的见解，这是我艰难而真诚的作品。"尽管这个总结充满自谦，但它确实是一部艰难而真诚的作品，艰难在对自我的无情解剖上。艰难在对人生的深度探求上，艰难在对求索的准确表达上，但不论怎样艰难，作者都以他的真诚、率性、执着完成了，走出来了，正是这种执着的信仰，使一个人无论经历怎样的坎坷和风雨，都会拥有丰盈富足的内心世界。单就凭着"艰难而真诚"的书写，本书就是开卷有益，更何况，书中如珠玑般珍贵的感悟，如繁星般璀璨的思想，更是让我们受益无穷。

（原载于《山西日报》 2014.3.26）

调查研究是推动发展的有力武器
——由《农业大省的新探索》想到的

　　《农业大省的新探索——陈文科湖北"三农"调研文选》（山西经济出版社 2015 年 5 月出版）是湖北省原社科院副院长陈文科研究员在 2008 — 2014 年所做的调研报告文选。这部文选，读来让人耳目一新，无论是调查内容，还是调查方法都具有极强的参考借鉴性，引人思考，给人教益。

　　这部文选收录了湖北"三农"问题研究的一批可以拿得出、站得住、有实用的成果。这批成果有三个特点：一是调研选题紧扣湖北省委、省政府"三农"工作决策部署，着重总结有面上指导性的成功经验，做有所用，直接为省委、省政府提供决策参考；二是坚持全省面上综合调查与典型案例分析相结合，点面结合，深度与广度结合，资料数据可靠，由此所作的分析科学实用，也因此得到省委高层决策和理论界的重视。三是调查研究服务决策与理论提升并重。本书所收报告绝大部分得到湖北省委、省政府工作报告领导的批示、批转，并进入决策领域，有的已经在全省推广。同时，对这些调研报告进一步加工，

书名
《农业大省的新探索》

著者
陈文科

出版
山西经济出版社

开本
787mm×1092mm   1/16

印张
20

字数
308 千字

日期
2015.05

农业大省的新探索——陈文科湖北"三农"调研文选

陈文科   著

农业大省的新探索
陈文科湖北"三农"调研文
陈文科

山西出版传媒集团
山西经济出版社

提升理论档次，在全国重要学术刊物上发表，受到理论界的重视。如《中部地区新农村建设的典型模式与路径分析——以湖北省为例》和《构建统筹城乡发展机制的几个问题》等。

由这部精彩的调研报告以及它的影响力，我想到毛泽东同志的《湖南农民考察报告》等一系列调研报告。调查研究做得最好的，莫过于毛泽东同志。他的一生可以说是调查研究的一生，他说"没有调查就没有发言权"，他的很多调查报告成果直接指导了中国革命的胜利和建设的成就。只有调查研究，才能实事求是，才能解放思想，才能找出发展中存在的问题，才能在不断的解决问题中发展。

由这部调研报告，我还想到《调查研究与解放思想》，作者是中共山西省委原省委书记王庭栋。书中很多报告得到时任中共中央书记处农村政策研究室主任杜润生的批复，其中有些话我现在仍然记得："调查材料很好，我已批送《农村工作》刊用，供各地参考。商品粮专业户，看来是一种好办法，现在全国各地都在发展，但也反映了一些问题，如土地如何转移等。希望密切注意发展中的问题，不断研究总结这方面的经验。"

同样，中国农村改革之父——杜润生厚重的三卷本《杜润生文集》中有很大一部分就是调研报告，这些调研报告直接促成了中央五个一号文件的出台。

可见，老一辈领导是非常重视调查研究的。调查研究是推动发展的有力武器。回顾中国共产党的历史，调查研究，坚持理论和实际的统一，在我党建设事业各个阶段都发挥了重大作用，成为我党建设事业的致胜法宝。当前，我国正处在改革的攻坚阶段和发展的关键时期，新情况、新问题层出不穷，只有深入实际，调查研究，科学决策，务实推动，才能促进经济建设和党的各项事业健康发展。

曾几何时，闭门造车搞出多少不切实际的做法。可喜的是，全国省区市党委宣传部调研工作会议精神中对调研工作做了安排部署，规定了相关部门要承担常规调研、委托调研、重点调研等工作。相信有领导的重视，有榜样的引导，我们一定会利用好调查研究这个推动发展的利器，会建设好我们的国家，会早日实现中国梦。

（ 原载于《经济问题》
2015（7） ）

也说山西旅游
——有感于《山西旅游发展分析与展望》

2013—2015年,《山西旅游发展分析与展望》一年出版一种,连续三种旅游绿皮书摆在案头,绿色充满生机的封面、独具匠心的图标、轮廓分明的山西地图,翻开来,连续几年的调查研究分析,各具年度特点,理论研究可圈可点,实务探讨亮点频出,新问题层出不穷,老问题新意叠出,宏观微观俱有,动态静态结合,构成一份厚重的山西旅游资料。尤其是不久前刚刚出版的《2014—2015年山西旅游发展分析与展望》从内到外更精致,更实用,这让关注旅游的我心情大好,但也不由想起一些事。

最近,《山西是旅游资源大省吗》一文引来诸多关注,热议纷纷,很久以来山西是旅游资源大省已成定论,但突如其来这样一种质疑怎能不让人关注?百度搜索“山西旅游资源”第三条赫然便是此文,这让对山西旅游有点信心者大跌眼镜。且不说它分析得是否有理,单从结果上论,山西怎么了,官场塌方,资源也要塌方了吗?这是欲置之死地而后生吗?

这让我想起右玉,右玉县委一届一届领导班子从来无人质疑右玉的资源如何，他们不求收获只问耕耘，几十届领导矢志不渝，终于建成如今的塞上绿洲、旅游新高地。可见人心齐泰山移，又遑论客观条件如何。同理，如今山西旅游日日提，但成效似乎不大，对山西 GDP 的贡献始终上不去，这也应该找找主观原因。

当下处于互联网时代，游客出行前上网搜索信息成为必需。试搜"山西旅游"，首先闪出《2015 超实用山西旅游攻略》的简介，"山西，因居太行山之西而得名。它是中华民族的发祥地之一，历史悠久，人文荟萃，数不胜数的名山大川犹如一幅幅美不胜收……"读罢令人莫名所以。同样，再搜"云南旅游"的简介："这里的山，云梦萦绕；这里的水，满江春意；这里的花，争相竞艳。"贵州旅游："八山一水一分田，旖旎风光在贵州。"不必再搜，无须多言，高下之分立见，可见这方面我们还需努力。如何打造一个鲜明的主题、一个特立的形象、几个代表性景点应该是旅游大省的必备，如何选择这些独特的个性化的内容并保持其稳定和持续的宣传，从而使其深入人心恐怕是山西旅游要用力的地方。

再看活动，海南旅游征文，贵州文化研讨会……开展得如火如荼，前不久读了山西省社会科学院专家晔枫写的《生态人类学视域中的贵州区域历史文化》，文章很精彩，但令我心中不是滋味，相比之下，我们山西的历史文化要厚重得多，可写得多，为什么没人组织挖掘呢？我们的旅游没人宣传，而我们的专家被别人请去为别人鼓与呼？当然这无关乎专家，实在要问问我们的管理部门对于旅游问题的重视程度如何，以及对于专家人才如何使用。

所幸的是，在山西省旅游局、山西大学等以张世满教授为主编的一群山西旅游专家的努力下，推出了案头这一连续的旅游绿皮书，这让我看到了各方面做出的一些努力，尽管声音微小，但大风起于青萍之末，相信这样一种持久的努力，日积月累，会助力山西旅游有一个好的发展。书中一篇篇有理论、有实践、有分析、有预测的文章，很是提振信心，最新的一本中有旅游专家杨晓国写的特稿，有一系列热点关注、专题研究、要素研究、业态研究、地方研究等，在山西省旅游局局长冯建平写的序言中，词切切，言恳恳，摆现状，讲问题，论发展，并明确指出了山西旅游转型升级的发展方向。无论从文风还是从内容看，都是言之有物、言之有理。可见，有这样一批人，每天都在关注着思考着研究着山西旅游、想方设法提出各种建议，如《山西省区域旅游合作现状分析与建议》《万里茶道主题旅游的运作与展望》《山西礼物：山西旅游商品品牌体系建设构想》等。从这些思考中可以看到，我们有建索道的条件，我们有建旅游购物场所的条件，我们有旅游体验项目，我们有旅游文化主题，我们也有各种旅游纪念品……我们的资源丰富丰厚，这才是山西旅游的希望所在，这些文章的作者如同右玉的几十任县委班子，不问收获就这样孜孜不倦追踪着研究着山西旅游，此前已经连续三年了，当然还会有无数个连续的年份，不论作为一份厚重翔实的旅游资料还是作为资政参考，这样一种连续的思考和努力都会产生一种积极的推动力。这一系列的出版物背后是持之以恒的努力和追求，依托这种努力，山西旅游的明天必会如同这书封面的一片绿色一般，充满无限的生机与希望。

按：到目前为止，这套书出版了7部，第八部正在紧锣密鼓的出版中。还记得，一个冬日的晚上，忙碌一天又加班两个多小时的我正在收拾办公桌准备下班。

这时接到电话，楼阳生书记要找这套书看，其时已经出了4部，我爬上爬下，在满墙顶天立地的书柜中找出两套。经常也有人找寻这套书，可见，这套书得到了从上到下的关注，对山西旅游发展决策也起到了参考借鉴作用。惟愿支持者、写作者、出版者共同努力，持之以恒，久久为功，助力山西旅游大发展。

中国 70 年经济发展概览

—— 《中国经济 70 年》评介

值新中国成立 70 周年之际，《中国经济 70 年》由山西经济出版社出版了。该书真实叙述和反映了新中国成立 70 年经济变革和经济发展的历史进程、取得的光辉成就和宝贵经验。

该书从理论和实践两方面分析了中国经济 70 年的发展道路，一方面为中国特色社会主义政治经济学的构建提供了史学支撑。另一方面，向广大读者普及马克思主义知识，为马克思主义中国化方面提供实践支撑。具有很强的社会意义与学术价值。

该书具有如下鲜明的特点：

一是在指导思想方面，坚持实事求是原则，坚持生产力标准，坚持中国共产党在经济变革和经济发展方面的决定作用，坚持生产资料所有制是生产关系总和的理论，坚持对立统一、特别是主要矛盾法则，贯彻创新原则，特别是坚持党的十八大以来以习近平总书记为核心的党中央多次强调的"五位一体"的总体布局、"四个方面"的战略布局和"四个自信"等一系

书名
《中国经济 70 年》

著者
汪海波　刘立峰

出版
山西经济出版社

开本
787mm×1092mm　1/16

印张
42.25

字数
925 千字

日期
2019.07

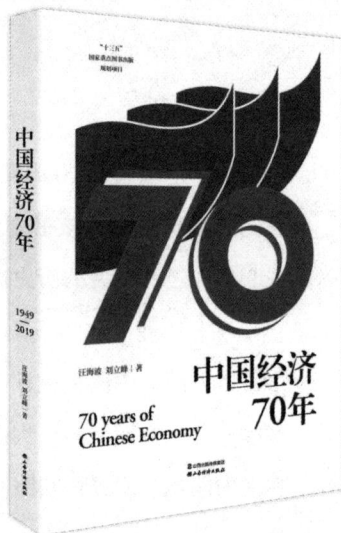

列治国理政的新理念。

二是在历史分期方面，对中国经济 70 年的历史分期作了新的划分，按经济体制演变与生产力变化将 70 年（1949—2019 年）分为 11 个阶段。很好地契合了中国经济发展规律。

三是在写作方法上，根据简明读本的要求，只选择典型的和重要历史事件，舍弃了那些非典型的和次要事件；许多重要历史事件的发展过程都包括决策过程、实施过程和实施结果三个方面，本书只对其中少数内容涉及三个方面，对多数只涉及后两个方面，对极少数只涉及最后一个方面；叙述与分析结合；力图综合考虑问题的重要性和全书篇幅等因素，把详细叙述、重点分析和简要提及结合起来，详略得当，主次分明。

该书主要作者汪海波先生，曾任中国社科院工业经济所研究员和学术委员会副主任，研究生院副院长、教授和博士生导师，是中国著名经济学家和经济史学家，一生致力于研究中国经济，曾经出版《中国工业经济史》《中国产业经济史》等书，均获好评。他在耄耋之年，又为我们推出这样一部巨著，非常难得。该书是他以权威笔触为新中国成立 70 年的经济发展绘制出的全景图，是一部简明易懂的经济史学图书。

该书为中国现代经济史研究、中国特色政治经济学研究提供了基础内容。它对于提高广大干部对党在新中国成立后各个历史时期实行的路线、方针和政策的认知度及其执行的自觉性，是不可或缺的工具书。在中国已经成为世界经济大国，并正在向世界经济强国推进的国际新形势下，该书是向国际社会传播中国经验、提供中国方案的一个重要载体和途径。

（原载于《经济问题》
2019（12））

初心，坚守

——《企业家朗读者》讲好中国故事

《企业家朗读者》（山西经济出版社 2019 年 7 月出版）首先是山西经济广播电台一个栏目的名称，栏目宗旨是"朗读中国经典，彰显山西精神"，大抵是要通过企业家朗读经典作品，挖掘背后的企业家精神，进而弘扬山西精神。对这种精神的扩散与传播，是文化自信的题中应有之义。

做着节目，被感染着，主播马莉女士就不满足于声音的传播了，她开始做图书主编，做文字的传播，多媒体时代，多样态呈现时代精华，也是一个有责任感的人做事的题中应有之义。

栏目名做了书名，好处是互相映衬，互相提携，扩大影响，但凡事有一利必有一弊，窃以为，其弊在于无法准确反映这本书的特点。毕竟，栏目特点和书的特点是不一样的。这本书似乎以《初心，坚守》为名更贴切。

这本书呈现了 19 位企业家，十全十美，久久为功。他们从事着不同的行业，以其不懈的努力诠释着"三百六十行，行行出状元"的规律。他们讲述的是一个个精彩的成功者的故事。

但是，通向成功的路上布满荆棘，他们也是在不断地挣扎，跌倒又爬起，从未想过放弃。

书读后，眼前浮现一群创业者的剪影，他们在坚守初心，不断奋斗。这群人有个性，也有共性，他们是山西的精神脊梁。在当前发展大势下，勇立潮头，不屈不挠，奋勇争先。

他们的共性是，其一不忘初心，怀揣梦想。王海涛的"让老百姓看得起高品质的牙"，杨勇杰的"带动更多的人加入徒步"，张梅霞的"希望阅读成为孩子们终身的习惯"，甄春雨的"服务到老"，王艳平的"维护食品安全"，胡美珍的"温泉养生，真诚服务"，于姜麟的"将女性绽放美丽当作己任"，王晓燕的"让女性的心灵得到解放"，俞勇的"把我们的孩子打造成21世纪的接班人"，王峥的"将中国的儒释道文化与西方现代的超个人心理学相结合，为孩子们创造出绽放天赋才华，实现自我、超越自我的教育之道"，高畅的"打造山西最高端的面馆"，王保萍的"给山西信息业挑起一片天"，赵晋萍的"让山西的好产品走向全国、走向世界"，程也平的"让山西人走出去，让外地人走进来，欣赏山西这幅五千年华夏文明历史的水墨画"……他们都有一份执着的梦想。此生为着实现这个梦想而不放弃，不松懈。而支撑他们的梦想背后，我看到了那种不变的初心——服务别人，成就自己。是啊，人生在世，是团体中的一分子，是要与周围的人有互动的，是要首先服务于人的，赠人玫瑰，手有余香。我想，也许，这就是他们梦想成真的成功因子吧。

其二，始终坚守，不断跋涉。李荣华的"无论做什么事，只有一步一个脚印地走下去，才能有真正的收获"，俞勇的"我更关注的是，在他奋斗的过程中，他是不是付出了百分之百的努力，他是不是付出了百分之百的真诚和智慧，他是不是用他的热情燃烧了自己，照亮了别人？"一声声的追问，反衬出他自己对于奋斗过程的执着与不懈。贾彩琴的"挫折和痛苦在经历的那一刻，感觉天要塌了，但还是走过来了，回头看时笑着说，幸亏那样！那是人生给的一份礼物"，丰巨姿的"回想这多年的奋斗，是父母淳朴善良的性格一直在影响着我，让我做一个诚信有担当的人，做一个讲信用能够坚持的人，做一个从哪里跌倒从哪里爬起继续前行的人"，王志钦的"在压力大的情况下，最关键的是要调整好自己的心态，调整好自己的心智模式。换一个角度，换一种思维方式，换一种心智模式"……他们都有一份超乎寻常的执着，重视过程，始终坚守，不断跋涉。正像曾国藩的一句至理名言："不为圣贤，便为禽兽；莫问收获，但问耕耘。"这也是他们成功的必不可少的因子。

19位企业家的故事，个个精彩，但我觉得，更精彩的是主播马莉，她像一朵静静绽放的花儿，不时地插一句点睛之语，导引着一个个故事的走向。有时候是提问，"您为什么会选择朗诵这篇文章""现在的经营怎么样""那究竟是什么在驱动您呢""对于未来有什么规划吗"……有时候又是感慨，"在快速成长中保持质量,在曲折中坚持特色,不是件容易的事""做农业很辛苦啊",恰到好处地调节气氛,引起共情,引向深入思考。

作为图书主编,马莉也是煞费思量,苦心筹划。她将这群企业家的精神提炼为几个词:责任、优雅、力量、热情、感恩、前行。并以此将 19 个单元分为六部分。这个分类内容其实是有些交叉的,因为成功者都是相似的,他们身上都不乏这些要素。但与宣传弘扬他们精神的主旨不冲突。基于突出主题词的考虑,便做了如此安排。

马莉在开篇说,一个人,一段文字,一份情怀。在卷尾说,一种声音,一段岁月,一份力量。是的,最终,人也罢,文字、声音也罢,给我们的都是一种力量,一种真诚以待、奋进不息的力量。

马莉在序言中引用了鲁迅先生的话"自古以来,就有埋头苦干的人,有拼命硬干的人,有为民请命的人,有舍身求法的人……虽是等于为帝王将相作家谱的所谓'正史',也往往掩不住他们的光耀,这就是中国的脊梁"。自古以来,任何时代都不缺乏脊梁,而他们是山西的脊梁,是中国的脊梁,讲述他们的故事,也是讲好中国故事的题中应有之义。

（原载于《山西经济日报》
2019.8.14）

对职业的热爱化作了一个个踏实的足印
——兼谈《律师生涯不是梦》

"律师生涯不是梦",是资深律师张培义的从业总结,也是他讲述自己职业故事的书名,这部书于 2020 年 8 月由山西经济出版社正式出版,是一部艰辛的律师炼成记,是一部精彩的执业故事集,也是一部丰富的律师案例集。

初见张律师,三句话不离本行,说起律师事,他激情满满地讲起一个个生动的从业故事。他的率性认真,激情投入,让我感受到他对自己职业的喜欢和全身心的付出,这是事业成功的基础。这样的人是最有魅力的,也是最值得尊敬的。由此,我相信,他的书是很精彩的。

张律师是充满情怀的,他说,"酷爱抗辩之美,始终亲自办案",他将用心、用力、用情承办每一个业务,服务每一个客户。他是这样说的,也是这样做的。他的书中始终洋溢着对待职业的严苛热情,对生命、对世界、对国家的无限热爱。执业经历故事感很强,一波三折,引人入胜,不论外行还是内行,都同样于中不知不觉受教无穷。

书名

《律师生涯不是梦》

著者

张培义

出版

山西经济出版社

开本

787mm×1092mm　1/16

印张

23.5

字数

322 千字

日期

2020.08

　　借由他的故事，我看到了律师一串踏实的成长足迹，不由感慨，"律师生涯不是梦，是一个个深深的足印"，张律师说，"一句话触动了我内心柔软的地方"。良好的合作总是建立在共鸣的基础上。于是，我决定为这本书做嫁衣裳，促成它的尽快出版，希望让更多的人看到它，学习其中做人做事的态度，学习其中的法律知识，学习其中的工作方法，学习怎么做一位好律师，从而帮助自己进一步树立正确的人生观和执业观。

　　进入出版流程后，不论是审稿编辑，还是校对人员，都对书稿中的故事津津乐道，对作者的至情至性深有感触。几经沟通，尽管是很忙碌的大律师，但张律师从来都是很认真地对待书稿中的每一个问题，非常详尽地解释着编辑的疑问，修改着不当的地方。常常在寂静的夜晚，微信中闪烁着他的认真，

　　在《律师生涯不是梦》中，张律师从《我的第一案和第一位老师》开始，到《改革开放圆我律师梦》上了一个台阶，再到《我和我的祖国》，讲述了他从业27年经手的3000多个案件中精选出的有代表性的110个故事，以亲历者的身份梳理了一个个案件的起因、经过、结果，以及律师在其中全情的努力和付出。在每一个故事的结尾，用结语总结了其中的启示与感悟。

　　如《爱我就放弃监护权》，在律师有理有据的条分缕析中，客户做了让步。作者总结：律师的专业努力，不是简单地、唯一地解决谁胜谁败，而是化解纷争，让生活回归平静祥和。这

种思想闪耀着中华优秀传统文化中和谐的光芒。

在这条由一个小律师一步一步踏实地走出来的律师路上，有冲动有遗憾，有得意有恼火，有经验有教训……酸甜苦辣样样俱全，这就是生活本来的面目，而真实的生活本身远比故事精彩，一个个案件仿佛深深的足印留在身后，积累了丰厚的从业经验，也积淀了律师的内涵与气质、功名与成就。直到今天，他形成了自己独有的理念，反复强调，"我不愿意打官司，而是希望将问题解决在萌芽状态"。这不就是《黄帝内经》中最早提出的"上工之术""预防为主"的战略思想吗？中医将治未病作为奠定医学理论的基础和崇高目标，倡导防患于未然。隔行如隔山，但隔行不隔理。张律师将防范案件发生作为最高追求，也是提高工作质量的最好理念、最上乘的做法，但这个目标没有扎实功底、没有一定境界并不容易做到。

他的故事中，最让我感动的是张律师浓厚的服务意识。从毛泽东主席的"为人民服务"到习近平总书记的"必须坚持以人民为中心"，我们党总在强调服务意识，但服务还是稀缺产品。张律师不计白天黑夜，不计报酬多少，不计亲疏远近，将自己全情代入当事人身份，电话是号令，接到电话便冲到一线，使尽浑身解数，多方运筹帷幄，一定程度上总能得到满意的效果。这样的服务使他赢得了声誉与肯定，也夯实了大律师的地位。他的一系列小故事《服务关系》《服务期限》《服务与层级》《服务与效果》《服务与挨骂》等充分说明了这一点。

他的故事，也让我认识到积累很重要。"心心在一艺，其艺必工；心心在一职，其职必举。"任何事只有在投入地做的过程中，才能得到升华与完善。张律师如果没有那一个个乃至3000多个案件的处理，没有那超乎常人的工作投入，可能也就不会有今天的谈笑风生、游刃有余。一件件亲手承办的真实案件，一个个真诚服务过的真实顾客，筑就了律师成长过程的一个个上升的台阶。从另一个侧面看，这又何尝不是祖国司法不断进步历程的点滴写照、社会治理不断发展中的具体缩影。

由《律师生涯不是梦》，我想，每一个认真的从业者，每一个投入的工作者，都有精彩的不凡故事，讲好他们的从业故事，展示他们的努力、他们的向上向善，也就是讲好了中国故事。

书出版后，索书者众，一时补货不及，当当、京东均告无货。朋友圈子好评如潮。"情真意切，字字珠玑，二十多年的汗水、泪水与智慧的凝结，于后来者，是多么宝贵的财富！""除了工作用到的必须翻看的专业书，我好久没有读了，这本书深深吸引了我，真心真感受真经验。""文字朴实无华，而且有法律的温度，仿佛回到年轻岁月，重温律师成长历程。""细节描写感人肺腑，结语发人深省。"一条条热情的回应是对这本书的最好的肯定。

（ 原载于《山西晚报》
2020.12.19 ）

统计工作离不开哲学思想

——《统计思想研究》的启示

要想做好统计工作，寻找规律，把握大局，就离不开哲学思想。这方面，我认为，《统计思想研究》一书提供了创新性建议。尽管《统计思想研究》（2020年2月由山西经济出版社出版）是由28篇文章组成的，但是毫无疑问，这些文章紧紧围绕统计而展开，构成了一部自成体系、结构严谨、逻辑清晰、内容丰富的统计学术专著。全书构建了基于精神文明建设、哲学、思想、文化的统计思想体系，从不同的角度，以多种方式，或思想铺垫，或技术延伸，或典型示范，进一步作了丰富和发展，对统计工作的哲学指导切合实际需要。

这部书是山西省统计局高级统计师高登铭先生在统计领域从事38年系统而深入的研究基础上撰写的学术著作，在理论上具有创新意义和重要价值。其中不乏山西省软科学研究课题和山西省哲学社会科学规划项目成果。

书中很大比例是统计哲学研究，其次是统计史志研究、统计分析应用、统计体制研究，另外还附录一些小文章，作者以历史的亲历者身份对统计工作作了回顾，毫无画蛇添足的违和感，而是仿佛一朵朵小浪花，丰富和活泼了统计科学研究这条波澜壮阔的长河。

统计哲学研究中囊括了统计部门精神文明建设、职业道德建设、法制建设、统计文化、政治思想建设、统计哲学、统计思想等内容。每个选题都独到新颖、见解深刻，如珠玑般闪耀着统计哲学思想的光芒。如基于马克思主义基本原理对精神文明建设的条分缕析让人豁然开朗。从辩证唯物论的角度对物质文明和精神文明作了论述，提出"物质文明可以带动精神文明，却又离不开精神文明的辅佐与支撑，必须依赖精神文明建设的成果，为物质文明建设创造环境、提供条件"。"通过文明城市、文明村镇、文明行业等有形的先进实体，体现出真善美形象这种无形资产的价值，使先进单位和模范人物等美好形象，成为对内产生凝聚力，对外产生吸引力的核心力量"。又如阐释实事求是是统计部门最重要的哲学思想，"通过采集传输信息对变动不定的客观世界加以'实事性'反映，通过提供咨询对剧变中的客观世界加以'求是'性反映"，从而体现了丰富的统计哲学思想。

在统计分析应用中有农民生活考察报告和不同省的发展比较、不同体制的发展比较等内容。通过设置丰富细致的指标，真实地、有针对性地反映了经济发展与民生情况，可谓调查报告的典范。

书名
《统计思想研究》

著者
高登铭

出版
山西经济出版社

开本
787*1092mm   1/16

印张
16.5

字数
245 千字

日期
2020.02

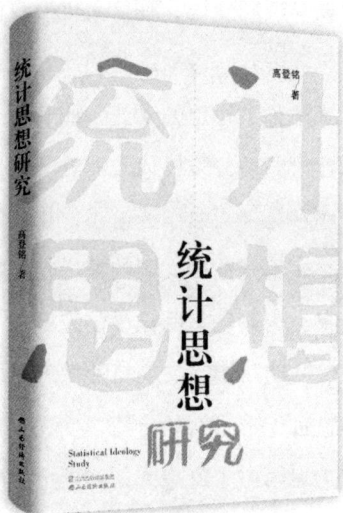

在史志研究中辐射了《山西省志 统计志》，以中国五千年文化发展史的统计作背景，梳理了山西统计发展史，具有完整丰富的史料价值。

综观全书，具有研究的规范性、工作的指导性、史料的完整性等特点鲜明。很多内容对当前的工作具有很强的指导性。如早在十几年前就提出的"激扬统计精神，守护统计诚信"，倡导统计工作者要具有敬业、乐业、勤业等精神和职业规范意识等，正是当下各行各业需要弘扬和学习的。

统计工作离不开哲学思想，哲学思想有助于在统计工作中找到万变不离其宗的规律，从而为统计工作的有效开展提供全面而丰富的指导。

（ 原载于《经济问题》
2020（6） ）

农村改革过程侧记

——兼读《我的 60 后》《我的 60 前》

余展先生说，俄国著名诗人普希金说过这样一句话：**人人都应该写一本属于自己的书。**于是，低调的他动念出版书。他不写则已，一写就是两部——《我的 60 后》《我的 60 前》，书名中的"60"，是指年龄而非指年代，60 后是指他在长达 45 年的公职之后的工作岁月。两部书将自己经历的重要事件做了梳理，从另一个侧面看，这可以说是对中国农村改革过程的梳理。

我负责编辑的是《我的 60 后》，这本书是对他退而未休的人生第二个春天的回顾和思考，以及与此相关的若干讲话和文章。他在该书《写在前面的话》中说，退休后 20 年做了两件事：一是发起创办中国村社发展促进会；二是为原中顾委委员、中共中央农村政策研究主任兼国务院农村发展研究中心主任杜润生编辑他的著作。无论是哪件事，都与农村改革发展息息相关。

余展先生曾任中共中央农村政策研究室、国务院农村发展研究中心副局级研究员，国家农业部农村经济研究中心副主任、党组成员，兼中央政研室、农业部农村固定观察点办公室负责人，中央农研室、国务院农研中心和农业部农研中心若干刊物的主编，主持编辑杜润生著作和农村工作方面书籍30余部。不论是退休前，还是退休后，他始终坚守在农村改革前沿阵地。

认识余展先生，也正是因为编辑出版《杜润生文集》和之后的《我认识的杜润生》。

《杜润生文集》100多万字，正如杜老在该书《后记》中说的：

"在我95岁生日的时候，山西经济出版社出版本书，收入了我自1980年至今发表的主要文章和讲话共256篇。因年事已高，精力不济，作为文集本书乃属封笔之作。"这套书内容多且杂，时间跨度长，但又很重要。编辑起来很不易。追随在中国农村改革之父杜润生身边的余先生做了大量梳理文章的工作。第一次见面，他慢条斯理地拿着一张纸念给我听，这部书包括三部分内容：一是在人民出版社出版的书中所选的内容，二是在四川人民社出版的书中所选的内容，三是没有发表过的文章。这三部分内容，有的有电子版，有的没有电子版。有电子版的需要认真校对，没有电子版的还需要先录入，然后再认真校对。

我惊诧于他的条理和认真，根据他提供的详细信息，将选

杜润生文集

(1980—2008)

中　册

山西出版集团
山西经济出版社

书名
《我的 60 后》

著者
余展

出版
山西经济出版社

开本
880mm × 1230mm   1/32

印张
11.75

字数
188 千字

日期
2018.09

定的 256 篇文章全部排好、校对，有疑问的地方再请教他。他总是慢悠悠、笑眯眯地回复我所有的问题，就像弥勒佛一样，对工作举重若轻，对农村工作和对杜老农业思想熟悉得如数家珍。工作之余闲聊时，他一脸招牌式的笑容，说起过往岁月，好的与不好的经历，在他那里都成了有趣的事。他的包容和豁达是我不曾见过的，也让我心心念念想学习，但没有经过岁月的磨砺，又怎么会那么容易学到。

和余先生合作出版了两套书后，就开始了他的《我的60后》的出版。全书分上、下两编，上编有两章：发起成立社团、编辑杜老著作。下编收录了会议讲话、图书序言、读后感等杂文。第一章以25篇文章梳理了中国村社发展促进会的起因、成立、名称和方针以及所做的工作，诸如推出农业科技光盘、拟建村社大厦、村干部首聚、龙头企业交流、"村长"论坛等。第二章以23篇文章讲述了编辑杜老大量著作幕前台后的事情，从另一个侧面对杜老著作做了丰富与补充。下编的讲话很多是在中国"村长"论坛上的发言。序言是为《中国美丽村庄》作的。读后感是为《杜润生文集》作的。可见，都是围绕着农村工作的回顾与思考。尽管余先生说，书中都是记述了些凡人琐事，但实际上，农村改革之路就是凡人琐事筑就的，并没有那么多的辉煌。这部书对于做好农村工作是大有裨益的。

2020年7月1日，余先生托人惠赠了《我的60前》，两本书的封面一黄一绿，前者黄色基调寄予了希望无穷，后者绿色基调寄予了生机勃勃。这部书以余先生的工作轨迹反映了一段中国农村改革历程。诸如，《从中央办公厅学习班到中央办公厅五七学校》《从国家农委办公厅到农业部农研中心》等，都反映了他所经历的年代的变迁。余先生在该书《写在前面的话》中说："一辈子忙忙碌碌，疲于奔命，不知加了多少班，也不知熬了多少夜，岁月未曾虚度。有奉命行事，也有自找苦吃。虽然并非'江山易改'，却是自身'本性难移'。如此说来，这两本小册子，以《劳碌命》冠名，概述我的经历可能更确切一些。"从他的自我调侃中，我看到了他认真勤勉的一生，也看到了中国农业大厦建设者的风采。

细说晋商身后事

——《王家大院楹联匾额诠注》的启示

　　晋商随着驼铃声声渐行渐远，淡出了我们的视野。但是他们留下的建筑展示着曾经的繁荣昌盛，细细述说着他们的辉煌成就和他们的生活常态。灵石静升镇的王家大院就是最有代表性的晋商大院之一。王家大院是由静升王氏家族经明清两朝、历 300 余年修建而成的，包括五巷六堡一条街，总面积达 25 万平方米，而且是一座具有传统文化特色的建筑艺术博物馆。它是全国重点文物保护单位和 AAAA 级景区。

　　王家大院声名显赫，固然有很多的原因，但它拥有独特的楹联匾额不能不让人关注。这些楹联匾额数量繁多、形式丰富、内容深邃，形成一个独特的文化现象。除显示了文人士大夫书卷气外，还起到点明建筑主题的作用。虽然历经 300 个春秋，在改朝换代、战争创伤、家族兴衰中浮沉不定，但总会得到有识之士的保护，得以绵延至今。

　　《王家大院楹联匾额诠注》分两部分：楹联诠注和匾额诠注。王家大院楹联有 83 副，匾额有 120 多块。从质地上看，有石雕、木雕、砖雕；从书法艺术上看，有楷书、行书、草书、篆书、隶书等；从形式上看，有秋叶额、册页额、手卷额、便面额、此君额、碑文额等；从内容上看，有歌功颂德者，有写景抒情者，有阐述理解者，有宣扬忠孝节义者……无论什么内容，都对仗工整，引经据典，既有哲理性、情感性，又有艺术观赏价值，融实用、观赏、审美于一体。

走在考究的大院中，感受着当年晋商的繁荣，珠玑般的楹联匾额俯拾皆是，默默述说着当年人、当年事。高家崖大门口，"河山对平远，图史散纵横"。开阔辽远的山河反映了自然景观，纵横交错的史籍又表现了人文积累，不论是自然，还是人文，都给人一种宏大气象。

进院子，"大道母群物，广厦构众才"倡导人要通天理，明道德，遵循自然法则，这样的人才齐聚厅堂，献计献策，富国兴邦，充分展示了晋商的自我修养和胸怀气魄。

书院中院左腰门上石雕此君额，上书"笔锄"，右腰门上石雕册页额，上书"汲古"，形象地描述了用笔在砚田上耕耘、从古书中一点一滴地汲取知识的情景，展示了勤奋学习的晋商形象。而此君、册页的形式，也大有讲究。册页是在清初美学家李渔指导下创造出来的。李渔在《闲情偶寄 居室部》中提出："凡人操觚握管，卷头染翰，剪桐作诏，选石题诗，是之数者，皆书家固有之物，不过取而予之，非有蛇足于其间也。"是说，古人提笔写字，要选好地方，蕉叶、桐叶、石头、册页等，都是文人墨客挥毫泼墨直抒胸臆之处，以其作匾额顺理成章。此君额是说东晋王徽之爱竹成癖，"尝暂寄人空宅住，便令种竹，或问，暂住何烦尔？王啸咏良久，直指竹曰：何可一日无此君！"后人便称竹子为"此君"。

这些楹联匾额本身趣味无穷，再加上王家大院顾问、作者温毓诚老师恰到好处的注释，这本书便深得读者喜爱。温老师从开发王家大院起便住在大院，说起大院楹联匾额来如数家珍，陶醉其中，难以自拔。

这本书让我们从另一个侧面认识了晋商，他们是有文化的商人，有着浓厚的文化情结，有着忠孝节义，有着宽广胸怀……唯其如此，拥有深远的文化根脉，晋商才能辉煌500年，才能留下传奇的故事。

按：就在前不久，接到平遥图书销售公司王秀玲总经理的电话，《王家大院楹联匾额诠注》没货了，要加印。这本书从1999年8月印刷第一版开始，到如今印刷了15次，印数将近10万册，获得了全图畅销图书奖。而王经理从1999年销售到2021年整整23年，不可谓不执着，这本书的生命力不可谓强。尤其在当下，图书泛滥、供给丰富的情况下，这本书能活在读者心中20多年，足以说明其出版价值所在。

农民流动研究领域的开拓者
——"三农"问题专家崔传义

崔传义先生说,在我国农村改革中,有一些贡献突出、经得起时光淘洗受人敬重的人物,其中有吴象。我觉得,崔先生本人也是这样的人物。

在崔先生的著作《农民进城就业与市民化的制度创新》序言中,赵树凯先生说,在当今农村研究界,崔传义先生是个非常值得重视的学者。所以值得重视,是因为他研究积累深厚,研究成果别具特色。透过他40年的研究活动,可以看到一种令人崇敬的精神和态度。

崔先生数十年如一日,专注研究农民流动问题和农村基本经营制度问题。特别是在农民流动就业领域,积三十年之功,成果丰硕。

2004年,从《中国农民流动观察》的出版,我开始了和崔先生的合作。之后又出版了《中国农村经营变革调查》《农民进城与市民化的制度创新》《中国农民工返乡创业创新调研》《中国农民流动就业与现代化》,直到2021年的《农民工:

城乡融合发展转型之关键》，将近 20 年的时间，我追着崔先生的思想，循着他的研究足迹，将他的一系列研究成果慢慢地变成书，像砖头一样的书，砌在中国农村发展的大厦里，做着我们各自领域的贡献。

《中国农民流动观察》收集了 1993 年到 2003 年间的调查报告。他在连续 10 年调查的基础上，记录了农民流动进程，展现了问题演变，并参与了相关政策决策。

《农民进城与市民化的制度创新》进一步深化了农民流动就业研究，思考了农民进城之后的问题，对于相关政策的改进做出了贡献。出版后入选了新闻出版总署第二届"三个一百"原创图书出版工程，受到了各方关注和好评。

《中国农民工返乡创业创新调研》开拓性地研究了农民工返乡创业问题，探讨了农民工返乡创业的特点、作用、趋势、影响因素等，对理论和实际工作者都具有启发价值。

《中国农民流动就业与现代化》针对特定问题作了深入思考，探讨了如何改变对农民工不公平的二元体制，实现公共服务均等化。

《农民工：城乡融合发展转型之关键》以数据和事实为依据，提出农民工对城乡融合发展转型的关键作用，并对农民工的城市权利提出了可行性建议。

可以说，这一系列成果构成了研究中国农民工流动问题的基础框架，动态反映了农民工流动发展的脉络，并通过影响相

nongmin jincheng juye yu
shiminhua de zhidu chuangxin

农民进城就业
与市民化的制度

创业

中国研究农村的资深专家
→ 崔传义又推力作
近年来农民流动进城就业
→ 的最新研究成果

山西出版
山西经济

关政策制定，从而影响了农民工流动发展的进程。这一批书是该领域的有价值的研究与学习资料。

不知道有多少次，他投入地谈起农村发展历程，谈起农民工问题。热情、沉迷，我着迷地听着，仿佛走入中国农村改革的宏大场景中。他热情地说：这么多年，你不断地编辑出版"三农"问题图书，为这个领域的发展做出了很大的贡献。当他发现陈春生先生的思考时，他由衷地说：基层干部了不得，能思考得这样深入。当他发现吴象先生准备出版书时，他开心地说：吴老的文章写得真是好啊，又容易懂又逻辑性强。他不但认真编排，还一字一句地修改，并介绍我出版了《中国农村改革发展历程》。只要是有益于"三农"的事，他不由得就投入很深。从而，让我领略了一代学人的风采。

在中国农村改革的历史进程中，崔传义先生走过了一条独特的工作和研究之路，奠定了他在农民流动研究领域的开拓者的地位。他于1970年从复旦大学国际政治系毕业。于1977年进入滁县地委调查研究室，当时，万里任安徽省委第一书记，受滁县地委工作报告的启发，主持制定了放宽农村政策的"省委六条"，启动农村改革的第一步。崔传义先生参加了实行农业"大包干"的农村改革，见证了滁县地区成为安徽农村改革策源地、成为小岗村大包干诞生地。1982年，他随王郁昭到安徽省委工作。1987年又随王郁昭调入中央农村政策研究室工作，一直到退休，期间不管身兼多少要职，一路走来，他始终投身在农村改革第一线，关注、思考、研究着农村发展问题。做调研、参与政策文件起草，为改革的成功不断地鼓与呼。

中国农村改革取得了辉煌的成就，成为世界第二大经济体，离不开农民工的贡献，如崔老般密切关注影响农民工发展政策的学人更是功不可没。

中国农村改革的缩影

——推介《中国农村改革发展历程》

　　在新中国成立 70 周年之际，山西经济出版社隆重推出吴象先生的巨著《中国农村改革发展历程》，这部书可以说是中国农村改革的缩影。它真实记录和反映了 1979—2009 年 30 年中国农村改革波澜壮阔的发展历程。我们今天站在中国百年未有之大变局的坐标上回看中国农村改革历程，理应学习老一辈人的优良品质，汲取发展力量，面对乡村振兴的大好机遇，理应大显身手，作出新一代人的贡献。

　　这部书内容丰富，是我们深入认识和理解中国农村改革发展的珍贵历史资料。上卷收录吴象先生 1979—1990 年的文章，重点为农业包产（包干）到户家庭承包制的由来，冲破阻力在绝大多数农村实行，取代人民公社制度的变革；在家庭承包搞活农业后，发展农村商品经济，改革流通体制，专业户、乡镇企业、沿海外向型经济多元发展；农村改革推动城市改革。下卷收录 1990—2009 年的文章，涉及向市场经济转变，农业经营体制进一步完善和农业保护；继乡镇企业之后，农民流动就业，推动工业化、城镇化和改革开放；城乡关系变化；探讨总结农村改革、中国特色社会主义农业农村发展路子、市场经济、民主法制建设等基本问题。

吴象先生是我国著名"三农"问题研究专家、经济学家，始终跻身农村改革发展大潮。在安徽农村改革风起云涌的时候，他投身其中。用手中笔作枪，写了很多精彩文章，大力支持农村改革。后来随万里同志调到北京，直接参与起草农村改革五个"一号文件"。他在担任中共中央政策研究室室务委员、国务院农村发展研究中心副主任等职务时，仍然深入农村、把脉农村，投身农村改革热潮中，为党中央决策出谋划策，不遗余力地推进着中国农村改革，为我国农村改革发展做出了巨大的贡献。

《中国农村改革发展历程》史料性强。吴象先生作为农村改革亲历者，掌握了第一手资料，他的文章，让我们真切地了解了当时农村改革情况。同时，老一辈"三农"人身上那种求真务实、上下求索的精神更值得我们好好学习。

这部书可以说从内容到形式都很精美，是一本值得留存的好书。起伏不平的黄色特种纸上烫印了金色的四组直线，寓意改革的道路是不平坦的，但前辈们在不平坦的背景下走出了金光大道。只要我们不忘初心，谨守信念，像老一辈革命家一样努力奋斗，就会走出属于我们这个时代的金光大道。

本书出版后，不仅让我们可以从这些珍贵的历史资料中窥一斑而知全豹，了解到农村改革的真实历史状况，更可以透过历史，看到农村朝气蓬勃的发展。

解读中国服务业高质量发展

——推荐姜长云新作《中国服务业：从全面小康到后小康时代》

当下，中国进入后小康时代，在走向全面小康进程中，如何定位中国服务业，认识服务业高质量发展，推进中国服务业高质量发展？姜长云新作《中国服务业：从全面小康到后小康时代》从不同角度展开研究，对以上问题作了解读。

本书提出，中国的综合国力和国际影响力大幅提升，全方位对外开放新格局加快形成，服务业一直是积极参与者与重要贡献者。中国经济增速在世界主要经济体中名列前茅，中国服务业居功至伟。中国迈向全面小康时期，也是服务业持续较快健康发展及在国民经济中地位作用不断提升的过程。服务业早已成为经济社会发展的重要引擎，转变为吸纳就业的"主渠道"、培育经济发展新动能的"密集区"和推进新一轮改革开放的"重点区"。

全书20多万字，分两大部分：总论与专论。第一部分包括一到三章，围绕从迈向全面小康时期到后小康时代的中国服务业发展展开总体研究。第二部分包括四到七章，从不同角度对中国服务业展开专题研究。本书聚焦于2020年前后十年，并以"十三五"和"十四五"时期为研究重点。强调立足新发展阶段、坚持新发展理念、加快构建新发展格局，以推动高质量发展为主题。

本书将迈向全面小康时期的中国服务业发展分为五个阶段，分析了各阶段服务业增长特点及其在国民经济中地位作用的变化，揭示了中国推进服务业发展的基本经验。在分析服务业发展的时代特点、影响因素基础上提出推进高质量发展要形成一批顺应服务业高质量发展要求的企业或企业家，营造有利于服务业高质量发展的营商环境，培育契合服务业高质量发展要求的产业生态，创新完善包容审慎的服务监管框架和政策体系。明确"十四五"发展生活性服务业的重点领域和主要目标，探讨推进生活性服务业高质量发展的对策建议。

全书既从理论上阐释了服务业高质量发展的相关概念、特点、因素，又从实践上提出推进高质量发展的对策建议。可以说，对中国服务业高质量发展提供了思路和策略。

书中说，"服务业是个引人入胜的研究领域，蕴含着许多令人振奋的研究课题。2019年，中国服务业占GDP比重已达53.9%，到2020年服务业占GDP比重很可能达到54.5%。服务业越来越成为支撑中国经济社会高质量发展的重要引擎之一。因此，开展对于中国服务业发展问题的研究，更容易对接中国经济学者的家国情怀和社会责任"。充分说明，这本书是作者姜长云先生带着情怀与责任写就的。

姜长云先生是国家发改委宏观经济研究院研究员，"新世纪百千万人才工程国家级人选"，主持服务经济、农村经济、中小企业发展方面的国家自然科学基金、中国博士后科学基金、世界银行、相关部委和地方政府、企业委托课题等数十项，撰写学术成果 400 余万字。

在本书《前言》中他说，"本书是在我的老朋友、山西经济出版社李慧平副总编的鼓励和督促下完成的。感谢她多年来对我研究成果出版的支持和厚爱。近年来，我们曾多次讨论要共同合作，努力出一本好书，一本既有学术价值、又对社会真正有用的书。"是的，从 2001 年和姜老师合作出版《乡镇企业融资问题新探》，到 2004 年出版《"三农"问题的多维透视》，再到 2015 年出版《中国服务经济丛书》（其中姜老师独著《中国服务业：发展与转型》），直到 2020 年出版的《中国服务业：从全面小康到后小康时代》，可看出，姜先生长期从事农业和农村发展问题的研究，开展对于服务业相关问题的研究也有 15 年，他认为，"农业是支撑发展的，服务业更具有引领未来性"。他一直从事农业农村发展和服务业发展两方面及其互动研究，并活跃在研究的前沿阵地，取得了一系列的丰硕成果。而我一直在默默关注着他的研究，希望适时地将他的研究成果惠及广大读者。

　　《中国服务业：从全面小康到后小康时代》的出版是作者厚积薄发努力的结果，定会不负所望，给关注中国服务业发展的读者以新的启发与借鉴。

生态文明建设思想荟萃
——《生态文明建设思想文库》

当前，面对资源约束趋紧、环境污染严重、生态系统退化的严峻形势，必须进行尊重自然、顺应自然、保护自然的生态文明建设，走可持续发展道路。而生态文明建设首要的是思想先行。思想是行动的先导，思想先于行动，才能将行动的方方面面考虑周全，所以需要我们探索生态文明建设的思想。

由山西经济出版社出版的《生态文明建设思想文库》从不同的侧面基于文献综述、现状分析、理论探究对生态文明建设进行了理念建构与创新。《生态文明建设思想文库》（山西经济出版社出版）第一辑包括7种书：《自然的伦理——马克思的生态学思想及其当代价值》《新自由主义经济学思想批判——基于生态正义和社会正义的理论剖析》《自然资本与自然价值——从霍肯和罗尔斯顿的学说说起》《新自由主义的风行与国际贸易失衡——经济全球化导致发展中国家灾变》《区域经济的生态化定向——突破粗放型区域经济发展观》《城乡生态化建设——当代社会发展的必然趋势》及《环境法的建立与健

书名
《生态文明建设思想文库》

主编
杨茂林

出版
山西经济出版社

开本
787mm × 1092mm   1/16

印张
115.25

字数
1749 千字

日期
2017.12

全——我国环境法的现状与不足》。

其中，《自然的伦理——马克思的生态学思想及其当代价值》研究了马克思自然哲学思想形成的基础和马克思自然观的发展历程。通过对马克思自然观与生态伦理的内在联系、马克思"人本自然论"的生态伦理意蕴、马克思"非中心技术论"的生态伦理意涵、马克思"物质变换论"的生态伦理特征、马克思的"生态正义论"、马克思的生态伦理与当代生态文明实践等内容的全面论述，揭示出由"人本自然论""非中心技术论""物质变换论"和"生态正义论"等方面构成的马克思自然伦理的主要思想，进一步阐释了马克思自然伦理思想可被有效运用于指导生态文明建设的实践之中。

《新自由主义经济学思想批判——基于生态正义和社会正义的理论剖析》从马克思自然哲学思想出发，阐述了马克思在《资本论》中倡导的"人与自然正常的物质变换"的生态正义观，并借此剖析了新自由主义经济学的生态缺位。在说明全球自然生态系统遭到严重破坏是新自由主义"经济全球化"泛滥的必然结果基础上，抨击"新自由主义经济学是造成环境危机的核心意识形态"的原因所在。书中第九章说道："新自由主义的泛滥，使人类社会的贫富差距达到了前所未有的程度。一方面，是国与国之间发展的不平衡加剧；另一方面，在几乎所有推行新自由主义的国家内部，都出现了贫富差距拉大的问题，它已经造成整个世界，尤其是第三世界国家的普遍灾难！"今天，世界各国，尤其是发展中国家普遍出现的马太效应，即"越有的越给予，越没有的越掠夺"，出现的贫富极度两极分化，出现的即如作者所说的"财富在财富一方积累，贫困在贫困一方积累"的种种社会乱象，都是新自由主义推行社会达尔文主义式"资源配置"方式的必然产物。很明显，这种"资源配置"方式已经造成社会分配中的极大不公。不破不立，在破中立，本书强调了马克思主义自然哲学思想的先进性和对实践的指导性。

《自然资本与自然价值——从霍肯和罗尔斯顿的学说说起》中，作者以当代西方学者保罗·霍肯等人的《自然资本论——关于下一次工业革命》和霍尔姆斯·罗尔斯顿的《哲学走向荒野》《环境伦理学》等前沿绿色经典为主线，探讨了经济学理论的生态变革、与我国可持续发展相关联的改革问题，研究了我国生态文明建设中"资源生态合理性优化配置的方式"，强调了我国"自然资本再投资的公共政策"建立的紧迫性，也设想了我国当前"自然资本价值评估与核算体系"的建构问题等。紧密结合对当前生态文明相关政策的论述，贴近我国生态文明建设的实践过程，指导性和借鉴意义很强。

《新自由主义的风行与国际贸易失衡——经济全球化导致发展中国家的灾变》在对新自由主义发展史进行追根溯源的基础上，以大量研究资料和数据，研究了发达国家和发展中国家在国际贸易范畴中各自扮演的角色，梳理了新自由主义给世界经济造成的实质性影响。对我国在世界经济发展中的定位，具有理论价值和现实意义。

《城乡生态化建设——当代社会发展的必然趋势》从生态文明建设基本国策对我国城乡生态化建设的引领与指导，及我国现阶段城乡生态化建设的现实需要出发，分析了城乡生态化建设的影响因素，提出城乡生态化建设的实践依据，指出了生态化建设是目前我国亟待作出的理性选择，同时紧密联系城乡生态化建设与反贫困的实际，展望了我国城乡生态化建设的未来发展趋势等。全书多方位、多角度地为我国城乡生态化建设提供了许多具体的、创新性的重要依据，它对各级决策机关和社科研究机构都有一定参考价值。

《区域经济的生态化定向——突破粗放型区域经济发展观》是共生发展理论与区域经济协调发展理论的融合和发展，本书系统论述了区域经济的生态化定向，是以"资源生态合理性优化配置"的系统化运作方式，对区域内物质流、能量流和信息流进行多方面、全方位的立体化协调，从而使之符合整体的生态系统法则的经济发展定向。辅以案例，探索区域生态化实现路径。

《环境法的建立与健全——我国环境法的现状与不足》一书，阐述了自联合国 1972 年在斯德哥尔摩《联合国人类环境宣言》以来，我国环境法形成和建立的整个过程及其存在的许多现实问题。紧密结合我国生态文明建设的现实需要，提出了我国环境法健全的具体设想和对环境法落实过程消极因素的制约措施，有利于从法律角度确保和促进我国生态文明建设的顺利进行。

总之，七种书从不同的视角对生态文明建设思想前沿性学术问题进行了思考，与现实需要紧密联系，针对发展中的问题提出创新性建议，对于生态文明建设实践有重要指导意义。

书名
《弘扬右玉精神》

主编
姚焕斗

出版
山西经济出版社

开本
850mm×1168mm　1/32

印张
15

字数
226 千字

日期
2011.09

一个县委书记的讲述

—— 《弘扬右玉精神》

《弘扬右玉精神》（山西经济出版社出版）以一个县委书记亲历者的角度，讲了为什么弘扬右玉精神、怎样弘扬右玉精神。不论是领导的认识、群众的努力，还是右玉的成就，都让人叹为观止。

读完《弘扬右玉精神》，我觉得关键的是右玉形成了一个良好的官场生态，才迎来了自然环境的良好生态。右玉的书记们拥有科学的个人政绩观，第 17 任县委书记赵向东说，为了百姓的利益，就是最大的政绩。难怪右玉人说，那无边无际的绿色，就是共产党人写在锦绣大地上的政绩。右玉的书记们心里只有为官一任、造福一方的理想，不然，怎么会投身种树这种"投入多，见效慢"的慢活中。十年树木，百年树人。有限的任期内，种树是为他人做嫁衣裳的傻事。唯其为他人所不愿为的傻事，才能久久为功，干出一番改天换地的伟绩。

其次，讲求科学精神。在调查研究基础上，根据实际情况，面对"一年一场风，从春刮到冬"的恶劣生态环境，引种落叶松、樟子松、沙棘等适合防风固沙、增加收益的树种。右玉人在一任又一任、一代又一代的接力植树中，不断总结教训，创新造林思路。从50年代的"哪里能栽哪里栽，先让局部绿起来"，到60年代的"哪里有风哪里栽，先把风沙锁起来"，再到70年代的"哪里有空哪里栽，再把窟窿补起来"，80年代的"适地适树合理栽，再把三松引进来"，90年代的"退耕还林连片栽，绿色屏障建起来"，直到21世纪以来，"乔灌混交立体栽，山川遍地亮起来"等。不断摸索、不断创新，实践中始终闪耀着科学的光芒。

再次，领导干部身先士卒，正像书中县委书记姚焕斗说的"全民植树、人人有责"。怀揣以人为本、为民利民的宗旨，各级干部脚踏一双胶鞋、手握一把铁锹，这成了他们的标配。从1949年第一任县委书记张荣怀提出"右玉要想富，就得风沙住；要想风沙住，就得多栽树"开始，到如今21任县委书记，个个都可圈可点。说起第4任县委书记，老百姓说："在沙丘上种树，太难了，太苦了，但是只要干部努力，群众再苦也会跟上。那时候，干部总是冲在前面，干得好，种得多。""领导率先干，干部带头干，群众同心干。右玉的领导既是植树造林的组织者，又是劳动者。同吃、同住、同劳动，领导与一般干部一个样，干部与农民一个样。小南山那片林，最后被百姓叫做干部林、作风林。"第11任县委书记常禄随身三件宝：剪刀、卷尺和望远镜。随时用剪刀修剪树权，用卷尺丈量树高，用望远镜观察绿化情况。第14任县委书记师发说："在右玉不种树，百姓不能活，你当什么书记？""前任干得对，得到群众拥护，我们就得干下去。"第16任县委书记高厚说："我们每一任干部所做的工作，都只是整个事业的一个部分或一个环节。环节不能少，链条不能断。我们既要在前人的肩膀上攀登，又要甘为后来者的人梯。"这些朴实的话，背后是为人民服务的思想。

书中有一张照片，是右玉历任县委书记和县长的照片墙，让人肃然起敬。就是这样一个群体，将森林覆盖率从0.3%提高到54%以上，将不毛之地变成塞外绿洲，让贫困山区步入小康。右玉县由不适合人类居住的沙漠化极度严重的"最不适宜人类生存的地区"变成了宜居宜业宜游的养生福地。就是这样一个群体，形成了一种良好的官场生态，让右玉有了发展的希望和绿色的生机。

在右玉领导和群众的努力下，久久为功，形成了右玉精神。"右玉精神体现的是全心全意为人民服务，是迎难而上、艰苦奋斗，是久久为功、利在长远。"这是党的建设特别是作风建设上的一个宝贵典型。

知难而进，迎难而上。右玉领导和群众面对一个干旱、风沙、洪水、霜冻、冰雹五害俱全的不毛之地，没有退缩，没有逃避，而是一锹一锹硬是将它变成了闻名世界的塞北绿洲。一是以无所畏惧的意志挑战困难，凭着愚公移山的胆气，硬是改写了右玉难以植树的历史。二是事业心强，干部群众都将植树作为一项事业对待，认真负责。三是上下同心协力。前后任干部相互叹服、互相勉励，群众夸干部不容易，干部称百姓了不得，这样一种政治生态是难能可贵的，也注定了他们的成功。

右玉精神中的艰苦奋斗，是指吃苦耐劳，每到植树季节，扛铁锹，背树秧，吃炒面，喝河水，一张张晒黑的脸，是他们的真实记录。

久久为功反映了政绩观和权力观。右玉形成了一种为官价值观：种树、护树、献身绿色事业被视为造福子孙的德政工程。

利在长远，出发点是全心全意为人民服务。70多年的与时俱进、奋斗不息，都源于对一方百姓的负责。

说起右玉，无独有偶，我想起了沁源县委书记金所军，每次见他都是一身绿色迷彩服，一脸风尘，刷新了我对县委书记的认知。询问之下才知，为了守护沁源的林区安全，他大部分时间都在林区防火一线检查指导工作。说到这里，感谢我们这些县委书记们，他们用满腔热情守护着一方人民的平安和富足。

相信，在右玉精神的感召下，像右玉的县委书记一样的书记会越来越多，我们的老百姓会越来越幸福。

后 记

一

完成了这部书稿，掩卷久久，感慨良多。一篇篇书评背后是作者、出版人、营销人，牵动着一群人。而我编辑过 600 多种书，加上复审、终审，1000 多种书，其间劳烦过多少人，不可想象，唯有感激、感恩。出现在我编辑生命中的每一个人都是恰逢其时、恰到好处。

对于经手的每一本书，我都心存膜拜之感，净手焚香，虔诚拜读，或多或少于中受益。有疑问时小心求证，耐心求教，务求倾心全力，尽善尽美。

对于能写出几十万字书稿的作者，我亦心存仰慕，恭敬学习。他们的做人为文，常常使我受益匪浅。

对于编辑前辈，看他们知识渊博，纵横捭阖，处理问题游刃有余，让我生"高山仰止，景行行止。虽不能至，然心向往之"之感。

对于编务人员不遗余力的配合，同样心生感激。

编辑的每一本书都像自己的孩子，无比熟悉，为它们骄傲自豪，说起时滔滔不绝如数家珍，写书评是情动于中不吐不快，是喜悦于心广而告之，是编辑最想做、最愿做、最该做的事。或介绍、或评论、或阐释、或抒情……围绕着陪伴其出生的过程，总是有很多的感触。写过经年，觉得作为编辑，阅读是生活的重要内容，除阅读书稿之外，还要看相关的同类书，看自己喜欢的书，看后写书评，也是兴之所至的美事。于人于己于今于后，都会产生有益影响。撰写书评，惠人惠己，何乐而不为？！

　　一直以来，不停地编书，感谢着作者，同时被作者感谢着。第一次，角色转换，当起作者，此时，我也是很感谢责任编辑申卓敏的。文字工作是很苦的，推敲之间的抉择也是很艰难的。感谢她的大包大揽和勇担责任，一句"我来做吧"让我安心。感谢校对工作承担者武文璇，加班加点，细致耐心，付出了良多的努力。

　　我一向是不愿意麻烦别人的，但闺蜜彦玲自告奋勇当策划，奇思妙想不断涌现，不断将自己的编辑思想贯注到图书中，从书名到内文，不厌其烦地改了又改。这种编辑精神真是难能可贵，也让我感动到无以言表。

　　每一本书的产生都离不开作者、编辑，更离不开装帧设计人员。本书设计师王明自先生，以其深厚的理论积累、大量的实践探索，几经斟酌，成就了本书亮丽、新颖、舒适阅读感的艺术魅力。成果累累只能说明过去的努力，王先生不断进取的姿态才是最令我赏识的。他的工作室，茶香氤氲，各种艺术品琳琅满目，令人于熨帖中心驰神往，也只有在松弛的心境下艺术之花才能自在绽放。

本书的排版人员吉变婷，年轻人中少有的踏实勤奋，精益求精。一遍遍，一次次，改稿到深夜，我都有几分不耐烦，想尽快结束，但她稳稳的，一如既往的认真优雅。这样的工作态度和作风令我感动、钦佩。

每一本书的背后总是站着这样一群无名英雄，为文明的传承、知识的传播默默无闻做着添砖加瓦的努力。

搁笔之时，并没有"一念放下，万般自在"之感，而是仍然感觉在路上，正像封面上所体现的逗号和分号，生命不息，追求不止，不会画上句号。

我辈生逢时，一生当努力。

以此与诸君共勉。

　　每一份荣耀的书香，不是来自偶然，而是来自我、我们一起携手、并始终向前向上的努力。

图书在版编目（CIP）数据

品·书香：在佳作与评论之间 / 李慧平著 . — 太
原：山西经济出版社，2021.6
　（守望图书系列；3）
　ISBN 978-7-5577-0883-2

　Ⅰ.①品… Ⅱ.①李… Ⅲ.①图书出版 – 中国 – 文集
Ⅳ.① G239.2-53

　中国版本图书馆 CIP 数据核字 (2021) 第 122586 号

品·书香 . 在佳作与评论之间 pin·shuxiang.zai jiazuo yu pinglun zhijian

著　　　者：李慧平
策　划　人：陈彦玲
责任编辑：申卓敏
装帧设计：王明自

出　版　者：山西出版传媒集团·山西经济出版社
地　　　址：太原市建设南路 21 号
邮政编码：030012
电　　　话：0351-4922133（发行中心）　0351-4922085（综合办）
E - m a i l：scb@sxjjcb.com（市场部）
　　　　　　zbs@sxjjcb.com（总编室）
网　　　址：www.sxjjcb.com

经　销　者：山西出版传媒集团·山西经济出版社
承　印　者：山西出版传媒集团·山西人民印刷有限责任公司

开　　　本：880mm × 1240mm　1/32
印　　　张：13.5
字　　　数：258 千字
版　　　次：2021 年 6 月　第 1 版
印　　　次：2021 年 6 月　第 1 次印刷
书　　　号：ISBN 978-7-5577-0883-2
总　定　价：78.00 元（全 3 册）